地方史研究協議会編

南九州の地域形成と境界性

―都城からの歴史像―

雄山閣

序 文

地方史研究協議会第六〇回（都城）大会は、共通論題「南九州の地域形成と境界性―都城からの歴史像―」を掲げ、二〇〇九年一〇月一七日（土）から一九日（月）までの三日間、宮崎県都城市のウエルネス交流プラザを会場に開催された。初日の一七日には、自由論題研究発表と公開講演および総会が、二日目の一八日には、共通論題研究発表と共通論題討論が行われ、最終日の一九日には、宮崎県内を都城市から宮崎市へ向かうコースで巡見が行われた。

共通論題の趣意書に記されている通り、南九州三ヶ国（日向・薩摩・大隅）は相互に関連した一地域であり、大会会場となった都城は、日向と薩摩・大隅を結ぶ中間域、境界域に位置してきた。大会では、都城のこのような地域特性を「境界性」と表現し、「境界性」をキーワードに南九州三ヶ国の歴史的展開の様相を検討した。

本書は、大会成果論集であり、公開講演をしていただいた有馬学氏と原口泉氏、共通論題の発表者である大賀郁夫氏・栗林文夫氏・永山修一氏・林匡氏・堀田孝博氏・籾木郁朗氏・山下真一氏・渡邉一弘氏、自由論題の発表者である近沢恒典氏・新名一仁氏の論考を収録した。

大会開催地である都城は、二〇〇四年一〇月の地方史研究協議会第五五回（高崎）大会において、同地での開催希望をいただいて以来、二〇〇九年の第六〇回大会に向け、準備に取り組まれてきた。地元宮崎県や隣接する鹿児島県の研究者の方々によって実行委員会が構成され、周到な準備が行われ、大会が開催されるに至った。まさにその努力が本大会に結実したといえよう。

都城大会を開催して強く感じたことは、共催していただいた宮崎県地域史研究会を始めとする地元の研究者の方々が、普段から活発に地域に根ざした研究をされていることである。大会会場でも積極的に発言されていることは印象的であった。また、本大会の研究発表にも活用され、巡見でも特別閲覧させていただいた貴重な都城島津家の史料群（島津家より都城市へ寄贈）については、大会後その公開施設として都城島津邸が開館したという大変嬉しい出来事があった。史料の閲覧体制が整備され、地元の研究会や研究者の方々が地域研究をさらに深化されることを願っている。

末筆ながら、ともに主催し大会の開催にご尽力いただいた大会実行委員長の若山浩章氏・事務局長の山下真一氏を始めとする大会実行委員会の方々、共催していただいた都城市・都城市教育委員会・宮崎県地域史研究会、後援・協賛・協力をいただいた諸機関の方々に心より感謝と御礼を申し上げる次第である。

二〇一〇年一〇月

地方史研究協議会

会長　竹内　誠

南九州の地域形成と境界性—都城からの歴史像—／目次

Ⅲ　地域統合と境界性の変容

Ⅰ　地域形成にみる境界性

閉塞方法からみた地下式横穴墓の類型化と地域色

近沢　恒典

はじめに

地下式横穴墓は、古墳時代墓制の一形式である。地表面から掘り下げられた竪坑と、竪坑下部から横方向に掘り込まれた羨道・玄室からなり、南九州にあって、霧島火山群北縁の内陸部から宮崎平野、大隅半島にかけて特徴的に分布する。

現在の地下式横穴墓研究は「玄室構造」や「出土遺物」などからの詳細な分析が進展し、伝播・交流の状況が明確化されつつある。だが「閉塞方法」を主たる視点とした研究は少なく、様相の解明は不十分な状態となっている。そのため、本稿では「閉塞方法」に着目し、その時期・地域による様相の明確化を第一の目的とし、その結果を基にした古墳時代南九州における地下式横穴墓制内での地域間交流の推察を第二の目的とする観察・検討を試みたいと思う。

一　地下式横穴墓研究の現状と課題

地下式横穴墓の調査記録は、江戸時代の古記録類に遡り(1)、戦前から一九六〇年代にかけての不随時発見による調査が主体となる時期を経て、一九七〇年代以降の大規模開発に伴う面的な発掘調査の増加へと至る。現在までに一千基以上の調査報告がなされている。研究面では構造・副葬品に基づく編年観確立を主方向とする中で、大きな画期としては次の論文が考えられる。第一は分布域全域を集成した上で築造時期を明示し、玄室構造の変化（妻入り↓平入り）と拡散方向（宮崎平野↓内陸部・大隅半島）などを提示した石川恒太郎氏の研究[3]であり、第二は鉄鏃形態より玄室構造の変化と地域展開を分析し、地下式横穴墓の展開過程（内陸部↓宮崎平野）を明示した和田理啓氏の研究[4]である。また社会背景に関しては、「隼人」との関係が強調された時期から、他文化との交流の中で成立・盛行した横穴系墓制との認識[5]が進む現在への変転が認められる。

先行研究を基にした地下式横穴墓の歴史的変遷は、次のように考えられる。

1　成立期

古墳時代中期初頭。加久藤盆地にて出現したとされ、初期横穴式石室↓（横口式土壙墓）↓地下式横穴墓への成立過程が想定されている[6]。

2　拡散期

古墳時代中期前半。加久藤盆地から西諸県地域を経て、各地への拡散が想定されるが、その時期幅はわずかとされ、宮崎平野の生目古墳群では成立期に近い時期の地下式横穴墓も確認される[7]。

本期は西諸県地域にて成立した家形玄室が各地へと拡散すると共に[8]、副葬品に広域流通財が出現し始め[9]、階層構造を示す例も確認される[10]。この状況からは「岩瀬川流域（西諸県地域・筆者註）の集団が地下式横穴墓の展開に主導的な役割を果たした」[11]可能性が指摘され、「家形玄室の採用に表わされる家葬観念の導入による葬送観念の変化」に基づく「墓制変革の画期」[12]と位置付けられている。

3　盛期

古墳時代中期後半～後期後半。内陸部では中期前半～後半に築造のピークがあるが、宮崎平野では後期前半から後半にかけて築造のピークがある。[13]

中期後半は妻入り玄室が本庄台地（宮崎平野）にて成立し、単体埋葬・大型例が首長墓へ採用されると共に、前方後円墳築造域（宮崎平野・都城盆地・大隅半島）を中心とした各地域へ拡散する時期とされる。[14]そして、妻入り玄室が少ない内陸部（加久藤盆地・西諸県地域）でも、妻入り玄室の埋葬位と同様の縦位埋葬の導入が一定量見られ、中期後半の文化的特徴の一つである鉄鏃（長頸鏃）を中心とした同形式の多数副葬が観察される。[15]

4　終末期

古墳時代後期後半～終末。分布の中心は宮崎平野となる。様相は「前段階からの造営スタイルを踏襲する」内陸部や大隅半島と「内陸部の地下式横穴墓・横穴墓・群集墳的志向など様々な影響を受け、複雑な様相を呈する」宮崎平野に整理される。[16]また鉄鏃形態には、中期以降の「独自様式」による「個性化・独自性」が進展し、「列島の中」での「異質化」が明確化し始める時期とされる。[17]

現在の地下式横穴墓研究では、構造、埋葬形態、出土遺物などからの詳細な分析が進展し、伝播・交流の状況が明確化されつつある。しかし、構成要素の一つである閉塞方法に言及した分析例は、加久藤盆地における事例(18)、中期前半の石を用いた方法を検討した高取原地下式横穴墓(19)や岡崎十八号墳一・二号地下式横穴墓(20)の事例、立切地下式横穴墓群(21)や島内地下式横穴墓群(22)など、個別の一時期や一地域、一群内に限定され、それぞれの観察からは有意な結果がえられているにもかかわらず、全体を俯瞰した観察・分析が欠落した状態である。そのため、本稿では閉塞方法を取上げ、時期・地域による様相の明確化を第一の目的とし、その結果を基に古墳時代南九州における地下式横穴墓制内での地域間交流の推察を第二の目的とする観察・検討を試みたいと思う。

二　観察方法

1　時期設定

現在の地下式横穴墓研究では、鉄鏃に基づき和田理啓氏(23)・藤井大祐氏(24)・橋本達也氏(25)等が提示された時期設定が多用されている。今回は藤井・橋本編年を基礎として、次の設定を用いる。

一期　前期末〜中期初頭（藤井・中期第一段階）
二期　中期前半（藤井・中期第二段階）
三期　中期後半〜後期前半（藤井・中期第三段階〜橋本・後期一段階）
四期　後期後半（橋本・後期二〜三段階）
五期　終末期（橋本・後期四段階）

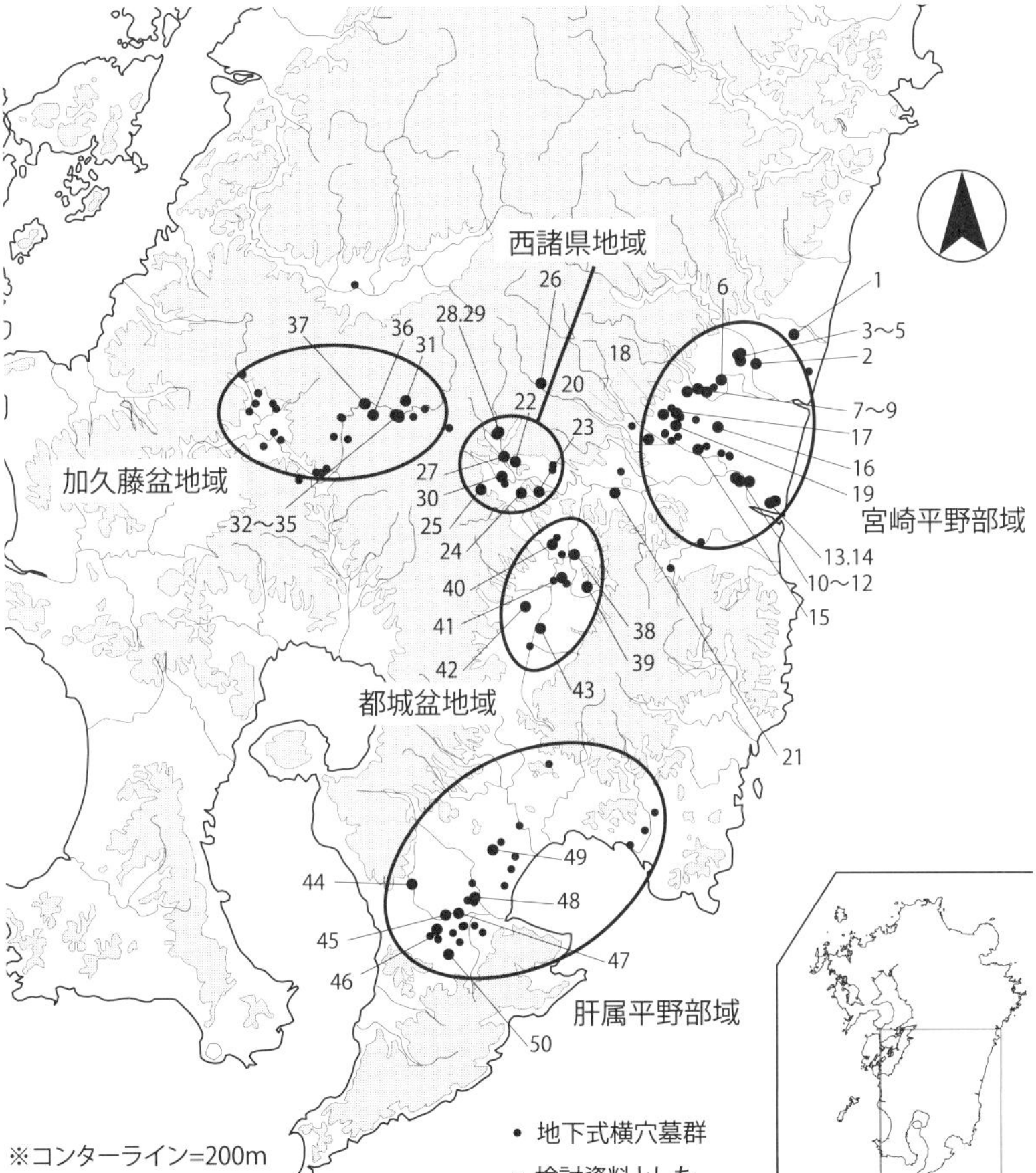

1 下耳切第3	11 生目	21 雀ヶ野	31 広畑	41 築池
2 祇園原	12 間越	22 大萩	32 小木原	42 菓子野
3 西都原	13 大町	23 立切	33 小木原・久見迫	43 下川東牧ノ原
4 堂ヶ島第2	15 北中	24 日守	34 小木原・馬頭	44 祓川
5 国分	15 本庄	25 旭台	35 小木原・蕨	45 天神原
6 前原	16 六野原	26 須木上ノ原	36 灰塚	46 名主原遺跡
7 北水戸	17 大坪	27 下の平	37 島内	47 上小原
8 常心原	18 市の瀬	28 東二原	38 高取原	48 岡崎
9 元地原	19 高田原	29 新田場	39 高城牧ノ原	49 下堀
10 下北方	20 内屋敷	30 楠牟礼	40 原村上	50 中尾

図１　地下式横穴墓分布図

2　地域設定

分布域全域を俯瞰する目的より、比較的広い地域枠に基づく北郷泰道氏が提示された地域設定[26]を使用する（図1）。

宮崎平野部域（第Ⅰ地域）大淀川中・下流域及び一ツ瀬川中・下流域を中心とする宮崎平野とその周辺域。

西諸県地域（第Ⅱ地域）大淀川上流域の北の支流域を中心とする小林・野尻盆地の展開する地域。

加久藤盆地域（第Ⅲ地域）川内川上流域を中心とする加久藤・大口盆地の展開する地域

都城盆地域（第Ⅳ地域）大淀川流域の南の支流域を中心とする都城盆地を中心とする地域。

肝属平野部域（第Ⅴ地域）肝属川流域を中心とする大隅半島肝属平野とその周辺地域。

3　資料

二〇〇九年五月段階にて調査記録が公刊されている地下式横穴墓において、閉塞部・施設の確認可能な資料の中で、和田理啓氏、藤井大祐氏、橋本達也氏等により時期が明確化されている資料を中心に、前記研究を参考として時期が特定できる資料一七七基（表1…27～30頁）を使用する。また時期特定に不確定要素がある場合には集計には加算せず、参考資料として検討した。

地下式横穴墓には追葬がなされる例も多く、追葬により形状が変化していることも考えられた。追葬が認められた資料に対しては、最終埋葬時の形態及び副葬品から想定された時期を情報として採用している。

4　分類と観察方法

閉塞部位と閉塞材を検討した結果、閉塞部位には「羨門閉塞」・「竪坑上部閉塞」が上げられた。閉塞材からは、

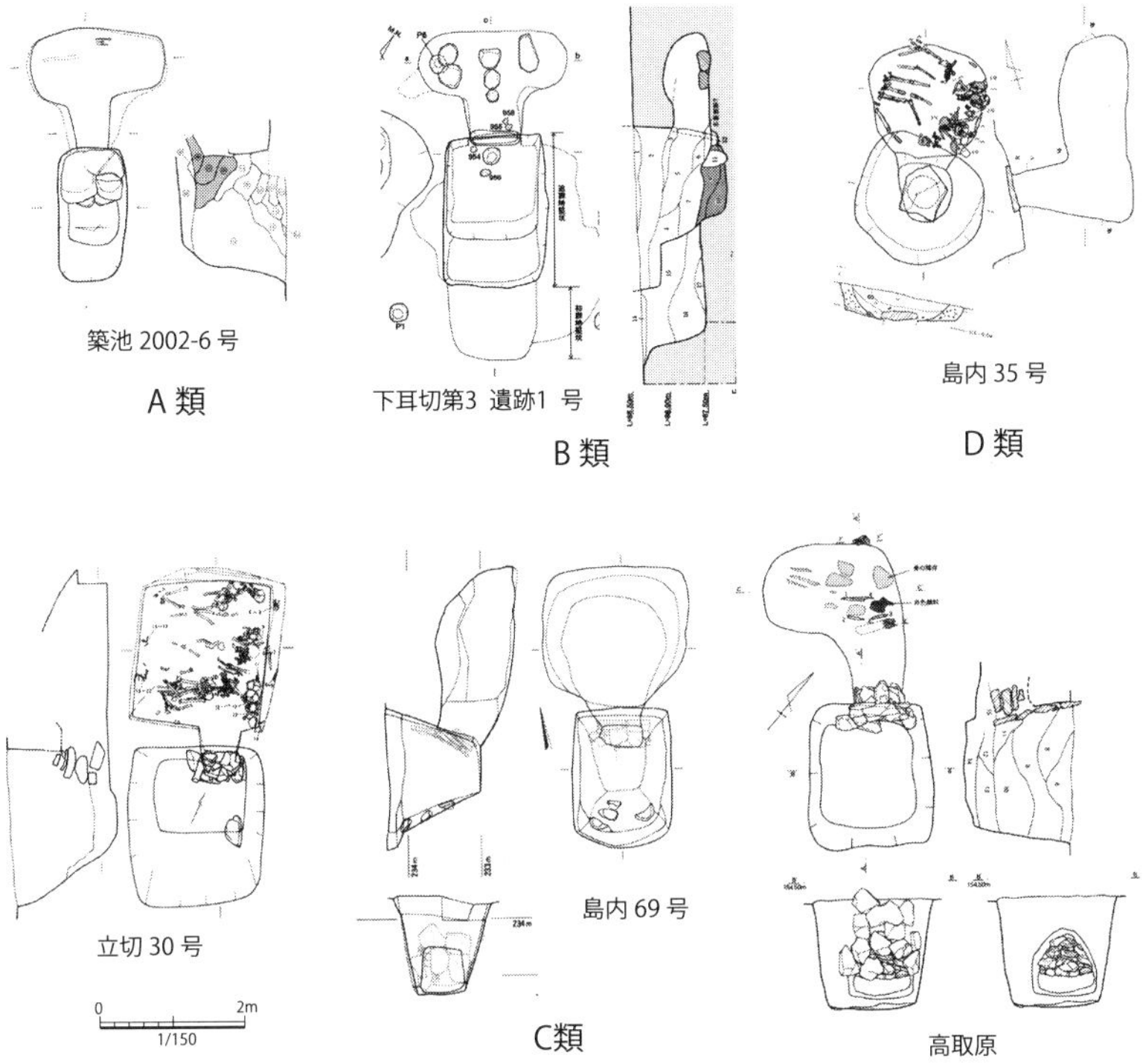

図２　閉塞方法分類

表２　分類表

<table>
<tr><td>閉塞部</td><td colspan="7">羨門閉塞</td><td colspan="2">竪坑上部閉塞</td></tr>
<tr><td rowspan="2">閉塞材</td><td colspan="2">土質</td><td>木材</td><td colspan="3">石材</td><td rowspan="2">不明</td><td>石材</td><td rowspan="2">不明</td></tr>
<tr><td>土塊</td><td>火山灰
ブロック</td><td>板材</td><td>板石</td><td>丸石
(河原石)</td><td>板石
+
丸石
(河原石)</td><td>板石</td></tr>
<tr><td>分類</td><td colspan="2">A 類</td><td>B 類</td><td colspan="3">C 類</td><td>B 類</td><td colspan="2">D 類</td></tr>
</table>

「羨門閉塞」では「土塊」・「火山灰ブロック」・「板材」・「板石」・「丸石（河原石）」・「不明」があり、「竪坑上部閉塞」では「板石」・「不明」が上げられた。

「羨門閉塞」で「不明」となる資料は、原則残存しない「板材」使用である可能性から「板材」とみなし、「板材」の外側に「土塊」が重ねられていたと推定される例は、「板材」を「土塊」の支えと把握し、「土塊」に分類した。また「竪坑上部閉塞」は「板石による閉塞」[27]と認識されている点より「板石」・「不明」を同一として扱い、閉塞部位と材質を基に次のとおりに分類した（表2、図2）。

Ａ類・羨門閉塞＋土質使用閉塞（土塊・火山灰ブロック）

Ｂ類・羨門閉塞＋木材使用閉塞（板材・不明）

Ｃ類・羨門閉塞＋石材使用閉塞（板石・丸石（河原石））

Ｄ類・竪坑上部閉塞＋石材使用閉塞（板石・不明）

観察方法は各分類に属する基数を集計したのち、百分率による割合を求め、その状況を地理情報分析支援システム『ＭＡＮＤＡＲＡ』[28]を使用し図化した（表3・図3）。

三　観察結果と検討（表3・図3）

一期

西諸県地域・加久藤盆地域にてＢ・Ｃ類が認められる。西諸県地域ではＢ類主体となるが一基のみの確認である。成立期の形態としては、成立地の加久藤盆地域、伝播先の西諸県地域を含めＢ・Ｃ類であったと把握される。また、

表3　閉塞方法別集計一覧

時期	地域	基数				割合			
		A類	B類	C類	D類	A類	B類	C類	D類
1期	西諸県地域	0	1	0	0	0%	100%	0%	0%
	加久藤盆地域	0	3	3	0	0%	50%	50%	0%
2期	宮崎平野部域	0	3	1	0	0%	75%	25%	0%
	西諸県地域	0	2	13	1	0%	13%	81%	6%
	加久藤盆地域	0	1	0	11	0%	8%	0%	92%
	都城盆地域	0	0	2	0	0%	0%	100%	0%
	肝属平野部域	2	0	2	0	50%	0%	50%	0%
3期	宮崎平野部域	2	6	6	0	14%	43%	43%	0%
	西諸県地域	0	3	10	0	0%	23%	77%	0%
	加久藤盆地域	1	3	13	2	5%	16%	68%	11%
	都城盆地域	2	3	2	0	29%	43%	29%	0%
	肝属平野部域	0	3	1	0	0%	75%	25%	0%
4期	宮崎平野部域	0	14	6	0	0%	70%	30%	0%
	西諸県地域	2	0	1	0	67%	0%	33%	0%
	加久藤盆地域	6	1	1	1	67%	11%	11%	11%
	都城盆地域	7	0	1	0	88%	0%	12%	0%
	肝属平野部域	6	0	0	0	100%	0%	0%	0%
5期	宮崎平野部域	1	20	7	0	4%	71%	25%	0%
	都城盆地域	1	0	0	0	100%	0%	0%	0%
計		30	63	69	15				

小木原・蕨一四号、一七号が先行し、広畑一号、七号、一一号はやや後出するとされており[29]、B類が初現、C類が後発と考えられる。

二期

宮崎平野部域ではB・C類が認められ、B類が過半数を超える。なお生目一九号（B類）は板状シラス塊（A類）の可能性もある。西諸県地域ではB・C・D類が認められ、C類が突出して多い。加久藤盆地域ではB・D類が認められ、D類が突出して多い。また、広畑五号（C類）は主頭鏃の形態より、本期該当の可能性が考えられる。そのため、当地域はD類を主体とし、わずかな割合のB・C類での構成と捉えられる。都城盆地域ではC類二基のみが確認された。遺物に乏しく、年代決定に不確定要素はあるが、本期の可能性のある高城牧ノ原地下式横穴墓群では、B・A類も観察される。肝属平野域ではA・C類が認められる。なお、A群主体となる下堀地下式横穴墓群では、無遺物であるため除外したが、B類も観察される。

本期は西諸県地域にて家形玄室が発生し、各地へと拡散する時期とされる[30]。橋本達也氏は家形を指向し大型で掘り込みが深い例を「家形系」、小型で掘り込みの浅い例を「土壙系」とし、両者に階層差を指摘すると共に、「別系譜の葬送観念」に基づく形態と理解し[31]、その導入による墓制変革の画期と位置付けている[32]。

これらの点をふまえ、西諸県地域と他地域との関係を考えるため、家形系、土壙系の分類を援用した閉塞方法の観察を行う。

橋本達也氏は家形系、土壙系の事例として立切地下式横穴墓群を取り上げている[33]。立切地下式横穴墓群は西諸県地域にあって、中期初頭～後半にかけて造営された墓群であり、計七一基の調査がなされている。家形系と考えられる例の閉塞方法は、四号などにB類が見られるが、主体はC類となる。土壙系と考えられる例は、八号のみがC類であるが、他は全てB類である。これは遺跡の全時期を一括した傾向であるが、群構成のピークは中期中葉とされている[34]ため、立切地下式横穴墓群の本期における閉塞方法の主体は、家形系ではC類、土壙系ではB類と捉えられ、玄室構造と閉塞方法とに高い関係性が考えられる。

各地域の状況は、宮崎平野部域では家形系と考えられる高田原一号、二号はB・C類、土壙系と考えられる生目八号、一九号はB類となる。西諸県地域では検討例のほとんどが家形系であり、C類が主体となるが、日守九号、楠牟礼一号にてB類、旭台一三号にてD類も見られる。加久藤盆地域でも検討例のほとんどが家形系と考えられるが、広畑八号のB類、五号のC類以外は、全てD類である。都城盆地域では家形系と考えられる高取原、原村上二号はC類、土壙系の高城牧ノ原地下式横穴墓群はA・B類である。肝属平野部域では家形系の岡崎一八号墳一・二号はC類、土壙系の下堀遺跡地下式横穴墓群はA・B類となる。

まとめると、D類が多数を占める加久藤盆地域以外は、家形系はC類、土壙系はB類（A類）が主体となり、宮崎

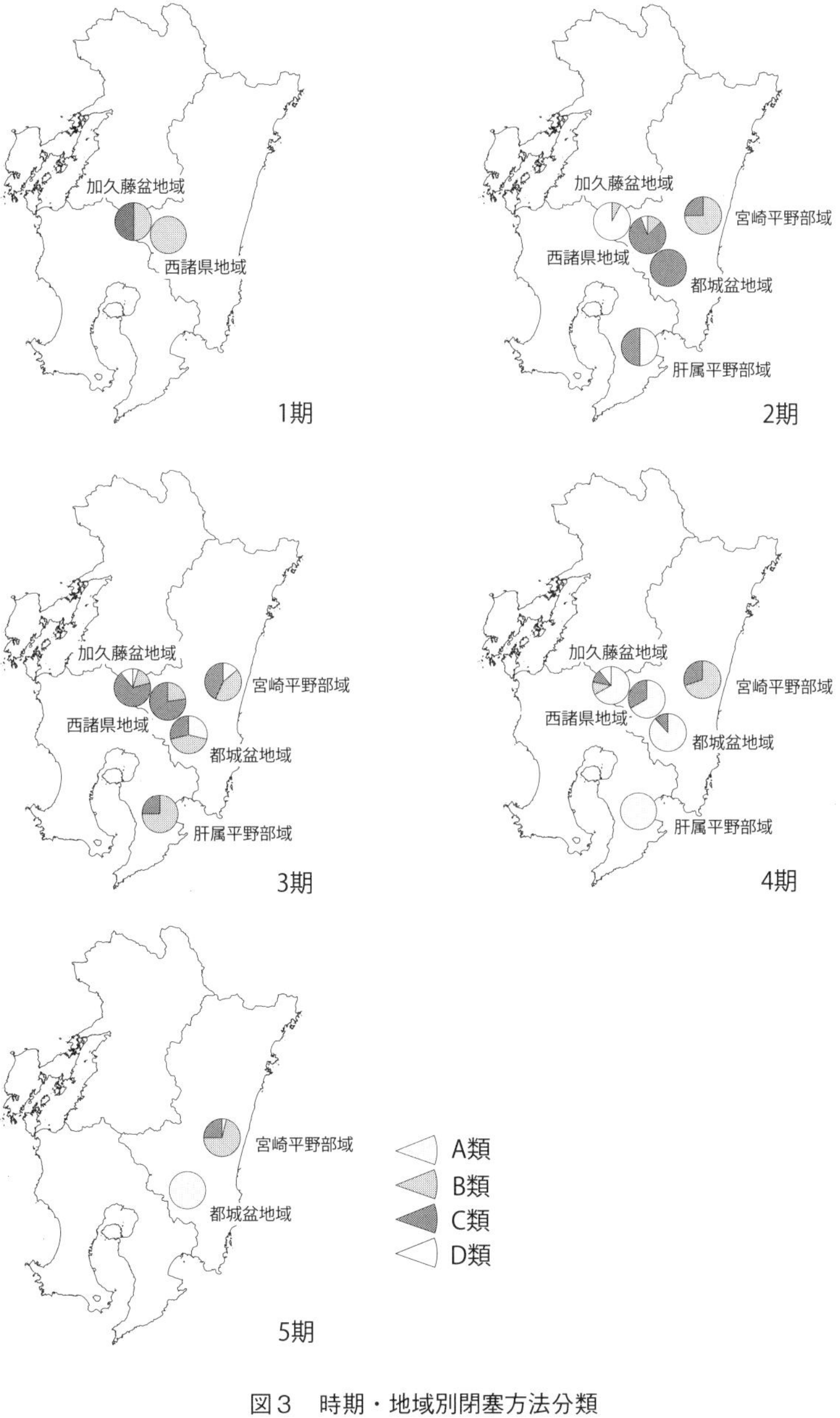

図３　時期・地域別閉塞方法分類

平野部域・都城盆地域・肝属平野部域では、西諸県地域や立切地下式横穴墓群と同様の、玄室構造と閉塞方法との関係性が想定される。

そのため、これらの地域で使用される閉寒方法は、家形玄室とセットで西諸県地域により伝播した形と考えられる。加久藤盆地では家形玄室の導入は観察されるが、閉塞方法はD類が主体となる。また、本地域では家形系・土壙系の判別が困難な例も見られ、閉寒方法を含め、他地域との差が目立つ。

三期

宮崎平野部域ではA・B・C類が認められる。A類は一基のみであり、B・C類が主体と捉えられる。西諸県地域ではB・C類が認められ、C類が過半数を超える。遺構図を確認できなかったが、東二原五号は火山灰ブロックによる羨門閉塞とされ、A類も存在する。加久藤盆地域ではA～D類すべてが認められ、C類が多い。だが本期の可能性のある広畑一五号、一六号、小木原・蕨四三号、六八号、六九号などは竪坑上部閉塞であり、D類の割合は若干高くなると考えられる。都城盆地域ではA・B・C類が認められ、B類がやや多い。肝属平野部域ではB・C類が認められ、B類がやや多い。肝属平野部域ではA類が確認できなかったが、前後期では一定量が確認されるため、本期でもA類が継続している可能性は高いと考えられる。

本期は宮崎平野部域にて妻入り玄室が発生し、その他の地域へと伝播する時期とされる[35]。また、甲冑に代表される広域的な威信材が、内陸部へと特徴的に配布される時期とされる[36]。

これらの点をふまえ、宮崎平野部域とその他地域との関係を考えるため、妻入り玄室（縦位埋葬）と閉塞方法、副葬品と閉塞方法について検討を行う。

表４　３期・宮崎平野部域・妻入り玄室と閉塞方法

	基数				割合			
	A 類	B 類	C 類	D 類	A 類	B 類	C 類	D 類
Ⅰ - A -1 類	0	1	2	0	0%	33%	67%	0%
Ⅰ - A -2 類	0	2	2	0	0%	50%	50%	0%
Ⅰ - B -1 類	1	0	1	0	50%	0%	50%	0%
Ⅰ - B -2 類	1	2	1	0	25%	50%	25%	0%

北郷泰道氏は家形妻入り玄室を次のように分類し、副葬品との組合せから、宮崎平野部域におけるⅠ－Ａ－１類を頂点とするピラミッド的な階層構造と、内陸部における並列的な階層構造を示している(37)。

Ⅰ－Ａ－１類　妻入・有屍床・玄室規模五メートル級
Ⅰ－Ａ－２類　妻入・有屍床・玄室規模三メートル前後級
Ⅰ－Ｂ－１類　妻入・無屍床・玄室規模三～四メートル級
Ⅰ－Ｂ－２類　妻入・無屍床・玄室規模一～二メートル級
Ⅰ－Ｃ－１類　妻入・両袖・楕円形プラン
Ⅰ－Ｃ－２類　妻入・片袖・楕円形、長方形プラン

この分類に従い宮崎平野部の閉塞方法を観察したものが表４である。Ⅰ－Ａ－１類ではＣ類が過半数を超えるのに対し、階層が下るにつれＢ類（Ａ類）の割合が大きくなる。また平入り玄室には下北方一二号、一七号、一八号などがあるが、規模が小さく、副葬品も少なめであり、家形玄室ではなく、閉塞はＢ類主体となる。これらの点より、宮崎平野部では長大な妻入り玄室から小型の妻入り玄室、平入り玄室といった階層性の中で、上位ではＣ類、下位ではＢ（Ａ）類の関係性が考えられる。

また北郷泰道氏は副葬品について、基本的な所有形態は鉄剣、鉄鏃などの武器類と指摘し、特徴的な遺物として甲冑、馬具、鏡、玉類、貝釧を取り上げている(38)。

これら特徴的な遺物を出土した例を玄室構造、閉塞方法で分類したものが表５～９である。

表5　3期・宮崎平野部域・遺物と閉塞方法　単位：基

	妻入り						平入り					
	玄室立面		閉塞分類				玄室立面		閉塞分類			
	家形	その他	A 類	B 類	C 類	D 類	家形	その他	A 類	B 類	C 類	D 類
甲冑	3	0	0	1	2	0	0	0	0	0	0	0
馬具	3	0	1	1	1	0	0	0	0	0	0	0
鏡	6	0	1	1	4	0	0	0	0	0	0	0
玉類	6	1	1	4	2	0	0	0	0	0	0	0
貝釧	2	0	0	0	2	0	0	0	0	0	0	0
その他	3	0	1	2	0	0	0	2	0	2	0	0

表6　3期・西諸県地域・遺物と閉塞方法　単位：基

	妻入り						平入り					
	玄室立面		閉塞分類				玄室立面		閉塞分類			
	家形	その他	A 類	B 類	C 類	D 類	家形	その他	A 類	B 類	C 類	D 類
甲冑	0	0	0	0	0	0	0	0	0	0	0	0
馬具	0	0	0	0	0	0	0	1	0	0	1	0
鏡	0	0	0	0	0	0	1	0	0	0	1	0
玉類	0	0	0	0	0	0	1	1	0	0	2	0
貝釧	0	0	0	0	0	0	2	1	0	0	3	0
その他	0	0	0	0	0	0	5	2	0	3	4	0

表7　3期・加久藤盆地域・遺物と閉塞方法　単位：基

	妻入り						平入り					
	玄室立面		閉塞分類				玄室立面		閉塞分類			
	家形	その他	A 類	B 類	C 類	D 類	家形	その他	A 類	B 類	C 類	D 類
甲冑	0	0	0	0	0	0	0	5	0	0	4	1
馬具	0	0	0	0	0	0	0	2	1	0	1	0
鏡	0	0	0	0	0	0	0	1	0	0	1	0
玉類	0	0	0	0	0	0	0	0	0	0	0	0
貝釧	0	2	1	0	1	0	0	1	0	0	0	1
その他	1	3	0	1	3	0	0	5	0	2	3	0

※　加久藤盆地域での妻入り玄室は縦位埋葬例を集計している。

表8　3期・都城盆地域・遺物と閉塞方法　単位：基

	妻入り						平入り					
	玄室立面		閉塞分類				玄室立面		閉塞分類			
	家形	その他	A 類	B 類	C 類	D 類	家形	その他	A 類	B 類	C 類	D 類
甲冑	0	0	0	0	0	0	0	0	0	0	0	0
馬具	0	0	0	0	0	0	0	0	0	0	0	0
鏡	0	0	0	0	0	0	0	0	0	0	0	0
玉類	0	0	0	0	0	0	0	0	0	0	0	0
貝釧	0	0	0	0	0	0	0	1	0	1	0	0
耳環	0	0	0	0	0	0	0	0	0	0	0	0
その他	0	0	0	0	0	0	0	6	2	2	2	0

表9　3期・肝属平野部域・遺物と閉塞方法　単位：基

	妻入り						平入り					
	玄室立面		閉塞分類				玄室立面		閉塞分類			
	家形	その他	A 類	B 類	C 類	D 類	家形	その他	A 類	B 類	C 類	D 類
甲冑	0	0	0	0	0	0	0	0	0	0	0	0
馬具	0	0	0	0	0	0	0	0	0	0	0	0
鏡	0	0	0	0	0	0	0	0	0	0	0	0
玉類	0	0	0	0	0	0	0	0	0	0	0	0
貝釧	0	0	0	0	0	0	0	0	0	0	0	0
耳環	0	0	0	0	0	0	0	0	0	0	0	0
その他	2	0	0	1	1	0	0	2	0	2	0	0

宮崎平野部域では前述のように、甲冑などの副葬では妻入り・家形玄室で閉塞C類が多くなる。西諸県地域では妻入り玄室は見られないが、馬具などを出土した例ではC類が多い。加久藤盆地域では甲冑を始め特徴的な遺物は多く、閉塞方法はC類が中心となるが、玄室構造は平入りであり、縦位埋葬との組合せも数少ない。都城盆地域では貝釧を出土した菓子野六号の平入り・閉塞B類が確認され、年代決定に不確定要素はあるが、高城牧ノ原二〇〇三―一号にて妻入り・A類が観察される。肝属平野部域では甲冑・鏡の出土例が神領一号、祓川にて報告されるが、閉塞状況の詳細は不明である。妻入り玄室ではB・C類各一基が確認された。

特徴的な副葬品と閉塞方法の関係には、いずれの地域でもC類の割合が高い点が観察される。だが、内陸部では特徴的な副葬品を出土する例のほとんどが、北郷泰道氏の指摘のとおり[39]、平入り玄室となっている。そのため、本期・内陸部でみられるC類は、階層上の上位である点は共通するが、宮崎平野部域の妻入り玄室に表される階層構造に伴うものではなく、前代の家形系より継続する階層差に近いと考えられる。以上の点より、本期の閉塞方法は、地域間の交流に基づく共通要素は少なく、地域枠内に限定された傾向が強いと考えられる。

四期

宮崎平野部域ではB・C類が認められ、B類が多い。その他の地域では築造数が減少する。閉塞方法ではA・B・C類が認められ、A類が多い。

五期

宮崎平野部域ではA・B・C類が認められ、B類が過半数を超える。その他は都城盆地域にてA類が一基確認できるのみである。

　四～五期の特徴としては、宮崎平野部域とその他の地域とでは、閉塞方法の主体が全く異なる点が上げられる。これは、複雑な様相となる宮崎平野部域と旧来の状況を継続しつつ築造数を減らすその他の地域との指摘[40]に、ほぼ符合する。だが、宮崎平野部域以外の地域では、前代とは少し形を変え、閉寒A類が主体となっている。

四　まとめと今後の課題

　今回、地下式横穴墓の閉塞方法を主たる視点とした観察を行った。その結果は次のように整理される。

　中期初頭、成立時における加久藤盆地域での閉塞方法は羨門板材閉塞（A類）であり、わずかに遅れて羨門石材閉塞（C類）が登場する。家形玄室の導入と伝播を特徴とする中期前半では、家形系における羨門石材閉塞（C類）、土壙系における羨門板材閉塞（B類）、羨門土塊・火山灰ブロック閉塞（A類）の関係性が想定され、階層性と共に各地域共通の様相となる。だが、加久藤盆地域だけは竪坑上部閉塞（D類）が圧倒的に多い。続く中期後半から後期前半にかけては、地域枠内に限定される傾向が強いと考えられ、地域間の交流等に基づく共通要素は少ない。後期後半から終末期にかけては、宮崎平野部域とその他の地域とでは閉塞方法が大きく異なる。また、後期以降、宮崎平野部域以外の地域では、羨門土塊・火山灰ブロック閉塞（A類）に収斂するように、主体となる閉塞方法が変化していく。

　以上の点から、地下式横穴墓制内での地域間交流を考えると、中期初頭には加久藤盆地域から西諸県地域へ、中期前半には家形玄室に伴い西諸県地域から各地域へ、中期後半からは地域性が強くなり、後期後半からは宮崎平野部とその他の地域との差が拡大していく状況が捉えられる。そして、後期後半以降の西諸県地域・加久藤盆地域・都城盆地域や大隅半島域における閉塞方法の共通性は、宮崎平野部以外の地域間のつながりをも想起させる(41)。

これら閉塞方法から観察された動きは、現時点で想定されている地下式横穴墓の様相とほぼ同じ動きを描いている部分もあるが、やや異なる部分も見られた。今回観察された結果、特にやや異なる結果となった部分について、他の構成要素を含めた総合的な検討が今後の課題と考えられる。

また、分析上の問題点としては、まず、閉塞方法が示す意味を明確にしなければならない点が上げられる。今回はいくつかの関係性を考えることができたが、墓室を「閉じる」もしくは「塞ぐ」行為とそれに付随する施設がもつ根本的な意味は、依然不明確である。この点は他の横穴墓制との比較も視野に入れた検討が重要と考えられる。次に、標本数の問題や三期に代表される時期設定の問題、宮崎平野部域を細分した地域分割などがあり、今回は閉塞材を中心に分類したが、「積む」・「立掛ける」など構造面からの観察も必要と考えられる。

註

（1）東憲章「日向（宮崎県）の地下式横穴墓」『九州の横穴墓と地下式横穴墓』九州前方後円墳研究会、二〇〇一。

（2）家形玄室と羨道の接続部位による分類が原義であるが、現状では玄室奥行きが深い例を「妻入り」、玄室幅が広い例を「平入り（横形）」と呼ぶことが多く、本稿でもこの名称を使用する。

（3）石川恒太郎『地下式古墳の研究』ぎょうせい、一九七三。

（4）和田理啓「日向の地下式横穴」『九州の横穴墓と地下式横穴墓』九州前方後円墳研究会、二〇〇一。

（5）橋本達也「古墳以外の墓制による古墳時代墓制の研究」『古墳以外の墓制による古墳時代墓制の研究』鹿児島大学総合研究博物館、二〇〇七。

（6）前掲註（4）。
（7）前掲註（4）。
（8）前掲註（4）。
（9）橋本達也・藤井大祐「小考―高取原地下式横穴墓出土鉄鏃の意義―」『高取原地下式横穴墓』高城町教育委員会、二〇〇五。
（10）前掲註（4）。
（11）前掲註（4）。
（12）前掲註（9）。
（13）前掲註（4）。
（14）前掲註（4）。
（15）藤井大祐「九州南部の中期古墳」『九州島における中期古墳の再検討』九州前方後円墳研究会、二〇〇七。
（16）甲斐貴充「主体部（地下式横穴）」『後期古墳の再検討』九州前方後円墳研究会、二〇〇八。
（17）橋本達也「九州における古墳時代後期の甲冑と鉄鏃」『後期古墳の再検討』九州前方後円墳研究会、二〇〇八。
（18）前掲註（16）。
（19）近沢恒典「まとめ」『高取原地下式横穴墓』高城町教育委員会、二〇〇五。
（20）藤井大祐「岡崎18号墳地下式横穴墓群の意義」『大隅串良　岡崎古墳群の研究』鹿児島大学総合研究博物館、二〇〇八。
（21）「Ⅲ　まとめ」『立切地下式横穴墓群』高原町教育委員会、一九九二。
（22）中野和浩「第8章―まとめ」『島内地下式横穴墓群』えびの市教育委員会、二〇〇一。
（23）前掲註（4）、および和田理啓「九州における古墳時代中期の鉄鏃」『九州島における中期古墳の再検討』九州前方後円墳研究会、二〇〇七。
（24）前掲註（15）。

(25) 前掲註(17)。
(26) 北郷泰道「再論・南境の民の墓制」『宮崎県立西都原考古博物館研究紀要　第2号』宮崎県立西都原考古博物館、二〇〇六。
(27) 前掲註(1)。
(28) 地理情報分析支援システムMANDARA Version 9.03、谷健二。
(29) 前掲註(16)。
(30) 前掲註(4)。
(31) 橋本達也「古墳時代墓制としての地下式横穴墓」『大隅串良　岡崎古墳群の研究』鹿児島大学総合研究博物館、二〇〇八。
(32) 前掲註(9)。
(33) 前掲註(31)。
(34) 和田理啓「立切地下式横穴墓群」『九州の横穴募と地下式横穴墓』九州前方後円墳研究会、二〇〇一。
(35) 前掲註(4)。
(36) 橋本達也「副葬鉄器からみる南九州の古墳時代」『前方後円墳築造周縁域における古墳時代社会の多様性』九州前方後円墳研究会、二〇〇三。
(37) 北郷泰道『熊襲・隼人の原像』吉川弘文館、一九九五。
(38) 前掲註(37)。
(39) 前掲註(37)。
(40) 前掲註(16)。
(41) 本大会発表時には、当該期のA類を馬具など宮崎平野部域からもたらされた新情報と結びつけて考えた。だが、宮崎平野部域にて閉塞A類と馬具を結ぶ系譜を追うことは難しいとのご指摘もあり、今回はその視点は用いなかった。当該期における閉塞A類の系譜・意味については改めて考えたい。

図版出典（図2）

築池二〇〇二－六号地下式横穴墓『築池遺跡　第一～四次調査』都城市教育委員会、二〇〇四。

下耳切第3遺跡一号地下式横穴墓『下耳切第3遺跡』宮崎県埋蔵文化財センター、二〇〇六。

島内35号・69号地下式横穴墓『島内地下式横穴墓群』えびの市教育委員会、二〇〇一。

立切30号地下式横穴墓『立切地下式横穴墓群』高原町教育委員会、一九九二。

高取原地下式横穴墓『高取原地下式横穴墓』高城町教育委員会、二〇〇五。

表1　検討地下式横穴墓一覧

No,	名称	地域	時期	閉塞分類	玄室立面	家形玄室	甲冑	馬具	鏡	玉	貝釧	備考
1	下耳切 3-1	I	5	B	平							
2	下耳切 3-2	I	5	B	平							
3	下耳切 3-3	I	5	C	平			○				
4	下耳切 3-4	I	5	A	平							
5	下耳切 3-5	I	5	B	平							
6	下耳切 3-6	I	5	B	平							
7	下耳切 3-7	I	5	B	平							
8	下耳切 3-8	I	5	B	平							
9	祇園原 1	I	4	B	平	○						
10	祇園原 4	I	4	B	平							
11	祇園原 5	I	4	B	平							
12	西都原 4	I	3	C	妻	○	○		○	○		妻入りI-A-1類
13	堂ヶ島 2-1	I	5	B	平							
14	堂ヶ島 2-2	I	4	C	平							
15	堂ヶ島 2-3	I	5	B	平							
16	堂ヶ島 2-4	I	4	B	平							
17	堂ヶ島 2-5	I	5	B	平							
18	堂ヶ島 2-7	I	4	B	平							
19	堂ヶ島 2-8	I	4	B	平							
20	堂ヶ島 2-9	I	5	B	平							
21	堂ヶ島 2-10	I	5	B	平							
22	堂ヶ島 2-12	I	5	C	平							
23	堂ヶ島 2-13	I	5	B	平							
24	堂ヶ島 2-14	I	5	B	平							
25	堂ヶ島 2-15	I	5	C	平							
26	堂ヶ島 2-16	I	4	B	平							
27	堂ヶ島 2-17-1	I	5	C	平							
28	堂ヶ島 2-17-2	I	5	B	平							
29	堂ヶ島 2-17-3	I	5	B	平							
30	堂ヶ島 2-17-4	I	5	B	平							
31	国分 5	I	5	B	平							
32	国分 6	I	5	B	平							
33	前原 2	I	5	C	平							
34	北水戸	I	5	C	平							
35	常心原 5	I	4	C	妻					○		
36	常心原 6	I	4	C	妻	○						
37	元地原 5	I	3	B	妻	○				○		妻入りI-A-2類
38	下北方 4	I	3	A	妻	○		○	○	○		妻入りI-B-1類
39	下北方 5	I	3	C	妻	○	○	○	○	○		妻入りI-A-1類
40	下北方 12	I	3	B	平							
41	下北方 16	I	3	B	妻					○		妻入りI-A-2類
42	下北方 17	I	3	B	平					○		
43	下北方 18	I	3	B	平							
44	生目 8	I	2	B	平							土壙系
45	生目 19	I	2	B	平							土壙系
46	間超 1	I	4	B	平							
47	間超 2	I	4	B	平							
48	大町 1	I	5	B	平							
49	大町 2	I	5	B	平							
50	大町 3	I	5	C	平							
51	北中 3	I	4	B	平							

No,	名称	地域	時期	閉塞分類	玄室立面	家形玄室	甲冑	馬具	鏡	玉	貝釧	備考
52	北中 4	Ⅰ	4	B	平							
53	北中 5	Ⅰ	4	B	妻							
54	北中 6	Ⅰ	4	C	妻						○	
55	北中 8	Ⅰ	4	B	平							
56	北中 9	Ⅰ	4	B	妻							
57	本庄 13	Ⅰ	3	C	妻	○						妻入りⅠ - B -2 類
58	六野原 10	Ⅰ	3	B	妻	○	○	○	○	○		妻入りⅠ - A -1 類
59	大坪 1	Ⅰ	3	C	妻	○			○		○	妻入りⅠ - B -1 類
60	市の瀬 5	Ⅰ	3	C	妻	○			○		○	妻入りⅠ - A -2 類
61	市の瀬 9	Ⅰ	4	C	平					○		
62	市の瀬 10	Ⅰ	4	C	平	○		○				
63	高田原 1	Ⅰ	2	B	平	○						家形系
64	高田原 2	Ⅰ	2	C	平							家形系
65	内屋敷 1	Ⅰ	3	C	妻	○						妻入りⅠ - A -2 類
66	雀ヶ野 1	Ⅰ	3	A	妻	○						妻入りⅠ - B -2 類
67	大萩 3	Ⅱ	3	B	平	○						
68	大萩 10	Ⅱ	2	C	平	○						家形系
69	大萩 27	Ⅱ	3	C	平			○			○	
70	大萩 32	Ⅱ	4	A	平							
71	大萩 36	Ⅱ	3	B	平	○						
72	大萩 37	Ⅱ	3	C	平							
73	立切 2	Ⅱ	3	B	平	○						
74	立切 3	Ⅱ	3	C	平	○						
75	立切 23	Ⅱ	1	B	平							
76	立切 30	Ⅱ	3	C	平	○				○		
77	立切 40	Ⅱ	3	C	平							
78	立切 50	Ⅱ	2	C	平	○						家形系
79	立切 53	Ⅱ	2	C	平	○						家形系
80	立切 54	Ⅱ	2	C	平	○						家形系
81	立切 60	Ⅱ	2	C	平	○					○	家形系
82	立切 64	Ⅱ	3	C	平	○					○	
83	立切 68	Ⅱ	2	C	平	○						家形系
84	日守 3	Ⅱ	2	C	平	○						家形系
85	日守 6	Ⅱ	2	C	平	○						家形系
86	日守 9	Ⅱ	2	B	平	○					○	家形系
87	旭台 6	Ⅱ	2	C	平	○						家形系
88	旭台 9	Ⅱ	2	C	平	○					○	家形系
89	旭台 11	Ⅱ	2	C	平	○						家形系
90	旭台 13	Ⅱ	2	D	平	○						家形系
91	須木上ノ原 9	Ⅱ	3	C	平					○		
92	下の平 2	Ⅱ	2	C	平	○						家形系
93	東二原 2	Ⅱ	3	C	平	○			○			
94	東二原 4	Ⅱ	4	A	平	○						
95	東二原 6	Ⅱ	3	C	平	○						
96	東二原 8	Ⅱ	3	C	平	○					○	
97	東二原 11	Ⅱ	4	C	平							
98	新田場 7	Ⅱ	2	C	平	○						家形系
99	楠牟礼 1	Ⅱ	2	B	平	○						家形系
100	広畑 1	Ⅲ	1	C	平							
101	広畑 5	Ⅲ	2?	C	平							家形系？
102	広畑 7	Ⅲ	1	C	平							
103	広畑 8	Ⅲ	2	B	平							家形系？

No,	名称	地域	時期	閉塞分類	玄室立面	家形玄室	甲冑	馬具	鏡	玉	貝釧	備考
104	広畑 11	Ⅲ	1	C	平							
105	広畑 15	Ⅲ	3?	D	平							
106	広畑 16	Ⅲ	3?	D	平	○						
107	小木原 1	Ⅲ	3	C	平			○	○			
108	小木原・久見迫 1	Ⅲ	4	B	平							
109	小木原・久見迫 7	Ⅲ	4	A	平							
110	小木原・久見迫 14	Ⅲ	4	A	妻			○				
111	小木原・久見迫 21	Ⅲ	4	A	平			○				
112	小木原・馬頭 5	Ⅲ	3	A	平			○				
113	小木原・馬頭 13	Ⅲ	4	A	平			○				
114	小木原・馬頭 14	Ⅲ	4	A	平			○				
115	小木原・蕨 14	Ⅲ	1	B	平							
116	小木原・蕨 17	Ⅲ	1	B	平							
117	小木原・蕨 20	Ⅲ	1	B	平							
118	小木原・蕨 30	Ⅲ	2	D	平							家形系？
119	小木原・蕨 35	Ⅲ	2	D	平	○						家形系
120	小木原・蕨 36	Ⅲ	2	D	平							家形系？
121	小木原・蕨 39	Ⅲ	2	D	平							家形系？
122	小木原・蕨 40	Ⅲ	2	D	平							家形系？
123	小木原・蕨 43	Ⅲ	3?	D	平							
124	小木原・蕨 68	Ⅲ	3?	D	平							
125	小木原・蕨 69	Ⅲ	3?	D	平							
126	小木原・蕨 71	Ⅲ	2	D	平							家形系？
127	灰塚 12	Ⅲ	2	D	平	○						家形系
128	灰塚 17	Ⅲ	2	D	平	○						家形系
129	島内 3	Ⅲ	3	D	平		○					
130	島内 4	Ⅲ	4	A	平							縦位埋葬
131	島内 10	Ⅲ	3	C	平							
132	島内 11	Ⅲ	2	D	平							家形系？
133	島内 16	Ⅲ	4	D	平	○						
134	島内 21	Ⅲ	3	C	平		○					
135	島内 23	Ⅲ	3	C	平						○	縦位埋葬
136	島内 24	Ⅲ	3	B	平							縦位埋葬
137	島内 26	Ⅲ	3	D	平						○	
138	島内 32	Ⅲ	3	C	平	○						縦位埋葬
139	島内 35	Ⅲ	2	D	平						○	家形系？
140	島内 36	Ⅲ	2	D	平							家形系？
141	島内 41	Ⅲ	3	C	平							縦位埋葬
142	島内 55	Ⅲ	3	C	平							
143	島内 56	Ⅲ	3	C	平						○	縦位埋葬
144	島内 62	Ⅲ	3	C	平		○					
145	島内 63	Ⅲ	3	C	平							縦位埋葬
146	島内 65	Ⅲ	4	C	平							縦位埋葬
147	島内 69	Ⅲ	3	B	平							
148	島内 70	Ⅲ	3	B	平							
149	島内 76	Ⅲ	3	C	平		○					
150	島内 81	Ⅲ	3	C	平		○					
151	島内 83	Ⅲ	3	C	平							
152	高取原 1	Ⅳ	2	C	平							家形系？
153	高城牧ノ原 2003-1	Ⅳ	3?	A	妻							妻入りⅠ-B-2類
154	高城牧ノ原 2003-2	Ⅳ	2?	B	平							土壙系
155	高城牧ノ原 2003-3	Ⅳ	2?	B	平							土壙系

No.	名称	地域	時期	閉塞分類	玄室立面	家形玄室	甲冑	馬具	鏡	玉	貝釧	備考
156	高城牧ノ原 2003-4	Ⅳ	2?	A	平							土壙系
157	高城牧ノ原 2003-5	Ⅳ	2?	B	平							土壙系
158	高城牧ノ原 2003-6	Ⅳ	2?	B	平							土壙系
159	高城牧ノ原 2003-7	Ⅳ	2?	B	平							土壙系
160	高城牧ノ原 2003-8	Ⅳ	2?	B	平	○						土壙系
161	高城牧ノ原 2003-10	Ⅳ	2?	B	平							土壙系
162	高城牧ノ原 2004-1	Ⅳ	2?	A	平					○		土壙系
163	高城牧ノ原 2004-2	Ⅳ	2?	B	平							土壙系
164	原村上 2	Ⅳ	2	C	平						○	家形系？
165	築池 2000-01	Ⅳ	3	A	平							
166	築池 2001-03	Ⅳ	3	A	平							
167	築池 2001-04	Ⅳ	4	A	平							
168	築池 2001-06	Ⅳ	4	A	妻							
169	築池 2001-07	Ⅳ	4	A	平							
170	築池 2002-01	Ⅳ	4	A	妻							
171	築池 2002-06	Ⅳ	4	A	平							
172	築池 2002-08	Ⅳ	4	A	平							
173	築池 2003-02	Ⅳ	5	A	平							
174	築池 2003-03	Ⅳ	4	A	平			○				
175	菓子野 5	Ⅳ	3	B	平							
176	菓子野 6	Ⅳ	3	B	平						○	
177	菓子野 9	Ⅳ	3	B	平							
178	下川東牧ノ原 2	Ⅳ	3	C	平							
179	下川東牧ノ原 22	Ⅳ	3	C	平							
180	下川東牧ノ原 24	Ⅳ	4	C	平							
181	祓川 10	Ⅴ	3	B	平							
182	祓川 21	Ⅴ	3	B	平							
183	天神原 3	Ⅴ	4	A	平							
184	名主原遺跡 3	Ⅴ	4	A	平							
185	上小原 1	Ⅴ	3	B	妻	○						妻入りⅠ-A-2類
186	岡崎 1	Ⅴ	3	C	妻	○						妻入りⅠ-B-2類
187	岡崎 18 号墳 -1	Ⅴ	2	C	平	○						家形系
188	岡崎 18 号墳 -2	Ⅴ	2	C	平	○					○	家形系
189	下堀 1	Ⅴ	2?	A	平							土壙系
190	下堀 2	Ⅴ	2	A	平							土壙系
191	下堀 3	Ⅴ	2?	A	平							土壙系
192	下堀 4	Ⅴ	2?	B	平							土壙系
193	下堀 5	Ⅴ	2?	A	平							土壙系
194	下堀 6	Ⅴ	2	A	平							土壙系
195	下堀 7	Ⅴ	2?	A	平							土壙系
196	中尾 1	Ⅴ	4	A	平							
197	中尾 2	Ⅴ	4	A	平							
198	中尾 4	Ⅴ	4?	B	平							
199	中尾 5	Ⅴ	4?	B	平							
200	中尾 6	Ⅴ	4	A	平							
201	中尾 7	Ⅴ	4?	A	平							
202	中尾 8	Ⅴ	4	A	平							

※　表1は『九州の横穴墓と地下式横穴墓』(九州前方後円墳研究会　2001)を参考に各報告書に基づき作成した。遺構番号は『九州の横穴墓と地下式横穴墓』に準じ、それ以降に公開された資料については文献・報告書記載の遺構番号を使用している。個別の文献・報告書名は紙幅の都合上割愛させていただいた。

古代の日向・大隅・薩摩三国の位相―隼人とその支配をめぐって―

永山　修一

はじめに

『古事記』大八洲生成条において、九州島には筑紫国・豊国・肥国・熊襲国があったとされるが、令制国との対応関係で見ると、熊襲国は、令制の日向・大隅・薩摩の三国になるため、古代の日向・大隅・薩摩三国は一体のものとされていたことがわかる。また、九州島内の令制国の成立は、その初見記事から見て持統四年（六九〇）ころと考えられるため[1]、この『古事記』大八洲生成条は、九州島における令制国成立直前の状況を反映しているとすることができる。令制国成立後の日向国は、薩摩・大隅国を分出するまで、この両国域を含む広大なものであった。これを広域日向国と呼んでおく。

一方、九州島内の評について見ると、八例が知られており、広域日向国については、藤原京左京七条一坊南西坪出土木簡の「久湯評」木簡と[2]、『続日本紀』文武四年（七〇〇）六月庚辰条の覓国使剽劫事件の記事に「衣評」が見えるだけである。衣評は、後の薩摩国頴娃郡に連なるとも考えられていて、この段階で広域日向国の全域に評が設定されていたとは考えられず、後の薩摩国域では飛び石的に評が設定されている状況にあったと思われる。

本稿では、第一に広域日向国から薩摩・大隅両国が分出されていく過程、及びその事情について考察し、第二に三国成立以後の三国の関係性について考察していくが、その際、分出される前段階の七世紀代の南九州についても検討し、また、南九州に居住する者として設定されていた「隼人」との関わりに注目したいと考える。

一　七世紀代の南九州

まず、考古学の面からは、近年の発掘調査の成果により、古墳時代の南九州像の転換が見られる。ごく簡単まとめると、図1の高塚古墳の分布に見られるように、中期まではさまざまな面で南九州とヤマトとの関わりが知られるが、後期になると、薩摩・大隅地方では、前方後円墳がまったく作られなくなり、また畿内から多くもたらされていた甲冑が見られなくなる。さらに、鉄鏃の形態は独自性を強め、畿内産須恵器や竈付き住居もほとんど検出されない。こうした状況は、橋本達也によれば、「列島の中での異質化の進行」と評価される事柄である。(3)こうした事態は、北でも起こっていた。例えば、前方後円墳の北限は岩手県奥州市、胆沢の地にある角塚古墳であるが、この地は後に完全に蝦夷の地となっている。

次に、七世紀代の南九州に関して「隼人」をめぐる問題を見ていく。すでに多くの先学が指摘しているように、実体を伴った隼人は、『日本書紀』天武十一年（六八二）七月甲午条の隼人の朝貢開始記事に初見する。また、『日本書紀』持統三年（六八九）正月壬戌条の、筑紫大宰粟田朝臣真人が隼人一七四人等を献上した記事、また同六年（六九二）閏五月乙酉条の筑紫大宰率河内王等が沙門を大隅・阿多に派遣して仏教を伝えさせた記事からわかるように、令制の広域日向国が成立した後も、七世紀代は隼人および隼人居住地域の支配に筑紫大宰が責任を持つ体制であったことがわかる。

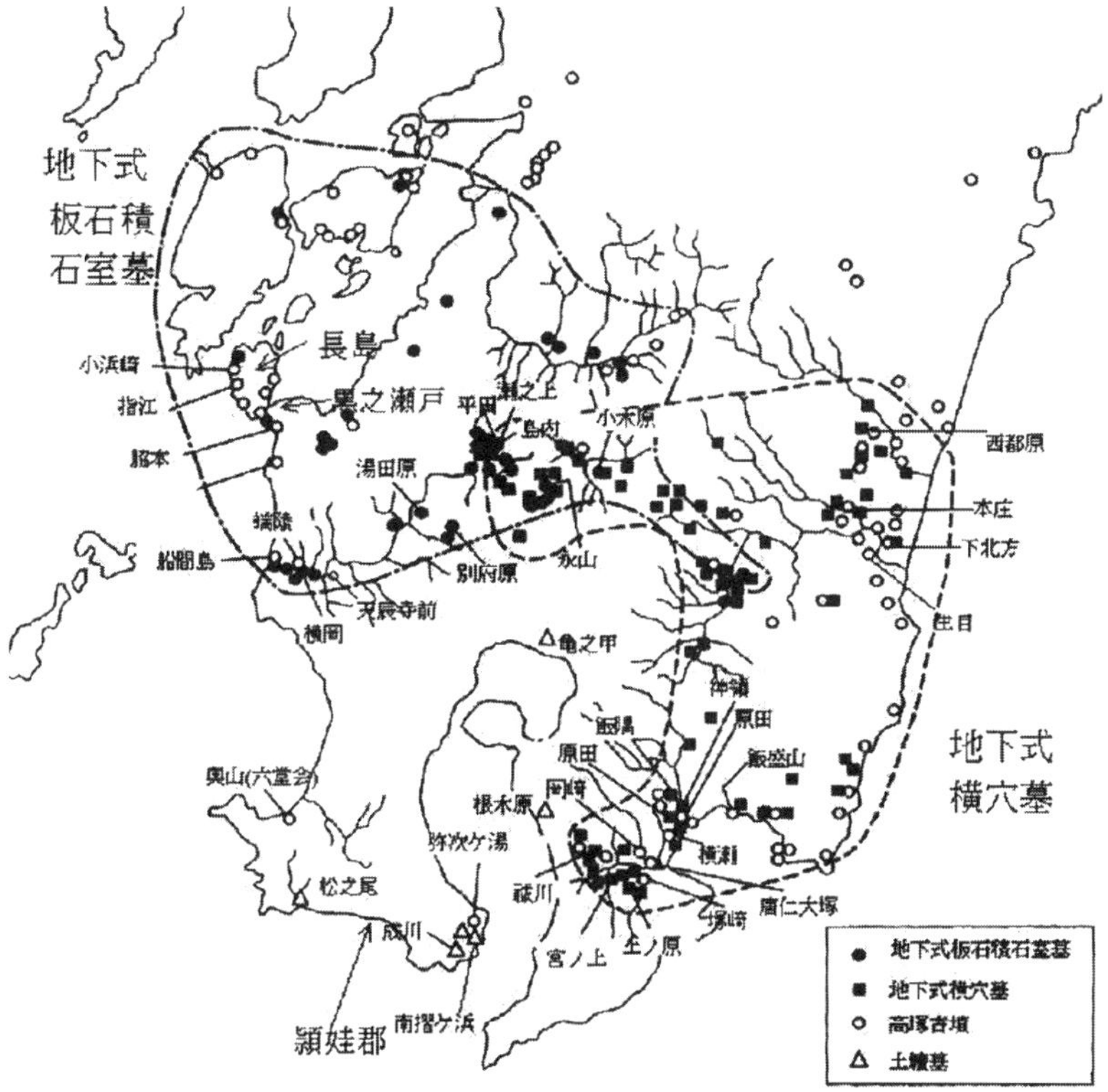

図１　南九州の古墳分布

次に、「隼人」が「擬似民族集団」であったことは、すでに石上英一などによって説かれているが、[4]この点について、二つの事例から確認しておく。まず、隼人の呼称の始期について、中村明蔵は天武朝との説を示しているが、[5]隼人の用字が、『万葉集』巻一一の二四九七番歌に見える一例の「早人」を除いて「隼人」の表記でほぼ統一されていることは、ある種法的規制を受けていると考えられるのであり、エミシ・クマソの表記の多様性と比較するとき、その始期はずっと遅いことを示している。また、ハヤト・エミシの人名としての使用について見ると、「山背国綴喜郡大住郷計帳」いわゆる隼人計帳などに見える「隼人」を姓的に用いた例を除けば、わずかに小月隼人（平城京左京二坊坊間大路西側溝出土木簡（第九九次調査））・葛野隼人（平城京左京三条二坊八坪東二坊坊間路西側溝出土木簡（第一九三次調査））・次田隼人（天平勝宝七歳九月二十八日の「班田使歴名」〈『大日本古文書（編年文書）』第四巻〉）の三人が知られるだけであり、いずれも養老年間以降となる。これも、大化前代以来三〇例以上知られるエミシの人名と比較したとき、その使用の始まりがずいぶんと遅いことを示している。

さて『日本書紀』天武十四年（六八五）六月甲午条には、忌寸姓を与えられた一一氏のなかに、大隅忌寸姓を与えられた大隅直氏が見える。一方、『続日本紀』神護景雲三年（七六九）十一月庚寅条によれば、隼人の朝貢にともなう俗伎奏に姿を現す大隅直倭・大隅忌寸三行は、直・忌寸の姓を持っていながらともに「隼人」とされている。また、大隅忌寸三行は、上正六位上という内位を持っていることから、隼人司の大衣であったとも考えられる。直姓は、君姓に比して王権への従属度が強いとされており、そのような大隅直氏・大隅忌寸姓が隼人とされていることは、「隼人」が政治的に設定された「擬似民族集団」であることの証左に他ならない[6]。

律令体制を完成しつつあった政府は、隼人を、朝貢によって王権を荘厳する「夷狄」として位置付けるとともに、しかし一方で、王化に浴し最終的には「公民」となるべき存在として位置付けていた。

二　薩摩・大隅国の分出と隼人支配

七世紀末、南九州から南島にかけての情勢は、緊迫してきたと思われる。その理由は明らかではないが、おおよそ政府の南島へのアプローチが隼人と南島との間にあった関係を阻害しこれへの反発が起こったとする説[7]と、南九州への国制施行への抵抗とする説[8]が考えられている。『続日本紀』文武四年（七〇〇）六月庚辰条には、政府が南九州から南島にかけて派遣した覓国使が襲撃された事件の記事を載せ、同三年十二月甲申条には、日向国児湯郡と後の大隅国桑原郡に所在したと考えられる三野・稲積両城の修築を命じる記事が見える。大宝元年（七〇一）に大宝律令を完成させた政府は、翌年に戸籍の作成に着手することになったが、『続日本紀』大宝二年（七〇二）三月丁酉条に見える大宰府に管内国司の掾以下と郡司の詮擬権を与える措置は、戸籍作成担当者の任命を進めることで戸籍作成を推進するための措置であったと考えられる。大宝二年の対隼人戦争は、こうした動きに対する隼人の抵抗を鎮圧するものであった。『続日本紀』大宝二年八月丙申条の「薩摩・多褹化を隔て命に逆ふ」や同十月丁酉条の「薩摩隼人を征するの時、大宰所部の神九処に祷祈す」という記載からすると、この抵抗の中心が薩摩地方であったことがわかる。抵抗を押さえた政府は、薩摩国を設置したが、薩摩国は性格の異なる三つの地域からなっていた。

今泉隆雄は、辺境国の構造として、A地区＝律令制的公民支配が確立している地域、B地区＝A地区の外側にあって城柵を設置し柵戸の移民によって建郡し、公民支配が一応成立している地域、C地区＝B地区のさらに外側にあって律令制的公民支配が未成立の蝦夷の居住地域と分けたが、(9) 薩摩国におけるB地区は、高城郡である。『和名類聚抄』をみると、高城郡の郷名のうち合志・飽田・宇土・託万の四つが肥後国の郡名に一致している。これは、薩摩国を建てるに際し、肥後国からの計画的移民を行い、そこに国府を置いたことを示している。次にA地区は、出水郡である。『和名類聚抄』を見ても出水郡には肥後国の郡名と一致する郷名は確認できない。また『万葉集』三巻二四八番歌（隼人の　薩摩の瀬戸を　雲居なす　遠くも我れは　今日見つるかも）によれば、「薩摩の瀬戸」が公民世界と隼人世界の境界として歌われている。「薩摩の瀬戸」は、現在の黒之瀬戸で、その北が不知火海であり、黒之瀬戸の対岸の長島は中世まで肥後国であった。さらに、「天平八年薩麻国正税帳」に見える出水郡の郡司は全員肥後系の姓と考えて良いものであって、出水郡はもともと肥後系の人々が住む地域で、薩摩国建国に際して薩摩国に組み入れられたものとすることができる。そして、C地区は、川内川の南に位置する隼人居住地域であり、これが一一の郡に分けられ、正税帳に見えるように「隼人一十一郡」とされた。

大隅国の成立については、『続日本紀』和銅六年（七一三）四月乙未条に見えるように、日向国の肝坏・贈於・大隅・姶羅四郡を割いて設置されたことが明らかである。これにともなって隼人の戦いが起こっており、同七年三月壬寅条によれば、隼人を勧導するため、豊前国から二〇〇戸の移民を行った。また、『律書残篇』によれば、建国後まもなく一郡増加していることが分かるから、移民によって桑原郡が建てられ、そこに国府が設置されたと考えられる。こうした状況から見ると、大隅国は、B地区・C地区によって成り立つ国であったと考えられる。

さて、隼人支配の特質について、「天平八年薩麻国正税帳」の記載内容などを用いて検討する。(10)表1を見ると、河辺郡に穀の状態の稲・粟が見えないことから、租の収取が行われておらず、また表2から、租の収取の基礎となる検校百姓損田や、出挙、さらに検校庸蓆のための国司巡行が非隼人郡およびそれに隣接する二〜三郡の隼人郡でしかおこなわれていなかったことがわかり、薩摩国においては、隼人郡の多くは律令制の諸原則の適用が留保された状況にあったことがわかる。

さらに、隼人支配について、薩摩国と大隅国を比較してみる。まず、『和名類聚抄』に見える一郡あたりの郷数を見ると、壱岐・対馬・大隅・薩摩を除く西海道諸国の平均郷数が五・四郷であるのに対して、薩摩国の「非隼人郡」の平均郷数は五・五郷、「隼人郡」の平均郷数は二・二郷となり、「隼人郡」の規模の小ささが際立っている。平城京東二坊二条大路出土の西海道関係の紫草木簡を見ると、基本的に紫草の貢進単位が郡であるのに対し、薩摩国のみ「国」が進上の単位となっており、また大宰府不丁地区出土木簡からも薩摩国関係では、「〇〇国〇〇郡」の表記が用いられていないことは、薩摩国において郡が充分に機能していないことを示している。

表１「天平八年薩麻国正税帳」に見る薩摩国の財政状況

	高城郡	出水郡	薩摩郡	河辺郡
不　動　穀（斛）	1294.82	0	0	0
不　動　倉	1	0	0	0
動　用　穀（斛）	0	665.128	355.455	0
動　用　倉	1		1	0
頴　　稲（束）	39666.05	50840.8	17614.9	2690.4
頴　稲　倉	a	13	5	e
粟　　穀（斛）	397.2091	103.7273	0	0
頴　　粟（束）	3326.61	755.39	0	0
頴　粟　倉	b	0	0	0
糒（斛）	1261	1504.31	0	0
糒　　倉	1	1	0	0
塩（斛）	7.7309	0	0	0
酒（次年度繰越分）	46.28	10.743	0	0
酒（年度使用量）（斛）	16.277（当郡 9.359）	c	d	0.723
酒（補充量）	17	8.743	0	0

a+b ＝ 7　c は 8 前後　d は 0 ではない。　e は 1 以上。

表２　薩摩国及び諸国の正税帳に見える国司巡行目的別所要日数

巡行目的	薩摩国	諸国の 1 郡あたりの所要日数
検校百姓損田（水田）	7 日	2.3 日（但馬）～ 4.5 日（周防）
正税出挙（春）	7 日	2.5 日（豊後）～ 5.5 日（和泉）
正税出挙（夏）	6 日	2.5 日（豊後）～ 5.5 日（和泉）
収納正税	5 日	2.6 日（但馬）～ 10.7 日（和泉）
検校庸蓆（調庸）	2 日	2.6 日（但馬）～ 4.0 日（駿河）
責計帳手実	1 日	2.4 日（但馬）～ 3.3 日（周防）
賑給	19+5+1 日	2.0 日（駿河）～ 9.0 日（豊後）

表3　平安初期の対蝦夷・隼人政策

	対蝦夷政策	対隼人政策
七九四年	征夷大将軍大伴弟麻呂、副将軍坂上田村麻呂ら、胆沢の蝦夷を征討。	
七九八年	俘囚・夷俘に対する調庸賦課を留保。	
八〇〇年	一部の俘囚に対する乗田の班給。	大隅・薩摩両国に班田制適用
八〇一年	征夷大将軍坂上田村麻呂、胆沢の蝦夷を征討。俘囚に対する口分田班給の開始。	
八〇二年	坂上田村麻呂、胆沢城を造営。	
八〇三年	坂上田村麻呂、志波城を造営。	
八〇五年	徳政相論により、蝦夷征討中止。	朝貢隼人が帰還。南九州から上京する隼人はいなくなる。
八〇八年	胆沢城鎮守府成立。	隼人司、衛門府に吸収される。兵部省のもとに隼人司再置される。
八一一年	三十八年戦争の終結。	
八一二年	夷俘の正月節会への参加が復活。	

一方、多褹嶋を除く大隅国一郡あたりの平均郷数は五・三郷となって他の西海道諸国と変わりなく、大宰府不丁地区出土木簡からも、大隅国においては郡が貢納の単位として機能していることがわかる。律令制的諸原則の貫徹度をみると、大隅国は、ほぼ貫徹している日向国と適用を留保されている薩摩国の中間に位置すると思われる。

三　隼人の「消滅」

すでに見たように、隼人とは政治的に設定された「擬似民族集団」であった。薩摩・大隅両国に於いて、その住民の公民化が達成されれば、彼らは隼人ではなくなる。『類聚国史』巻一五九　口分田　延暦十九年（八〇〇）十二月辛未条は、大隅・薩摩両国に於いて班田制が全面的に導入されたこと、『類聚国史』巻一九〇　隼人　延暦二十年（八〇一）六月壬寅条は、政府が大宰府に対して隼人の朝貢停止を指令したことを伝え、『日本後紀』延暦二十四年

（八〇五）正月乙酉条「永く大替隼人の風俗歌舞を停む」のように上京していた隼人が帰国することによって、大隅・薩摩両国隼人による朝貢は終了し、以後南九州の居住者に対して「隼人」の呼称を用いることは確認できなくなる。南九州の隼人は「消滅」したと言って良い。

表3のように東北地方の対蝦夷政策と比べた時、ほぼ共通した政策が追求されていると言うことができるのであり、政府は南北の辺境地域支配に共通の政策基調を適用していたことがわかる。

四　日向・薩摩・大隅三国の関係性

続いて日向・薩摩・大隅三国の関係性について見ていくことにする。養老職員令大国条によれば、壱岐、対馬、日向、薩摩、大隅の三国二嶋の国嶋司の職掌には、「鎮捍、防守及び蕃客、帰化を惣知す」という共通の任務が規定されていた。「鎮捍、防守」の語は『唐六典』に見える鎮・戍の武官の職掌とされており、『続日本紀』天平神護二年（七六六）六月丁亥条に日向・大隅・薩摩三国の柵戸が確認できるから、壱岐・対馬・日向・薩摩・大隅の三国二嶋には、唐の辺防機関である鎮・戍に相当する軍事施設が存在していたことがわかる。

また、大隅・薩摩・壱岐・対馬・多褹の二国三嶋の財政規模は下国であったが、今見たような軍事・外交上の要地であったことから、国司構成による等級では中国となっており、『続日本紀』天平十四年（七四二）八月丁酉条の「大隅・薩摩・壱岐・対馬・多褹等国官人の禄は、筑前国司をして廃府の物を以て給はしめ、公廨も又便国の稲を以て常に依りて之を給へ」という措置からわかるように、国司の給与は、大宰府管内諸国によって補填されていた。「弘仁主税式」から、九世紀前期段階でも、薩摩・大隅国・多褹嶋は財政的に自立できず、隣国の出挙あるいは大宰府管内諸国の地子稲に依存する面のあったことがわかる。

次いで、移民政策の実施や人の移動について見ていくことにする。まず、日向国について。肥後国から日向国の移民については、日向国諸県郡に山鹿・八代という、肥後国の郡名に一致する郷が知られることから、計画的な移民が行われていたことが想定できる。次に、宮崎県都城市早鈴町の上ノ園第二遺跡から「秦」の墨書土器が出土しており、「秦」姓は、豊前国戸籍や鞠智城出土木簡に見えるので、豊前あるいは肥後から、対隼人の最前線に位置付けられる諸県郡への移民が行われたと考えられる。さらに宮崎県西都市岡富宮ノ東遺跡では企救型甕・豊後型系甕が出土しており、豊前国・豊後国からの人の移動が存在したと考えられる。(11) ただし、出土した企救型甕・豊後型系甕は八世紀後期～九世紀初頭のものとされ、移民は八世紀初頭に限られるものでなかったことがわかるが、その直接的契機は不明とせざるを得ない。

次に、薩摩国への移民について見てみる。すでに述べておいたように、薩摩国高城郡は、その郷名から見て肥後国合志郡・飽田郡・託麻郡・宇土郡からの移民によって設定された。鹿児島県内で竈付き住居が確認される古代の遺跡は、出水市大坪遺跡・薩摩川内市大島遺跡であるが、熊本市教育委員会の網田龍生氏の御教示によれば、出土する土器は、宇城地方（宇土・益城）のものと考えられるとのことであり、人の移動を考古資料からも確認できる。「天平八年薩麻国正税帳」には、薩摩郡主帳として肥君広龍、阿多郡主帳として建部神島が見えるが、これは隼人郡内の文書行政を担わせるために、肥後から送り込まれた人物と考えられる。さらに、薩摩国内で出した墨書土器に見える「肥道里（岡）」「建」「久米」「大伴」「春」「日」は、肥後国の肥君、建部、久米部、大伴部、春日部、日下部などとの関連も想定され、「酒井」については、豊前国から直接、あるいは大隅国を経由して入ってきた人に関わるとも考えられる。

大隅国への移民について、『続日本紀』和銅七年（七一四）三月壬寅条には、豊前国から二〇〇戸の移民が見え、これは『和名類聚抄』に見える桑原郡の豊国郷や『延喜式』神名帳の噌唹郡に見える韓国宇豆峯神社との関連がうかがわれる。また『和名類聚抄』に見える桑原郡の大分郷は豊後国大分郡からの移民を示している。

次に、大隅から薩摩への移動について見る。「天平八年薩麻国正税帳」には薩摩郡の主帳として外少初位下勲十等曽県主麻多が、また阿多郡の主政として外少初位上勲十等加士伎県主都麻理がみえる。曽県主は、『続日本紀』天平勝宝元年（七四九）八月癸未条の朝貢記事にも見えることから、大隅国の出身者ということがわかり、加士伎県主も加治木の地名との関連から大隅国の出身者と考えられる。両名はいずれも勲十等を帯びており、養老四年の隼人の戦いで政府側に立って戦功をあげたため、その褒賞として郡司に任命されたものと考えられる。郡司のポストは、五郡しかない大隅国より、一三郡の薩摩国の方が数が多く、任命しやすかったものと考えられる。また、県主については、両国内に実際に県が存在したわけではなく、政府側に忠実な一族に対して一種の褒賞として「県主」姓を与えたものと思われる。

政策的に行われた人の移動についてごく簡単にまとめれば、肥後・豊前・豊後から日向・大隅・薩摩へは、郡領層を含む大きな規模で行われたのに対し、大隅から薩摩へは、郡領層のみの移動であり、薩摩からは、朝貢・移配隼人を除いて出て行くことはなかったと考えられる。

最後に、日向から大隅・薩摩へ人の移動について見ていく。「天平八年正税帳」段階で隼人への律令制の適用が留保された状態であったことを述べておいた。『続日本紀』天平十七年（七四五）五月己未条に「筑前・筑後・豊前・豊後・肥前・肥後・日向七国の无姓の人らに、願ふ所の姓を賜ふ」とあるが、天平十七年の段階で、無姓の人への賜姓で薩摩・大隅両国が除外されているのは、籍帳制が未だ機能していないため、最初からこの措置を適用しなかったものと思われる。『類聚三代格』巻八の延暦四年（七八五）十二月九日付太政官符で、太政官は大宰府管内九国の浮浪人から調・庸を輸納させることを命じており、中でも日向国から大隅・薩摩両国への浮浪が特記されている。日向国から大隅・薩摩両国への浮浪は、辺遠国に居住する公民の課役負担が軽減されるという賦役令辺遠国条に法的根拠を持つ規定によって生じていると考えられる[12]一方、九州脊梁山地の南に位置するという地理的要因、古墳時代以来の三国の関係もその背景にあると考える。

おわりにかえて

以上の検討を踏まえて、改めて何故広域日向国から、薩摩・大隅国が分出されることになったのかを考えておく。七世紀代、政府が南九州に住む人々を隼人という「擬似民族集団」に編成した際、隼人は阿多隼人・大隅隼人というかたちで把握されることになった。天武朝から編纂が始まり、最終的に和銅五年（七一二）に完成する『古事記』の神話の中に登場する隼人は阿多君の祖とされており、津田左右吉らが言うように、この神話自体、隼人なかでも阿多隼人の服属の由来を説明するために造形されたものであったことが知られる。八世紀当初、政府は、広域日向国の中で、とりわけ阿多地方の経営に力を入れる必要があり、そのためにまず阿多地方を含む薩摩半島を日向国から分離し、肥後の勢力下にあった出水地方をあわせ、さらに川内川下流域の右岸に肥後国からの計画的な移民を行ってここに国府を設置し、薩摩国を成立させたのである。

薩摩国分出後、日向国内の後の大隅国に相当する地域の経営は順調に推移したと考えられる。『続日本紀』和銅三年（七一〇）正月庚辰条によれば、隼人をよく教導し王化に服させたという理由で、曽君細麻呂が外従五位下に叙さ

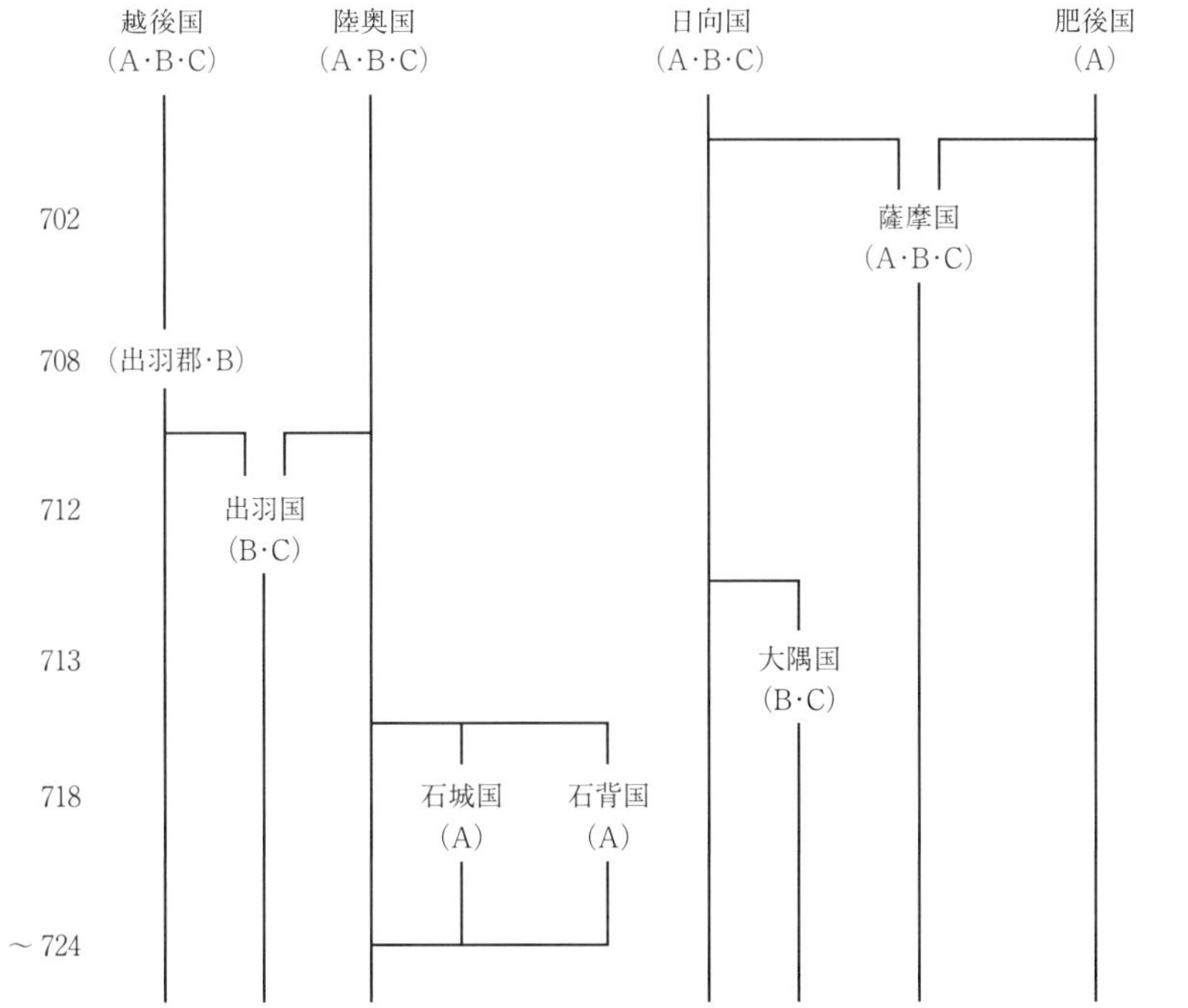

図２　辺境国の内部構造

れている。曽君細麻呂は、曽於地方を代表する曽君の族長的地位にあった者と考えられ、細麻呂というヤマト的な名も、この地域の隼人たちが政府の支配にある程度順応していたことを示すと考えられる。

その後、和銅六年（七一三）に、日向国の肝坏、贈於、大隅、姶纙の四郡を割いて、大隅国を建てることになった。『続日本紀』和銅六年四月乙未条によれば、大隅国と同時に丹後国・美作国も建置されていることから、これは大宝二年（七〇二）戸籍から数えて二度目に当たる戸籍作成を契機とする措置と考えられるが、それと同時に図２からわかるように、前年の和銅五年（七一二）に、越後国のＢ地域である出羽郡に陸奥国の蝦夷居住地の一部をあわせて出羽国が建てられた措置と同一基調の下に行われたものと評価できる。[13] しかし、この時も、隼人の抵抗が起こった。養老四年（七二〇）に成立した『日本書紀』の神話の記述において、本文で火闌降命は「是隼人等始祖也」、第二の一書で「火酢芹命苗裔諸隼人等」とあって、阿多隼人に限定されない書きぶりになっているのは、大隅地方の対隼人戦争も影響を与えているものと思われる。

そして、薩摩・大隅を分出した後の日向国は、ほぼ八世紀の中期に至るまで、隼人支配の後方支援の役割を果たし続けていった。

註

（1）鐘江宏之「「国」制の成立」（『日本律令制論集』上巻　吉川弘文館、一九九三年）。
（2）柴田博子「藤原京跡出土『日向久湯評』木簡」（宮崎県地域史研究会『宮崎県地域史研究』第一七号、二〇〇四年）。
（3）橋本達也・藤井大祐『古墳以外の墓制による古墳時代墓制の研究』（鹿児島大学総合研究博物館、二〇〇七年）。
（4）石上英一「古代国家と対外関係」（歴史学研究会・日本史研究会編集『講座日本歴史2　古代2』東京大学出版会、一九八四年）。
（5）中村明蔵「隼人の名義について」（『隼人と律令国家』名著出版、一九九三年）。
（6）永山修一「隼人の登場」（『隼人と古代日本』同成社、二〇〇九年）。
（7）田中聡「隼人・南嶋と国家―国制施行と神話―」（『日本史論叢』一一号、一九八七年）、小林茂文「隼人の敗北と社会」（『続日本紀研究』二五二号　一九八七年）、簑島栄紀「倭王権段階の南海社会との交流」（『国史学』一七〇号、二〇〇〇年）、竹森友子「南島と隼人―文武四年覓国使剽劫事件の歴史的背景」（『人間文化研究科年報』第二二号、奈良女子大学大学院人間文化研究科、二〇〇七年）。
（8）中村明蔵「南島覓国使と南島人の朝貢をめぐる諸問題」（『古代隼人社会の構造と展開』岩田書院、一九九八年）。
（9）今泉隆雄「律令国家とエミシ」（『新版「古代の日本」⑨東北・北海道』角川書店、一九九二年）。
（10）永山修一「隼人支配の特質」（『隼人と古代日本』同成社、二〇〇九年）。

(11) 竹田享志・今塩屋毅行・藤木聡・高木裕志・福田光宏『宮ノ東遺跡』(宮崎県埋蔵文化財センター発掘調査報告書第一七三集、二〇〇八年)。
(12) 永山修一「隼人の消滅」(『隼人と古代日本』同成社、二〇〇九年)。
(13) 永山修一「日向国の成立」(『宮崎県史　通史編　古代2』、一九九八年)。

物の動きから見た都城盆地の境界性―古代後半期の陶磁器類を中心として―

堀田　孝博

はじめに

数ある考古資料の中でも、広域流通品というカテゴリーで捉えられる機会の多い陶磁器類だが[1]、少なくとも古代後半期の南九州においては出土数が絶対的に少なく、また分布に偏りがあるため、不特定多数の消費者に対する商行為を想定しづらい状況にある。よって、これら陶磁器類の分布は、そうした商行為に伴う物品移動の結果としてではなく、間接的に人の移動を示すものとして評価が可能である。

本稿では南九州に属する日向・薩摩・大隅の三国（現在の宮崎・鹿児島県域とほぼ重なる）を対象として、当該期に生産された陶磁器類の分布状況を整理し、そこから推定される人の動きによって都城盆地が有する境界性について考えてみたい。

一　南九州における陶磁器類の分布状況

表1は南九州三国における出土陶磁器類を中心に、発掘調査報告書や論文等に掲載されている資料について、市町

村単位で点数を集計したものである。いわゆる「平成の大合併」が進行した結果、より広域に再編成されて名称の変わった自治体も多いが、この新しい枠組では地域性が見えづらいので、合併前の自治体により整理した。また、陶磁器類の産地等の情報が明記されない報告もあるが、筆者が実見した資料については可能な限り分類を行った。この表により当地では陶磁器類がどのように分布するかを概観することができる(2)。

もちろん、陶磁器類の存否について報告資料を主たる判断材料とする以上、種々のサンプリング・バイアス（開発事業数、調査体制、出土遺物量と掲載数のバランスなど）を考慮せねばならないが、高速道路建設や圃場整備といった大規模事業が推進された結果、宮崎・鹿児島両県とも平野部を中心に十分な母体数が確保されつつある。また南九州という旧国を超えた範囲で比較を行い、さらに本来は在地で消費するために生産された土器類や、当該期に特徴的な墓制の分布も合わせて検討することで、ある程度妥当性の高い見通しを得ることは可能と考える。

さて、表から看取されるのは、第一に陶磁器類の絶対数が少ないことである。例えば宮崎県に限って言えば、最も頻繁に出土するのは緑釉陶器(3)であるが、同県内において古代の遺物が出土した調査は三四三件を数えるのに対し、緑釉陶器が出土したのは三六件と約一〇パーセントの出土率に留まっており、普遍的な消費財とは評価し得ない状況である。

次にそれら数少ない陶磁器類の分布にも地域的偏差があるということである。例えば日向国では那珂・宮崎・諸県の三郡に集中し、児湯・臼杵の二郡との格差は歴然としている。より細かく見るならば、偏りは一様ではなく陶磁器の種類ごとに異なることも指摘される。この点については、次節で詳しく検討する。

表１　南九州における陶磁器等の出土状況（古代後半期）

旧国	旧郡	市町村	８ｃ末～10ｃ中頃													10ｃ後半～11ｃ中頃					
			多彩釉	灰釉	緑釉					須恵	白磁	黄釉	青磁			青磁	白磁	把手付石鍋	研磨土師器椀	石銙	銅銙
			畿内	東海	畿内	東海	長門	近江	不明	篠	中国	長沙	越州			越州	中国				
											Ⅰ		Ⅰ	Ⅱ	不明	Ⅲ	Ⅺ				
日向	臼杵	延岡市							1												
	児湯	高鍋町			2																
		新富町		1	1	1			1				2								
		西都市		1	5	2		1	1				5	1						2	1
	那珂・宮崎	佐土原町			1															1	
		宮崎市		3	27		1		7			2	1		1				1		
		清武町			2		1			1		1	1								
		田野町							1												
		串間市			3								1								
	諸県	国富町			2						1		3		1			1			
		高岡町		5	5		1						3					2			
		高原町					1														
		小林市																2			
		えびの市	1		1				4		1		6	2	3		1	3	13		
		都城市		36	77		6	1	15		36		86	33	4	1	13	14	41	7	
		高崎町											1								
		末吉町			4														1		
薩摩	出水	出水市											1	2	1	1		5			
	高城・薩摩	川内市	2		10		16	5	10		10		75	16	8			3		2	1
		薩摩町													2						
		東郷町												1	4						
	日置	伊集院町											1	1							
		日吉町													1						
		市来町			3			1					11	3	1			3			
		東市来町											1					1			
	阿多	金峰町		2					1									1			1
		加世田市												1				1			
	頴娃	頴娃町													3						
	揖宿	指宿市											1	1							
	鹿児嶋	吉田町																1			
大隅	菱苅	菱刈町													1						
	桑原	姶良町					1		1		1		6		1						
		加治木町									1		1		1						
		蒲生町												1							
		栗野町											5								
		溝辺町											2								
	囎唹	隼人町													1			1			
		国分市						2													
		輝北町							1				1						1		
	熊毛	西之表市		1								7	2					1			
		南種子町												2	1						
	馭謨	上屋久町										1									

二　陶磁器の流入ルートとその背景

前節では陶磁器類の全体的な分布傾向について記したが、次はある程度の時間幅における種類別の分布を整理し、それぞれの流入ルートや背景にある人の動きの差異を明らかにしたい。なお時期区分の設定は、大宰府の調査研究で整理された陶磁器の年代観における各期を援用する。(4)

1　八世紀末から一〇世紀中頃

大宰府の時期区分ではA期とされる。当該期の先駆をなす多彩釉陶器は数例しか確認されていないが、いずれも川内川流域に分布し、薩摩国北西部から日向国諸県郡西部（加久藤盆地）に至るルート（本稿では「川内川ルート」と仮称しておく）を暗示する。これは日向国府～薩摩国府を結ぶ古代官道推定路線の一部と重なる。(5)

南九州への陶磁器流入が本格化するのは九世紀後半頃からであるが、上述の川内川ルートを踏襲しているのが長門産緑釉陶器である。長門産緑釉陶器は主に周防・長門・豊前・筑前の四国で消費され、東九州においても豊前・豊後国と徐々に数を減じ、日向国北部では見られないなど地理的勾配が顕著とされる。(6)その一方で、薩摩国北部や日向国南部にも分布が認められるが、これらは北九州から西海岸沿いを南下し、川内川流域から大淀川流域へと内陸河川交通・陸上交通を接続してもたらされた可能性が高い（図1）。同様な動きは中国産の白磁Ⅰ類・越州窯系青磁Ⅱ類など(7)で想定される（図2）。

これと対照的なあり方を示すのが畿内産緑釉陶器である。日向国の宮崎平野南部から都城盆地にかけて集中域が認

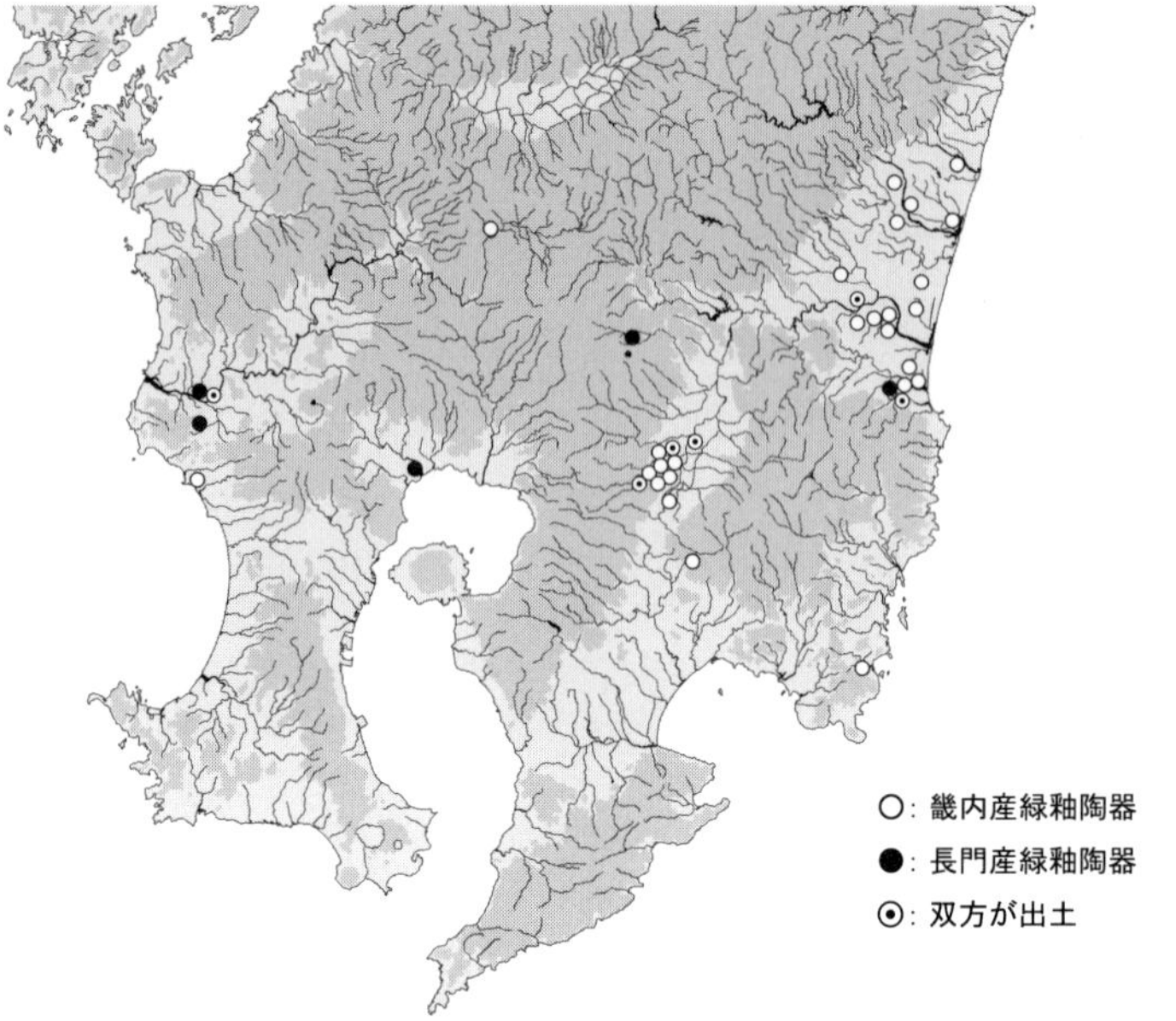

図１　畿内産・長門産緑釉陶器の分布

図２　中国産磁器の分布

められるが、大隅国、あるいは日向国でも加久藤盆地にはほとんど分布しない（図1）。同様な動きは東海産灰釉・緑釉陶器、篠窯産須恵器、長沙窯系黄釉陶器などで想定され[8]、畿内地方から海路を経て宮崎平野南部へ流入したようである[9]。薩摩国では西岸部の数箇所に限り畿内産緑釉陶器、東海産灰釉陶器が出土するが、これらは北九州を経由した可能性が高い。宮崎平野～都城盆地間の移動には、大淀川及び国道一〇号線沿いのルートと国道二六九号線沿いのルートの二つが想定されるが、前者では宮崎平野西端部（高岡町西部）から都城盆地北端部（高城町）にかけて陶磁器類が出土しない一方、後者では陶磁器類が多く出土する宮崎平野南部と都城盆地南部の間にある田野盆地でも山間部まで古代遺物が見られ、少数ながら緑釉陶器も含まれている。よって、現時点では後者のルートを辿ったものと考えておきたい。このルート（本稿では「青井岳ルート」と仮称しておく）は日向国府～大隅国府を結ぶ古代官道推定路線、あるいは時代が下るが『平家物語』に見える俊寛らの配流コースに当たる[10]。

つまり、当該期における陶磁器類の流入には、北九州から海路で薩摩国北西部へ到達する川内川ルートと、畿内から海路で日向国南部へ到達する青井岳ルートの二つが並存していたと考えられる。いずれのルートも上陸後は内陸河川交通と陸上交通を併用し、各地へと運ばれた可能性が高いが、都城盆地はこれら二つのルートが交錯する位置に当たるため、多様な陶磁器類がもたらされたのであろう。

陶磁器類流入の背景にある人の移動について検討すると、まず都城盆地では九世紀中頃から一〇世紀前半にかけて集落数が急増するほか、耕地の拡大化を裏付けるような状況も指摘されている[11]。同様な集落増加傾向は南九州の各地で認められるため、開発の振興に伴う人口流入と評価しうるが、都城盆地における開発拠点（河川交通を意識した立地が特徴）の規模や出土遺物の多様性は他と隔絶している。とりわけ石製の腰帯具（石銙）が国府周辺以外で集中するのは都城盆地のみであり、当地の開発に下級官人が関与している可能性を示唆する[12]。こうした開発の主体を考古学的成果から確定することは今のところ困難であるが、国という範囲を超えた大規模な人員移動、官人の関わりなどを勘案するならば、日向国司（任期終了後の者も含む）あるいはそれより上位の有力者による私的土地所有の推進に伴い、彼らの意を受けた人々が畿内地方・北九州から都城盆地へと向かう際に先述の2ルートを用いたと想定しうる。人々に伴ってもたらされたであろう陶磁器類は、一部の例外を除くと都城盆地より先へは広がらないことから、都城盆地が各ルートの終着点といえ、その先に何らかの境界性が認識されていた可能性がある。

2　一〇世紀後半から一一世紀中頃

大宰府の時期区分ではB期とされる。前代まで多くの陶磁器類が流入していた川内川ルートでは、薩摩国において陶磁器類がほとんど確認されなくなる。同様に青井岳ルートの玄関口であった宮崎平野南部においても流入が途絶えている。実のところ当該期の陶磁器類は九州では鴻臚館・大宰府を除くと出土事例が限られ、希少であったと考えられるが、日向国諸県郡の加久藤盆地・都城盆地に一定数の白磁XI類が入っており注意を要する。その分布を細かく見ると、加久藤盆地では人吉盆地との接点である加久藤峠付近に、都城盆地では南半部（大淀川上流域）と沖水川左岸の早水池周辺にほぼ限定されるなど[13]、分布域の集約化が指摘される。また前代の陶磁器類がほとんど出土しない遺跡も少なからず含まれ、先に述べた開発拠点の継続とは評価できないが、やはり多くの遺構・遺物が確認された地域の拠点たりうる事例が目立つ。これと同様な分布傾向にあって、当該期における人の動きを示唆するのが、研磨土師器椀と円形周溝墓である（図3）。

研磨土師器椀は口が広く、浅い器形をとる椀で、工具を使用して内外面を丁寧に磨いている。口縁部形態は、端部をひときわ厚く作る（玉縁口縁）タイプが2種（体部内湾・体部が直線的に開く）、玉縁口縁を持たないタイプが

図３　陶磁器等および円形周溝墓の分布

２種（口縁端部まで内湾したまま収める・口縁端部で外反する）認められるなど多様で、底部には低い高台を持つ。このような土師器椀は西日本各地で一一世紀中頃から一二世紀前半に見られるが、特に玉縁口縁を持つタイプは北九州の早良平野に特徴的であり、これに類似する瓦器椀も佐賀平野周辺のみに分布するとされる（図４）[14]。玉縁口縁のタイプは中国産白磁を模倣したものと考えられ、そのモデルについては諸説あるが、概ね一〇世紀後半から一二世紀前半頃の白磁のいずれかと推定されている[15]。

研磨土師器椀は日向国在来の土師器からの系譜をたどれず、北・中九州からの搬入品か、その影響下で生産された模倣品である可能性が高い[16]。この種の土師器椀が肥後国には存在しながら薩摩国では全く確認できないことから、人吉盆地方面から加久藤峠を越えての流入ルートが考えられる（本稿では「加久藤峠ルート」と仮称しておく）。北・中九州では一一世紀中頃から一二世紀前半の年代観が与えられているが[17]、白磁Ⅺ類

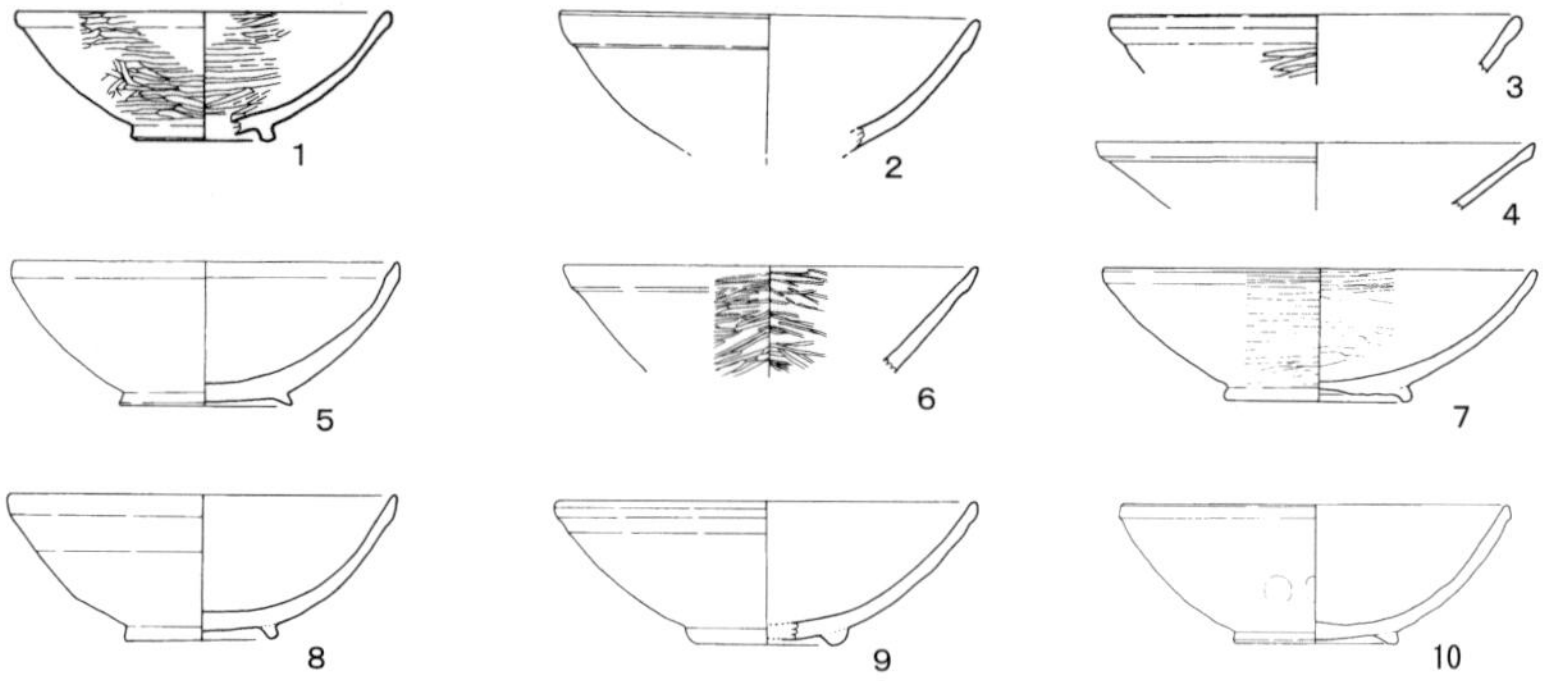

1：弁財天遺跡（宮崎県えびの市）　2：江内谷遺跡（宮崎県都城市）　3：天ヶ渕遺跡（宮崎県都城市）
4～6：筆無遺跡（宮崎県都城市）　7：灰塚遺跡（熊本県深田村）　8・9：田村遺跡（福岡県福岡市）
10：崎村遺跡（佐賀県千代田町）※10は瓦器椀

図4　玉縁口縁を持つ研磨土師器椀（1/6）

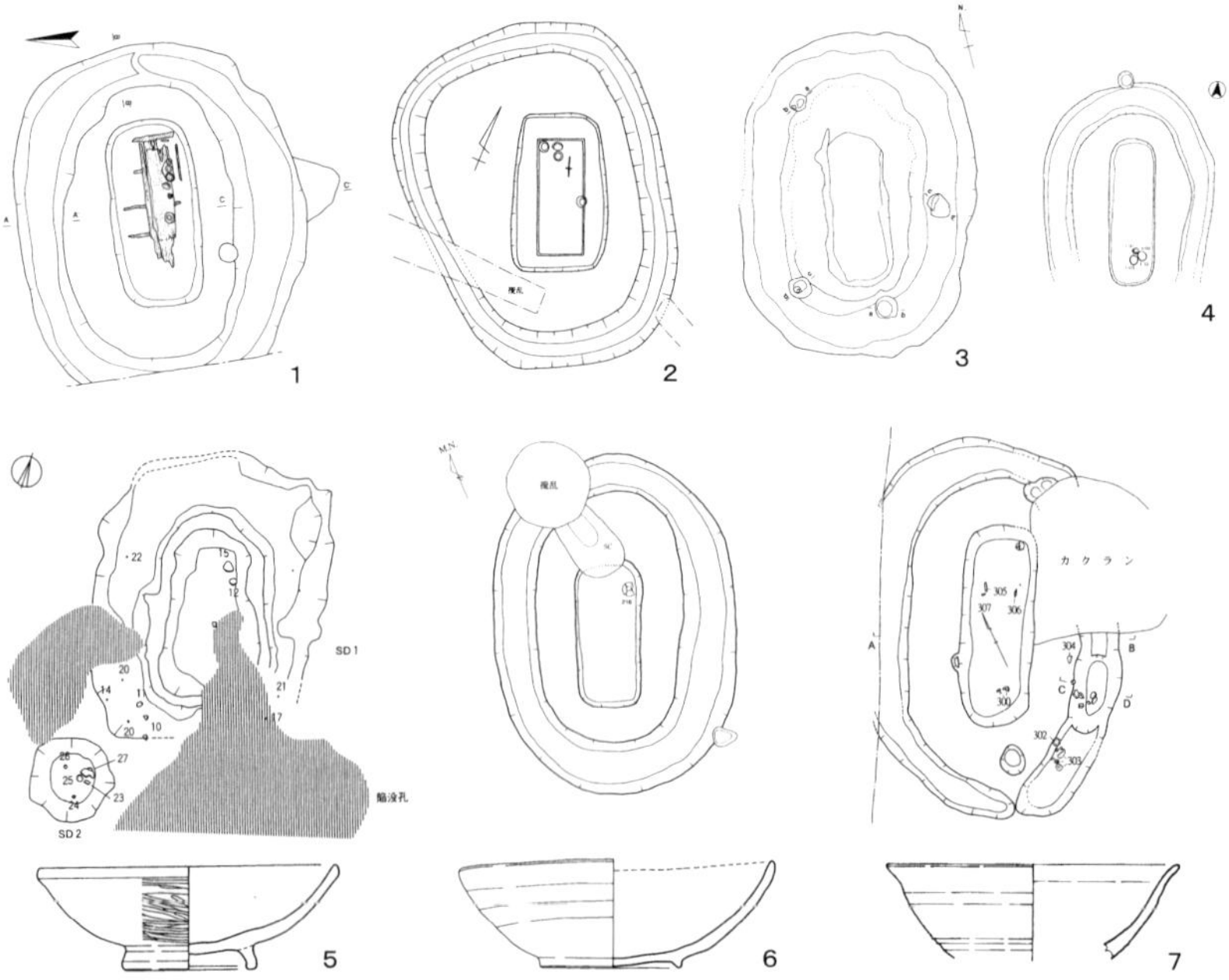

1：西千布遺跡（佐賀県佐賀市）　2：上の原遺跡（熊本県城南町）　3：榎崎Ａ遺跡（鹿児島県鹿屋市）
4：向栫城跡（鹿児島県東市来町）　5：平原遺跡（宮崎県えびの市）　6：筆無遺跡（宮崎県都城市）
7：池ノ友遺跡（宮崎県都城市）　※5～7の下段は各周溝墓から出土した研磨土師器椀（1/6）

図5　九州各地の円形周溝墓（1/150）

との親和性からすると、日向国には一一世紀中頃にもたらされたようである。

円形周溝墓は規模が約二・〇×一・〇メートルを測る墓坑の周囲に、円形ないし楕円形の周溝を巡らせるもので、周溝の外径は約五・〇×四・〇メートルである。日本列島における分布は九州・東北・関東地方の一部に集中し、他の地方ではほとんど見られないとされ、また九州地方においても大宰府では確認できず、肥前国府周辺（佐賀県佐賀市・大和町）、筑後国府周辺（福岡県小郡市・久留米市、佐賀県鳥栖市・基山町）、日向国諸県郡、薩摩・大隅国北半部にほぼ限定されるなど、偏在性が顕著な墓制である（図5）[18]。

円形周溝墓についても、規模・形態が北九州の事例と酷似する上に、南九州では系譜をたどれない。肥前国では規模・副葬品の貧弱さなどから下位の在庁官人やその周辺の有力者が被葬者である可能性が指摘されており[19]、そうしたクラスの人間が直接北九州から南九州に移動し、そこで埋葬されたことを暗示する。

よって、当該期に南九州へ移動してきたのは、大宰府との密接な関係が想定される一方で、円形周溝墓という大宰府には認められない墓制を採用している人々を含むとみられる。これと玉縁口縁の研磨土師器椀を関連付けるならば、おそらく佐賀平野付近に本拠を有し大宰府とも関係を持ちえた有力者とその一族が主体となり、人吉盆地を経由して加久藤盆地や都城盆地南半部へ移動してきたようである。

では、その目的は何であったのか。都城盆地における陶磁器等の分布が南半に集中することから、強い南方志向を感じさせるが、その背景には商人による南島方面交易ルートの開発があり、交易品をいち早く押さえるために北九州の有力者が南九州へ進出したものと考えたい[20]。ただし、なぜ前代までの東西2ルートを踏襲しなかったか、なぜもっと南方まで進出しなかったのか、という疑問が生じる。これらの疑問については様々な要素を勘案して検討すべきであろうが、前者に関しては加久藤峠ルートが南九州三国の国府所在地を避けるように南下していることから、移動者

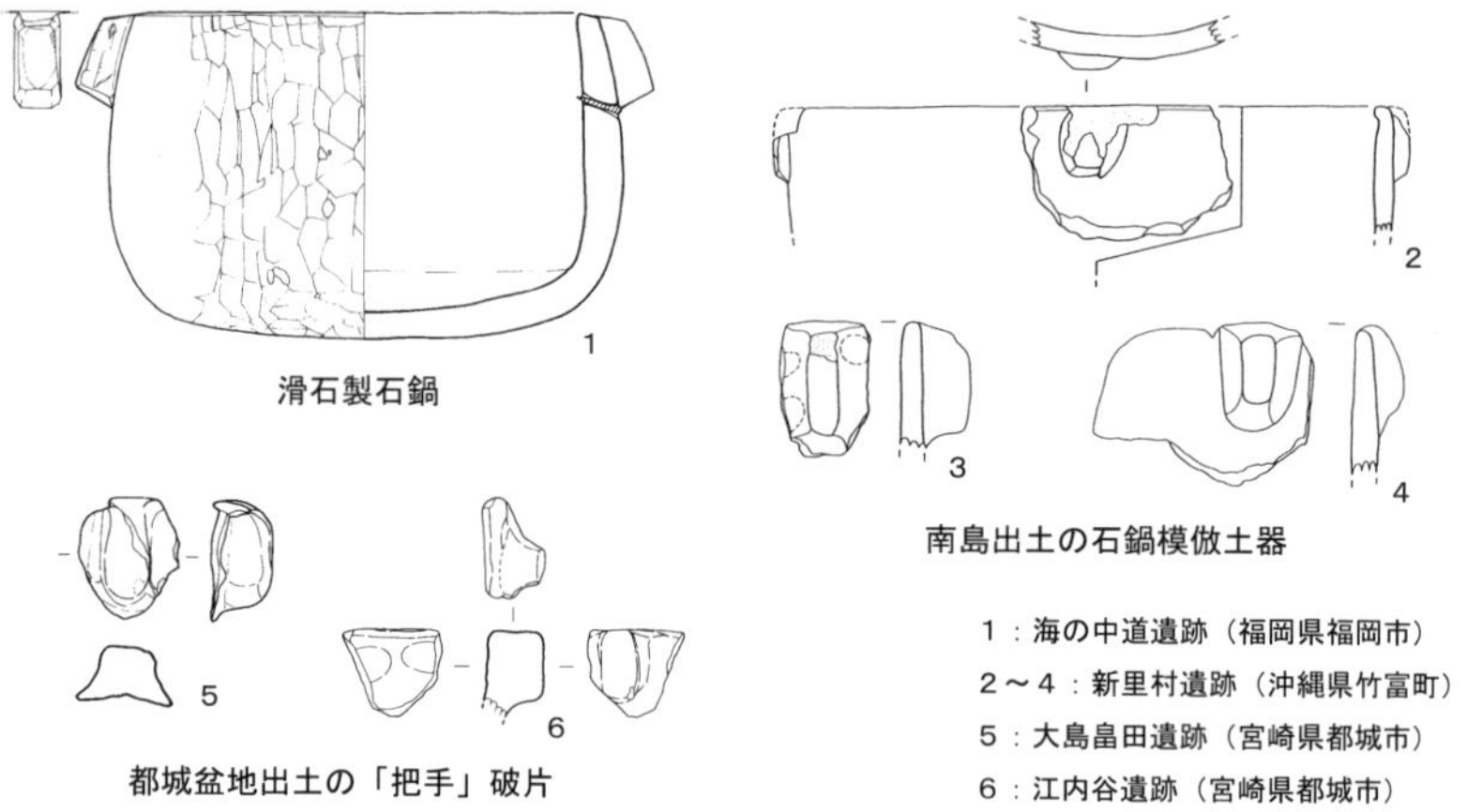

図6　滑石製石鍋および類似する土器（1/6）

と国府勢力との間に交易の富を巡る緊張関係が存在した可能性がある。後者に関しては交易活動における南島世界との境界はどこであったのかという問題と絡むが、それを考古学的に検証するには九州島における南島産あるいはその影響下にある遺物の分布が鍵となる。その一例としては、カムィヤキ[21]が薩摩国西岸部や大隅国の錦江湾最奥部（隼人町）でも確認されており、さらにその分布は広がりつつあることがあげられる。現在のところ都城盆地におけるカムィヤキの確認例は無いが、今後の調査研究によって見出される可能性は十分にあろう。

また今後注意を要する遺物として、特徴的な把手の破片を紹介しておく。図6の5・6は都城市江内谷遺跡・大島畠田遺跡で出土した瘤状の把手を有する土師器であるが、把手部分の形状や大きさが滑石製石鍋（図6の1）[22]、あるいは南島の石鍋模倣土器（同2～4）[23]に類似している。これらの把手は事例が極端に少ない上、胎土や器壁の厚さなどは南島のものと一致しないため、直ちに評価を下しうる状況にはない。ただし、当該期の陶磁器類が出土する遺跡に限って見られる点、江内谷遺跡例は煤が把手直下まで多量に付着しており滑石製石鍋と同様の器形・用途が想定される点などから、三種が何らかの関連性を有する可能性は高いと思われ、薩摩・大隅国とともに都城盆地が南島世

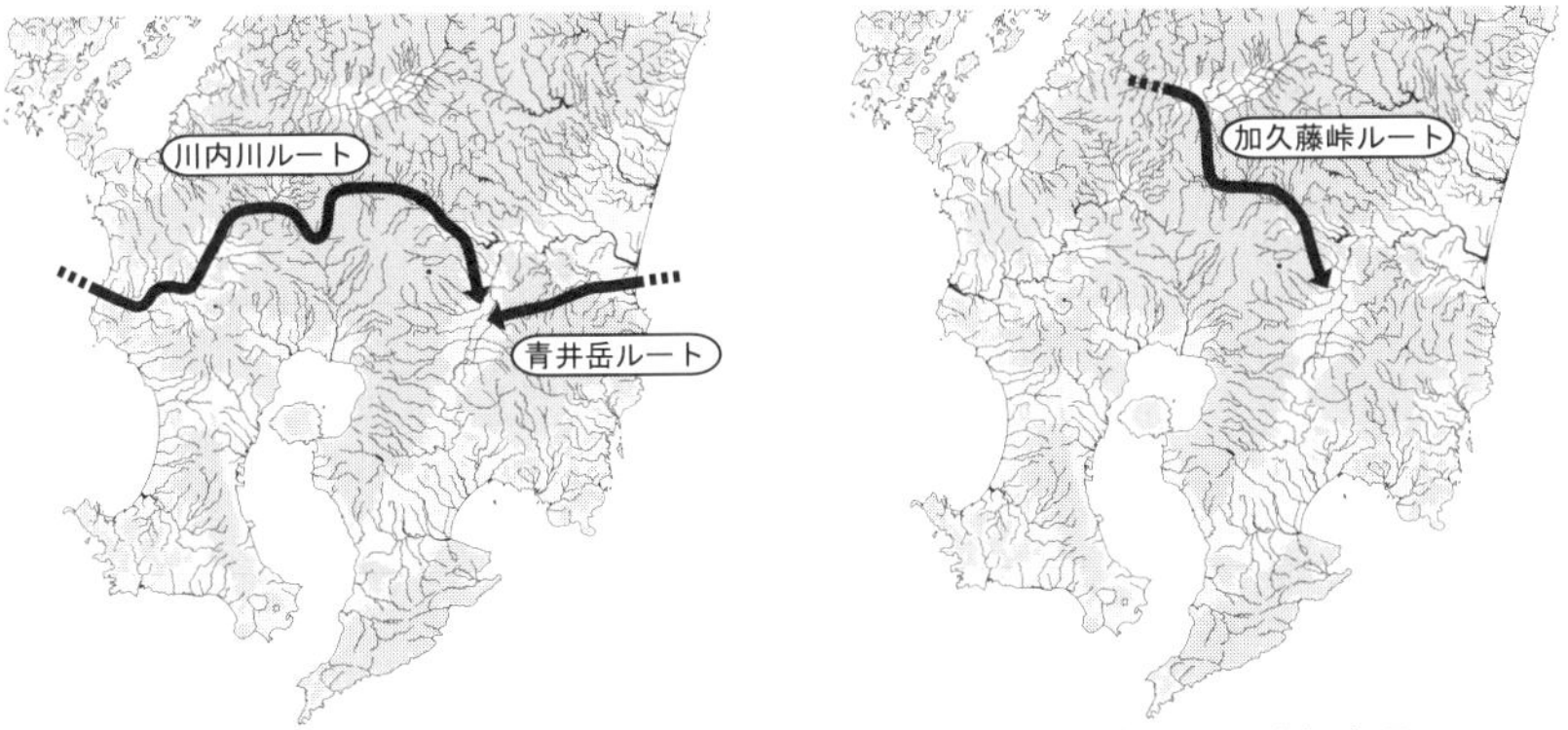

8世紀末～10世紀中頃　　10世紀後半～11世紀中頃

図7　都城盆地をめぐる人・物の流入ルートの変遷

界との接点たりえたことを示す資料として、広く類例を求めていく必要がある。

　これまでに述べてきた状況は、文献史学の研究で示された伊佐平氏・肥前平氏系の府官と推定される大宰大監平季基の南九州進出と、それに伴う諸国との軋轢[24]という流れに矛盾せず、むしろよく合致するとさえ言える。考古学の立場としては、より直接的に平季基あるいは伊佐平氏・肥前平氏との関連を見出しうるような遺構・遺物の探索が急務である。

おわりに

　陶磁器類の分布からは、都城盆地を巡る二つの境界性が想定された（図7）。

　第一には八世紀末から一〇世紀中頃という時間幅の中で南九州に存在した二つのルート（川内川ルートおよび青井岳ルート）によるもので、概ね東西方向からの人・物の動きが都城盆地で交錯していた。こうした活発な動きは、日向国司あるいはそれより上位の有力者の主導によって進行しつつあった都城盆地の開発に伴う人口流入に起因すると考えられるが、上記2ルートはいずれも都城盆地から先へは延びておらず、それぞれの移動者が都城盆地を巡って何らかの境界性を認識していた可能性がある。

第二には一〇世紀後半から一一世紀中頃という時間幅の中で起こった変化によるもので、都城盆地と薩摩国北西部・宮崎平野南部を結ぶ流れが希薄になり、人吉盆地から加久藤盆地・都城盆地へと至るルート（加久藤峠ルート）が人・物をもたらすようになる。この動きの主体は佐賀平野付近に本拠を有し大宰府とも繋がる有力者とその一族である可能性が高く、特に都城盆地における陶磁器類の分布が南半に集中することから、移動の要因としては南島方面との交易があげられる。今度は南北方向の動きが主流となり、都城盆地は交易活動における九州島と南島世界の境界・接点の一つとして機能したとみられる。前代のルートが踏襲されなかった背景には、南九州の国府勢力との間に富を巡る緊張関係が存在した可能性がある。

これらの境界性を顕現せしめたのは、時代を超えて都城盆地の有する地域特性に他ならない。地理的には日向国と大隅国を結ぶ官道が盆地を貫き、加久藤盆地を介しては薩摩国・肥後国との接続も可能であること、また盆地南端は志布志湾・錦江湾奥部（大隅国府）と等距離であることなど、陸上・水上交通の結節点として評価しうる一方、日向国府・諸県郡家から遠く離れるにもかかわらず、確実な公的施設は未発見であるなど、政治的には一種のエア・ポケットと言いうる状況が相まって、様々な活動拠点として選択され、人・物の活発な動きをもたらしたと考えたい。

註

（1）ただし、古代における陶磁器については、官衙・寺院等と関連の強い特殊遺物として認識されることが多かったが、例えば多彩釉・緑釉陶器は一九九八年の時点で約二三〇〇箇所からの出土が確認されており、一般の実用に供されたかは不明ながら、様々な場で使用されたことが明らかになりつつある（井上喜久男「畿外遺跡にみる三彩・緑釉陶器」〈『日本の三彩と緑釉』五島美術館、一九九八年〉）。

（2）表1は発表時には遺跡単位で集計していたが、本稿において市町村単位にまとめなおした。陶磁器の分布における偏差については地域性以上に各遺跡の性格も重要であるが、紙幅の都合により集約せざるを得なかった。また、同様の理由で掲載報告書や論文等の名称についても割愛せざるを得ないことをお断りしておく。集成した事例は二〇〇九年九月時点で管見に触れたものであり、遺漏および新たな資料の増加はありうる。なお、この表および本文における「〜類」という陶磁器分類は大宰府の調査研究で整理されたものを使用した（太宰府市教育委員会『大宰府条坊跡XV』陶磁器分類編、二〇〇〇年）。

（3）緑釉陶器とは珪酸塩が主成分で呈色剤に銅化合物を加えた釉薬（緑釉）を施し、低火度で焼成する陶器のことで、畿内・東海・近江・防長の各地方で生産された。ちなみに、多彩釉陶器とは緑釉の他に褐釉などを施したもので、二彩・三彩（奈良二彩・三彩とも称する）などが含まれる（高橋照彦「緑釉陶器」〈『概説　中世の土器・陶磁器』真陽社、一九九五年〉）。

（4）前掲註（2）文献。

（5）永山修一「日向国の官道」（『宮崎県史』通史編古代2、宮崎県、一九九八年）。

（6）高橋照彦「防長産緑釉陶器の基礎的研究」（『国立歴史民俗博物館研究報告』第五〇集、一九九三年）、古代の土器研究会 編『古代の土器研究　律令的土器様式の西東3』（真陽社、一九九四年）、古代の土器研究会 編『古代の土器研究　平安時代の緑釉陶器』（真陽社、二〇〇三年）。

（7）白磁I類は河北省定窯・邢窯で生産された一群で、後述する白磁XI類は江西省景徳鎮窯およびその周辺での生産が想定される一群とされる。越州窯系青磁は浙江省越州窯およびその周辺で生産された一群で、精製した胎土のI・III類と、胎土に鉱物を含み化粧土も使用するII類に大別される。なお、これらの磁器は始良町にも集中域を形成する点が気になるが、大隅国府周辺ではほとんど出土しないことなどから、現時点では川内川ルートが都城盆地へ至る主要経路と考えておきたい（土橋理子「五代末から北宋の中国陶磁」〈『中近世土器の基礎研究』VII、日本中世土器研究会、一九九一年〉）、亀井明徳「北宋早期景徳鎮窯白瓷器の研究」〈『博多研究会誌』第一〇号、博多研究会、二〇〇二年〉）。

（8）灰釉陶器とは植物灰を原料とした灰釉を施し、高火度で焼成する陶器のことで、東海地方で生産された。また篠窯産須恵器とは、京都府亀岡市に所在する篠窯跡群の製品で、一〇世紀頃には日本各地で見られるという。長沙窯系黄釉陶器は湖南省長沙窯で生産された陶器で、全体に黄釉をかけ、部分的に褐釉を施すものがある（山下峰司「灰釉陶器・山茶椀」〈『概説　中世の土器・陶磁器』真陽社、一九九五年〉、石井清司「篠窯須恵器」〈『概説　中世の土器・陶磁器』真陽社、一九九五年〉、奈良県立橿原考古学研究所附属博物館 編『貿易陶磁』〈臨川書店、一九九三年〉）。

（9）日向国において、ここにあげた陶磁器が一〇点以上出土した事例は、宮崎平野南部および都城盆地に限られ、古代遺物が多数出土することで知られる加久藤盆地では、昌明寺遺跡を除くとほとんど存在しない。また宮崎平野南部では集落・居館との関係が不明確な遺跡からもまとまった量が出土することが特徴である（高岡町三生江遺跡・宮崎市市位遺跡など）。えびの市教育委員会『昌明寺遺跡』（二〇〇一年）、高岡町教育委員会『三生江遺跡』（二〇〇一年）、宮崎県埋蔵文化財センター『市位遺跡』（一九九八年）を参照。

（10）前掲註（5）文献。なお、青井岳は宮崎平野と都城盆地とを分つ鰐塚山地の一角にあり、宮崎郡と諸県郡の境界をなしていた。

（11）桑畑光博「島津荘は無主の荒野に成立したのか」（『南九州文化』第一〇九号、南九州文化研究会、二〇〇九年）。

（12）前掲註（11）文献。

（13）前掲註（11）文献。

（14）森隆「中世土器の生産にみる地域型の提唱と工人集団の系譜について」（『中近世土器の基礎研究』Ⅷ、日本中世土器研究会、一九九二年）。なお、図4は以下の報告書掲載資料により作成した。えびの市教育委員会『長江浦地区遺跡群』（二〇〇二年）、都城市教育委員会『江内谷遺跡』（二〇〇三年）、都城市教育委員会『天ヶ渕遺跡』（一九九五年）、宮崎県埋蔵文化財センター『筆無遺跡』（二〇〇八年）、熊本県教育委員会『灰塚遺跡Ⅱ』（二〇〇一年）、福岡市教育委員会『田村遺跡Ⅴ』（一九八八年）、千代田町教育委員会『崎村遺跡』（一九八一年）。

（15）森隆「平安時代の磁器型窯業生産」（『貿易陶磁研究』一二、日本貿易陶磁研究会、一九九二年）、山本信夫・山村信榮「九州・南西諸島」（『国立歴史民俗博物館研究報告』第七一集、一九九七年）。

（16）研磨土師器は精製された胎土を使用し、白色に焼き上がるのが特徴で、えびの市平原遺跡例（円形周溝墓出土：図5

の5）は一一世紀中頃から一二世紀前半頃に北・中九州から搬入されたと想定されている（註（15）山本・山村論文）。一方、宮崎平野部や加久藤盆地の資料中には、在地の土師器と類似する胎土（赤褐色の粒子を含み、褐色系に焼き上がる）を使用したものも含まれる。

（17）中島恒次郎「大宰府における椀形態の変遷」（『中近世土器の基礎研究』Ⅷ、日本中世土器研究会、一九九二年）、美濃口雅朗「熊本県における中世前期の土師器について」（『中近世土器の基礎研究』Ⅹ、日本中世土器研究会、一九九四年）。

（18）ただし円形周溝墓として一括した中にも、黒色土器などを副葬し古手に属すると考えられる例と、研磨土師器椀を副葬する例があり、それぞれの分布傾向が異なるため、帰属時期等については検討を要する（上床真「さまざまな墓」〈『先史・古代の鹿児島』通史編、鹿児島県教育委員会、二〇〇六年〉）。なお、図5は以下の報告書掲載資料により作成した。佐賀市教育委員会『西千布遺跡（2～7区）・友貞遺跡（7・12区）』（一九九七年）、熊本県教育委員会『上の原遺跡Ⅱ』（一九八四年）、鹿児島県教育委員会『榎崎A遺跡』（一九九二年）、鹿児島県立埋蔵文化財センター『向栫城跡』（二〇〇八年）、宮崎県教育委員会『野久首遺跡・平原遺跡・妙見遺跡』（一九九四年）、宮崎県埋蔵文化財センター『筆無遺跡』（二〇〇八年）、都城市教育委員会『池ノ友遺跡（第1次調査）』（二〇〇〇年）。

（19）松本隆昌「佐賀県大和町　平安時代の円形周溝墓について」（『佐賀考古』第三号、佐賀考古談話会、一九九五年）。

（20）この交易品としては、貴族の日記にみえる記述から、南島で産出する夜光貝・赤木・檳榔などが想定される（野口実「島津荘の成立」〈『都城市史』通史編自然・原始・古代、都城市、一九九七年〉、永山修一「平安時代中・後期の薩摩国・大隅国と南島」〈『先史・古代の鹿児島』通史編、鹿児島県教育委員会、二〇〇六年〉）。

（21）カムィヤキとは一一世紀から一四世紀にかけて徳之島で生産された無釉の焼締陶器で、南島全域において主に食器として受容されており、九州島での出土は南島人の活動を示唆する（新里亮人「カムィヤキとカムィヤキ古窯跡群」〈『東アジアの古代文化』一三〇号、大和書房、二〇〇七年〉）。

（22）主として長崎県西彼杵半島で産出する滑石を加工した鍋で、当初は口縁部四方に瘤状の把手を持つ器形であるが、後に口縁部下に鍔を巡らせる器形へと変化する。把手付石鍋は主として九州に分布し、南島までもたらされるため、その広がりと南島における商人の活動を関連付ける説もある。石鍋の出現時期や把手付石鍋の年代観については諸説あるが、南九州・南島への流入は概ね一一世紀後半から一二世紀前半頃とする見解が多い（木戸雅寿「石鍋の生産と流通について」〈『中近世土器の基礎研究』Ⅸ、日本中世土器研究会、一九九三年〉、新里亮人「滑石製石鍋の基礎的研究」〈『先史琉球の生業と交易』改訂版、熊本大学文学部木下研究室、二〇〇三年〉、鈴木康之「滑石製石鍋の流通と消費」〈『鎌倉時代の考古学』高志書院、二〇〇六年〉、徳永貞紹「平安時代の滑石製石鍋」〈『平成二一年度九州考古学会総会研究発表資料集』九州考古学会、二〇〇九年〉）。

(23) 石鍋模倣土器とは滑石製石鍋の形態を写した在地の土器で、胎土に滑石の粉末を混入するものもある（安里進「沖縄の広底土器・亀焼系土器の編年について」〈『交流の考古学』肥後考古第八号、肥後考古学会、一九九一年〉、金城匠子「グスク（系）土器の研究」〈『琉球大学考古学研究集録』琉球大学考古学研究室、一九九九年〉、新里貴之「先島諸島におけるグスク時代煮沸土器の展開とその背景」〈『グスク文化を考える』新人物往来社、二〇〇四年〉）。なお、図6は以下の報告書掲載資料により作成した。福岡市教育委員会『海の中道遺跡』（一九八二年）、沖縄県教育委員会『新里村遺跡』（一九九〇年）、宮崎県埋蔵文化財センター『大島畠田遺跡』（二〇〇八年）、都城市教育委員会『江内谷遺跡』（二〇〇三年）。

(24) 前掲註(20)文献。

石清水八幡宮寺による南九州の荘園支配

栗林　文夫

はじめに─南九州は同質か異質か─

本大会の共通論題（「南九州の地域形成と境界性─都城からの歴史像─」）に中世史の分野からアプローチする場合、まず中世の南九州三ヶ国をとりまく歴史的状況を確認しておく必要がある。ここで使用する南九州三ヶ国とは薩摩・大隅・日向国を指し、これらは「奥三ヶ国」とも呼ばれた[1]。この三ヶ国に共通する最大の特徴は、日本最大の荘園島津荘が存在するという点である。更にこれと関連して惟宗（島津）忠久が鎌倉時代初めに薩摩・大隅・日向三ヶ国の守護職と島津荘地頭職に補任されている。この内、大隅と日向の守護・地頭職は間もなく北条氏に奪われることとなり、三ヶ国の守護職を回復することが島津氏にとって重要な課題と意識されるようになる。

1　同質

南九州三ヶ国を同質と主張する見解は、康安元年（一三六一）の島津道鑑（貞久）代得貴申状案[2]に見える。すなわち、新鎮西管領斯波氏経の下向に伴い、幕府が彼に大隅・薩摩・筑後の寺社本所領半済を領知せしめんとした時、島津氏が鎌倉初期以来奥三ヶ国の守護職に補任され、少弐・大友両氏と対等の待遇を受けてきた家柄であることを主張し、偏頗な処置に抗議をした。この三ヶ国を同質と捉える見方の延長上に「三州」の成立がある(3)。

　この「三州」が史料上初めて使用されたのは管見によれば、正応元年（一二八八）の島津荘荘官等申状で、「被支配三州図田之間」・「官使已下国使等乱入三州役所」・「正八幡宮者三州所役(4)」等と見える。三ヶ国にまたがる島津荘の荘官ならではの使用例といえる。この用語が独特な意味を持ち始めるのは、島津氏が実際に戦国時代になって「三州統一」を目指すようになってからである。

　やがてこの言葉が定着してくると、外国からも例えば「日本国日向大隅薩摩三州太守(5)」等と呼ばれるようになっていく。

　ところで、この「三州」は島津氏だけの専売特許ではなかった。天文二十年（一五五一）に伊東義祐が日向国都於郡に金柏寺を建立した際、寄進した鐘銘に「日薩隅三州太守前総持永平直翁昭眼大和尚藤原義祐朝臣(6)」と記した。これは島津貴久が日向国を分国とする主張に対抗するためと考えられているが(7)、いずれにしろ南九州では「三州」という言葉が独自の意味合いを有していた事が確認できる。やがて「三州」は鹿児島のアイデンティティを表す言葉へと変化を遂げていく(8)。

　この「三州」の中には、更に小地域を指す言葉も存在する。「山東」と「山西」がそれで、宮崎県都城市の青井岳が東西の境界となっている。元々は島津氏側から日向方面を見て「山東」が成立したと言われている。天正五年（一五七七）島津氏が「三州」統一を果たすとこの言葉は消滅した(9)。

　近代に入って一九一八年には、「三州倶楽部」が樺山資紀を初代会長に迎え東京に設立される。その目的には「薩隅日三州古来の伝統・文化、先人の事績・史実、その他公益に関する事項などを調査研究するとともに、郷土の進歩発展に資し、併せて国家社会の進運に寄与すること(10)」とある。

以上要すると、南九州三ヶ国から外部に対して何らかの主張を行う場合に「三州」が使用されることが多かったといえそうである。

2　異質

一方、南九州は異質であるとする見方は、主に島津荘に関する研究から導き出された。南九州三ヶ国に広がる島津荘は従来ともすれば一括りで捉えられることが多かった。島津荘の内部構造を建久図田帳から詳細に分析した海老澤衷氏の研究によれば、日向国は宇佐宮領を中心とした寺社領と八条院国富荘と鼎立する形で島津荘が存在した。元暦年中（一一八四・五）の騒乱で国衙の機能が著しく低下し、国衙と諸権門との有機的な繋がりは断ち切られた。薩摩国は寺社権門領の中で島津荘が卓越した地位を占めた。国衙と極めて緊密な関係を有し、寄郡（＝公領）は在庁官人等により分割・領知されていた。大隅国は正八幡宮・国領・島津荘により三分される。国衙と正八幡宮は相互補完的な関係で、在庁官人と島津荘との関係は比較的薄い(11)。

このように同じ島津荘であっても、それぞれの国で特徴があり違いもまた大きかった。三ヶ国の荘園公領制を一律に論じることはできない。

ところで、南九州三ヶ国に分布するのは島津荘以外では弥勒寺領だけである。この弥勒寺領は「弥勒寺・喜多院・正八幡宮検校職」を相伝した石清水八幡宮寺別当（善法寺）家が実質支配した。

以下、本稿では国家第二の宗廟と呼ばれ、中世において絶大な権威を有した宗教権門石清水八幡宮寺による南九州三ヶ国に分布する荘園支配の実態を検討し、その特質を探ってみたい。

一　弥勒寺・喜多院・正八幡宮検校職

検校とは「①寺社の事務、僧尼の監督などをすること。またその職。②一山、一寺の頭領。高野、東大寺、熊野あるいは楞厳院、平等院などに置かれた職名。また、醍醐寺では前座主の称。[12]」を表す。従って、「弥勒寺・喜多院・正八幡宮検校職」とは右の②の意味に該当し、弥勒寺・喜多院・正八幡宮それぞれの頭領＝最高の支配者が就任する職であったといえる。

喜多院とは寛弘年中（一〇〇四〜一〇一二）に藤原道長が建立し[13]、宇佐宮の北大門の北に位置した[14]。「弥勒寺・喜多院」とは弥勒寺長官である弥勒寺講師職と弥勒寺の荘園等を管理する宮寺物検校職が合体した職のことで[15]、大治三年（一一二八）に光清が補任され[16]、以後石清水八幡宮寺祠官紀氏が代々独占的に相伝した。祐清以後、正八幡宮検校職も兼帯した。

歴代の検校については、元命・戒信・清成・清円・円賢・寛賢・光清・任清・玄清・慶清・成清・祐清・秀清・棟清・宝清・宮清・尚清・通清等の名が明らかになっているが[17]、元々宇佐出身であった弥勒寺講師元命が石清水八幡宮寺の諸職を兼務したことが、弥勒寺と石清水八幡宮寺との関係の始まりである。元命以後寛賢まで宇佐系、光清以後石清水系へ相伝された。そして勝清・慶清の田中流へ、その後は成清の子孫特に善法寺流に相伝されていく。

支配機構としては、寺家が置かれ、その中に政所・公文所等が確認できる。寺家は弥勒寺検校を兼ねる石清水八幡宮寺祠官を最高統率者とし、石清水八幡宮寺内にその中枢機構を置く宗教的権門勢家である。弥勒寺・喜多院・正八幡宮領の本家にあたる。

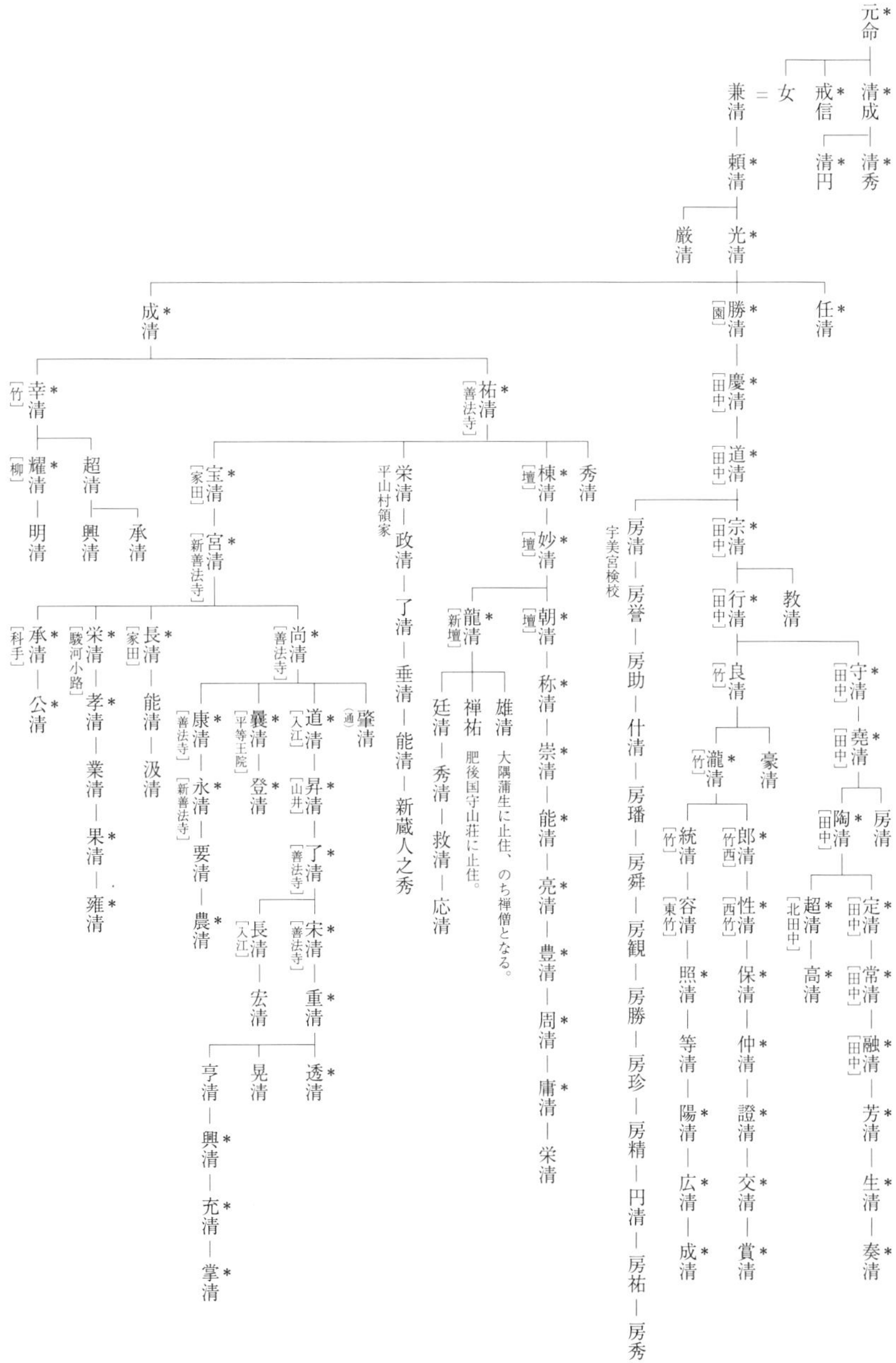

＊印は別当・検校・社務などについたことを示す。
中野幡能編『八幡信仰辞典』260 頁（戎光祥出版、2002 年）をもとに一部改変。

政所は十二世紀半ばに成立し、公文所の機構が整備されるまで弥勒寺領に関する事務を担当した。弥勒寺領に関する事項の奏請、留守職の補任等をおこなった。最高の事務管理機構で、対外的な代表の役割を果たした。また十三世紀になると政所に代わって公文所が中心となる。

公文所は弥勒寺領に関する事項を下知し、[18]弥勒寺寺家公文所下文（十三世紀）を使用していた。十四世紀になると、これが弥勒寺・喜多院検校御教書と正八幡宮検校御教書に分離し、十六世紀後半には正八幡宮領に対して石清水八幡宮寺善法寺家御教書という文書が使用された。[19]

これらの文書様式を史料により確認しておきたい。

【史料二】弥勒寺寺家公文所下文[20]

検校法印（花押）（祐清）

寺家公文所下　正宮公文所

可早以清重法師為禰寝南俣院地頭職事、

右件職、為相伝之由、依訴申、賜預将軍家御消息云々、有限御年貢物等、無懈怠可令進済、奉為社家不可忽緒之状、

依　長吏仰、下知如件、

建仁三年八月　日

公文伊勢介藤原（花押）

公権寺主法師

公少別当正信（花押）

【史料二】弥勒寺・喜多院検校御教書(21)

（裏打紙端裏書）
「留主方文書」

（花押）

弥勒寺領内修学院坊地并田井田屋敷事、神孝管領之処、属能光之条、殊不可然、御辺代官押領之云々、為事実者、太以不可然、且又御不審也、早停止代官之違乱、可全神孝領知之由、可被下知之旨、長吏仰所候也、仍執達如件、

文保元年四月十六日　　散位諸成

　　　　　　　　　　　法橋尚勝

謹上　留守中判官殿

【史料三】正八幡宮検校御教書(22)

「正文在国分宮内沢氏」

「本家御教書案」

在御判

板越保事、任先例、田所等相向彼所、遂実検、云下地、云土貢、任実正、載起請之詞、可注進之由、可被下知候旨、依長吏仰、執達如件、

暦応四年十月廿日　　沙弥尚順

　　　　　　　　　　沙弥道延

謹上　正八幡宮留守左衛門入道殿

【史料四】石清水八幡宮寺善法寺家御教書(23)

（花押）

「在正文」
大隅国正八幡宮留守職之事、以紀景親所被補任彼職也、早被存知其旨、専神事・祭礼之由、石清水之八幡宮善法寺法印掌清依仰執達如件、

天文廿年九月六日　前加賀法眼東尊

留守左衛門尉殿

【史料二】は、清重法師を大隅国祢寝南俣院地頭職となすべき事を正八幡宮公文所に命じた下文である。様式上の特徴は、弥勒寺・喜多院・正八幡宮検校の袖判、「寺家公文所下」の書き出し、「依長吏仰、下知如件」という書き止め文言、発給者として三〜五名程度の公文・権寺主・少別当等の石清水八幡宮寺の所司層が署判を加えていることなどである。

続く【史料二】は、弥勒寺領内修学院坊地・田井田屋敷事について神孝が管領していたが、弥勒寺留守中原氏の代官が押領しているということである。早く代官の違乱を停止するように命じている。様式上の特徴は、弥勒寺・喜多院検校の袖判、「長吏仰所候也、仍執達如件」という書き止め文言、奉者は一〜二名の沙弥・法橋・少別当等である。【史料三】は大隅国板越保の事について、田所等と現地に向かい実検を遂げて、下地や土貢を起請の詞を載せて注進するように正八幡宮留守に命じている。この史料の様式も基本的に【史料二】と同一である。但し、袖判を加えている人物が有する職が、【史料二】では「弥勒寺・喜多院検校」であるのに対して、【史料三】の場合は「正八幡宮検校」であるという違いがある。これは当初「弥勒寺・喜多院・正八幡宮検校」として三つの検校職がワンセットで相

伝されていたものが、十二世紀末頃の検校家内部での相論を経て、「弥勒寺・喜多院検校」と「正八幡宮検校」の二つに分離したことに起因する。

【史料四】は、紀景親を正八幡宮留守職に補任するよう留守左衛門尉に命じた文書である。様式上の特徴は、善法寺家当主の袖判、「石清水之八幡宮善法寺法印掌清依仰執達如件」という書き止め文言、奉者は善法寺家の被官衆が勤めたことである。

弥勒寺・喜多院・正八幡宮領の支配関係を図示すれば、左のようになる。

本家　―　預所―弁済使―名主
（本家）―**領家**―預所―弁済使―名主
（※太字は荘務権を有する荘園領主）

弥勒寺・喜多院・正八幡宮検校は荘園制的関係からいえば本家に相当する。本家は弥勒寺・喜多院・正八幡宮領の一部を別相伝領化して子息等にこれを譲与した。譲与を受けた子息等は領家となる。基本的には本家の介入を受けず、荘務を執行した。特別な理由が存する場合、本家から領家職を没収される事もあった。また各領家毎に独自の支配文書を使用した。預所は検校の一族や石清水八幡宮寺の下級所司等が勤めた[24]。

二　南九州三ヶ国の弥勒寺領

1　弥勒寺領概観

最初に宇佐宮領と弥勒寺領の分布上の特徴について確認しておきたい。宇佐宮領が薩摩・大隅に存在しなかったこと異なり、弥勒寺領は九州各国に存在した。[26]宇佐宮と弥勒寺は荘園支配上は無関係で、前者は摂関家、後者は石清水八幡宮寺により支配された。弥勒寺領荘園の形成は十世紀後半から十一世紀前半に頂点に達し、総面積は最大時六六〇〇町を超えた。[27]日向国を除く各国に別宮・末寺等が配置された。そして荘園が成立すると鎮守として各荘園に八幡宮が勧請された。

以下では、南九州の弥勒寺領荘園をその性格の違いから、正八幡宮領・八幡新田宮領・その他の三種に分けて考察していく。

2　正八幡宮領

①正八幡宮…現在の鹿児島神宮で大隅国一宮であった。大隅国建久図田帳[28]によれば、一二九六町余りの田積を有し、国内総田数の約四三パーセントを占めていた。

長元七年（一〇三四）に弥勒寺講師元命が大隅八幡別宮の検知を許されたのが、弥勒寺と正八幡宮との関係の嚆矢である。これより以降、元命の子息清成は筑前の筥崎宮・大分宮・宇美宮、豊前の香春社、肥前の千栗宮等を支配下に収めていった。[29]十一世紀半ばは九州において八幡宮勢力が拡大していく時期と位置づけられる。日隈正守氏は、

「石清水八幡宮は対中国交易の拠点であった九州に関心を有していたので、この時期九州において宇佐弥勒寺の末宮が増加した」[30]と推測している。

十一世紀末から十二世紀半ば頃にかけて、石清水八幡宮寺から執印として行賢が派遣される。彼は宮領の拡大や中世的な宮家機構の確立に功績があった。また、正八幡宮近隣の台明寺・国分寺・西光寺・正国寺等に積極的に働きかけて、行賢が中心となり大々的な仏事興行が行われたと推測される[31]。

十二世紀末に九州五所別宮となり、まもなくしてそれまであった弥勒寺・喜多院検校職とは別に正八幡宮検校職が設定された。石清水八幡宮寺の検校家から重要視されていたことの証であろう。

正八幡宮は自らも多くの末宮を有した。具体的には、大隅国始良荘に正若宮八幡宮、加治木郷に加治木若宮、蒲生院に正八幡若宮、栗野院に正若宮八幡神社、祢寝院南俣に鹿父神社、祢寝院北俣に河上神社、祢寝院志々女村に高直神社、吉田院に吉田善神王神社、薩摩国荒田荘に若宮八幡宮（荒田八幡宮）等が上げられる[32]。

このように、石清水八幡宮寺―正八幡宮―末宮という支配体制を作り出し、八幡信仰を中核にして強力に宮領を支配した。九州五所別宮は他に薩摩の八幡新田宮[33]・肥後の藤崎宮・肥前の千栗宮・筑前の大分宮があった。石清水八幡宮寺を頂点とするこのような支配体制を、ここでは「九州五所別宮体制」の成立と評価したい[34]。

この正八幡宮領の直接支配を試みるために、石清水八幡宮寺から下向してくる人物が十三世紀末頃から見られる。棟清の曾孫雄清は大隅国蒲生に止住し禅僧になったという[35]。棟清の弟栄清の孫了清は大隅国帖佐郷平山村の領家職を有していたが、ここに城を築いて新正八幡を勧請し、以後平山氏を称して南九州に土着した[36]。正八幡宮社家留守氏の初代景信は石清水善法寺より貞治二年（一三六三）大隅国桑西郷に下向したと伝える。彼の子孫は以後、留守氏として土着していく[37]。

この他に、正八幡宮の惣官である執印を石清水八幡宮寺は直接派遣した。この執印には石清水八幡宮寺の所司俗官等が代々補任され、特定の家に相伝された。十三世紀半ば以降、執印の遙任化が進み、正八幡宮に下向しなくなる。この頃を境に、執印はそれまで現地正八幡宮で最高位であったものが、正八幡宮検校の命令を単に施行する立場に変化する。(38)

十二世紀初頭、当宮では「八幡因位説」が発生している。大隅宮縁起によれば、震旦国陳大王娘大比留女が七歳で朝日の光を浴びて懐妊する。生まれた子供が八幡で、空船に乗り大隅国礒岸に流着する。そのためここを八幡崎というものである。つまり正八幡宮こそが八幡の大本であると主張しているのである。(39)続く天承二年（一一三二）には正八幡宮艮の方に八幡の名号がある石体が出現したと報告して朝廷を驚かせている。(40)これらの説を受けてであろうか、『今昔物語集』(41)では、大隅国に八幡大菩薩が出現し、やがてそれが宇佐に遷り、更にその後石清水に遷ったと説かれている。

いわば、十二世紀段階は正八幡宮は自らの独自性を強力に主張していた時期と捉えられ、その後、十二世紀末に九州五所別宮となって、石清水八幡宮寺の支配下に組み込まれていった。鎌倉末から南北朝期にかけて、検校家の相続争い、執印の遙任化、領家の下向による直接支配等石清水八幡宮寺の正八幡宮支配に変化のきざしが見え始める。

その後、南北朝期に入ると再び正八幡宮は自らの独自性を強力に主張し始める。暦応二年（一三三九）の正八幡宮講衆・殿上等訴状(42)では、「抑　当社者　八幡垂跡之初宮、一天擁護之霊廟也、公家武家御崇敬異他」等と述べている。また同じ申状で、御宝前毎月御仏聖米を神畝能清以下が押領したとして非難している。能清は平山村に下向した了清の孫に当たる。正八幡宮が石清水八幡宮寺の支配を相対化しつつあることが窺えよう。

近年の発掘調査の成果としては、社家桑幡氏館跡では楠葉型の瓦器坏・和泉型瓦器小椀・京都産の鍋(43)が、留守氏館跡では和泉型瓦器椀が出土しており、[44]京都との関係が出土遺物からも証明される。また鹿児島湾奥部には鳩脇八幡崎（空船に乗った八幡が流れ着いた場所）という湊があった。

②**大隅国東俣荘**…所在地は未詳。竹内理三編『荘園分布図下巻』[45]によれば、肝属郡旧田代町域に「東俣荘？」と、疑問符付きで比定されている。恐らく、祢寝院南俣・同北俣に対する東俣の意ではなかろうか。

③**薩摩国荒田荘**…薩摩国建久図田帳[46]によれば、正八幡宮一円御領で八十町の面積を有した。地頭は中原親能、荒田荘の鎮守荒田八幡宮は正八幡宮の別宮であった。荒田荘宗良法印は、弥勒寺・喜多院・正八幡宮検校棟清の養子となり南九州に下向したという所伝を有している。宗良法印の後、子孫は紀氏の通字である「清」を使用するようになる[47]。承久二年（一二二〇）に祐清？から田中女房へ、[48]仁治三年（一二四二）にこの田中女房から子息宝清へ、更に宝清から宮清、[49]文永十一年（一二七四）には宮清の母から長清へ、これを悔い返して尚清に譲与されている。[50]一旦女子に相続され、紀氏以外に流出する危険性があったが、再び検校家へ戻ってきている。

④**（大隅）国分寺領薩摩国鹿児島荘**…所在地未詳。竹内理三編『荘園分布図下巻』には、鹿児島市街地（荒田荘の北隣）に比定している。猶、中世の大隅国分寺は正八幡宮の影響下にあった。[51]

3　八幡新田宮領

①**新田荘**…新田荘という荘名は薩摩国図田帳等にも見えないので、八幡新田宮領を指すものと思われる。郡々に散在し、合計五十町が確認できる。[52]

当宮は十二世紀末に九州五所別宮となり、石清水八幡宮寺の支配を受けるようになった。蒙古襲来の頃、当宮の所司・神官等はその解状において「当社者、天照第三霊神瓊瓊杵尊日域無双之崇廟也、高城千台可愛之陵、号新田宮、八幡尊号起自此宮（中略）随而五所別宮専為第一」[53]と主張している。この後、開聞宮と一宮相論をしており、守護島津氏の支持を得て新田宮が事実上この相論に勝利する。鎌倉時代末から南北朝期に薩摩国一宮を自称するようになる。[54]

②**五大院**…八幡新田宮の別当寺として、郡々に散在する寺領九一町一段を有していた。[55]新田荘と共に当院領は祐清→彼の妻壇殿女房→その子息棟清→その女子で藤原為氏の室→その子息藤原為雄→棟清孫朝清へと相伝された。[56]検校が子息等に所領を譲与すると領家職が発生するが、女子に譲与すると、その嫁ぎ先の氏族に領家職も移動した。新田荘・五大院は、一旦他氏に流出した所領が再び戻ってきた珍しい事例である。ちなみに、八幡新田宮と五大院が所在した近くの川内川河口部には中世前期に拠点的な湊の存在が想定されている。[57]

4　その他

①**薩摩国日置荘**…弥勒寺荘とも呼ばれ、[58]図田帳によれば、日置北郷内にあって三十町、下司は小野太郎家綱とある。[59]元亨四年（一三二四）には八幡神社（現在の日置八幡）の存在が確認できる。[60]荘内には帆湊があり、[61]中世前期に湊があったと思われる。[62]中世後期には、倭寇や伊集院氏の海外貿易の根拠地かと推定されている。[63]永仁五年（一二九七）[64]と元応元年（一三一九）[65]に、本荘は尚清から通清へ譲与されている。検校家に相伝された荘園であった。

②**薩摩国益山荘**…加世田別符内に二五町の面積を有した。[66]当荘にも八幡宮（現在の益山八幡宮）が所在するが、『三国名勝図会』巻之二七によれば、康和二年（一一〇〇）、池田某・藤宮某等が石清水八幡宮を護り下り益山村の内中村に勧請したとある。荘域内の中小路遺跡からは、国内外各地からの搬入品である中世陶器が高級品・貯蔵運搬具等を含む形で多種出土している。[67]また万之瀬川を挟んだ対岸の持躰松遺跡からは、大量の中世陶磁器類と共に楠葉型・和泉型の瓦器が出土している。[68]当荘は元応元年（一三一九）に尚清から通清へ譲与されている。[69]

③日向国船曳荘…宮崎平野の南部清武川の南東に位置する。俊寛等が流罪になって硫黄島へ向かう途中立ち寄った記録がある。(70) 日向国図田帳によれば、五十町の面積を有し、領家八幡別当、弁済使法印某とある。(71) 荘内には寛治元年（一〇八七）創建と伝える船曳神社が現存する。(72) 承久二年（一二二〇）の祐清？譲状(73)によれば、当荘の年貢米三十石を八幡善宝院地蔵堂寺用等に宛てられている。

④日向国富高荘・塩見荘…両荘とも日向北部、塩見川上流部に位置する。河口部には、中世に栄えた細島湊があった。日向国図田帳によれば、両荘共に面積は二十町、領家は八幡別当、地頭は土持信綱とある。(74) 富高荘の正八幡神社は元暦年中（一一八四・五）、鎌倉鶴岡八幡宮を勧請したと伝え、(75) 塩見荘の栗尾神社は天正元年（一五七三）の創建と伝える。(76) 承久二年（一二二〇）の祐清？譲状によれば、塩見・富高年貢絹拾疋別進布五段を壇殿女房に譲与している。(77)

⑤日向国佐土原…弥勒寺領であることを確認できないので、善法寺家領とするのが適当であろう。(78) 日向国図田帳によれば、八条女院領国富荘の一円荘で、十五町、地頭は土持信綱であった。(79) 元弘三年（一三三三）、足利尊氏により石清水八幡宮寺へ寄進された。(80) 康永四年（一三四五）都聞妙了請文によれば、佐土原が石清水八幡宮寺領であったこと、山井権別当法眼昇清が給主であった事が見える。(81) 荘内の巨田八幡宮は、寛治七年（一〇九三）田島荘立券に伴い宇佐宮を勧請したものと伝える。(82)

むすびにかえて―支配の特質―

石清水八幡宮寺は時代により支配する立場を変化させて、その都度文書様式も変えていたことが明らかになった。十三世紀後半以降から、石清水八幡宮寺による支配は次第に困難になり、南北朝期が終わる頃実質的な支配は終焉を迎える。

南九州の弥勒寺領荘園支配の特質の第一点目は、「九州五所別宮体制」を成立させ、中でも特に正八幡宮を別宮として支配したことが重要である。正八幡宮領は国内総田数の四割を占め、薩摩国にまで広がっていた。また社務執行職としての正八幡宮検校職も設定された。

二点目は、八幡新田宮と正八幡宮各々が自らこそが八幡の起源であると主張したことである。南九州の八幡神の独自性とも評価できるが、石清水八幡宮寺はこのような八幡宮を別宮として支配した。

三点目は、弥勒寺領荘園の近隣には湊や、京都産の遺物・交易品等が出土した遺跡が集まっている事である。このことから交易に適した場所に意図的に荘園を設定していったことが推測される(83)。

次に国毎の特質についてまとめてみたい。

薩摩国の場合は、五所別宮の一つである八幡新田宮とその別当寺五大院領、日置荘や益山荘等の荘園、荒田荘や大隅国分寺領等の三つに分けられる。この内、日置荘は日置北郷内に、益山荘は加世田別符内に位置した。日置北郷は島津荘一円領、加世田別符公領の内六〇町は島津荘寄郡であった。両荘とも島津荘に隣接する形で存在したことになる。島津荘と弥勒寺領との具体的な関係は史料不足でわからない点が多いが、日置荘・益山荘共に島津荘との絶え間ない緊張関係に置かれていた。例えば日置北郷地頭方から米・稲を借りた又太郎等が日置荘内に逃げ込んだ事件(84)、益山荘と阿多別符との堺相論(85)等がそれである。

大隅国は五所別宮の正八幡宮の存在が非常に大きく、石清水八幡宮寺はこの正八幡宮を通して当国の弥勒寺領を支配した。日向国は別宮とは無関係の船曳荘・富高荘・塩見荘等の荘園から構成されていた。

つまり、大隅国の場合は別宮を通してだけの支配、薩摩国は別宮を通す支配と別宮を通さない荘園の支配、日向国は別宮を通さない荘園の支配のみということになる。大隅国と日向国は支配の方式が全く異なり、薩摩国は両者を折衷した方式が採られていたことになる（荒田荘や大隅国分寺領等は正八幡宮領であるので、別宮を通しての支配方式が採られていたことになる）。

今後は、他の九州諸国に広がる弥勒寺領との比較、他の九州五所別宮との比較、もう一方の有力別当家田中家が検校職を有した筑前国筥崎宮・宇美宮との比較検討が必要になってくる。なかでも「北の筥崎宮」に対する「南の正八幡宮」という視点が重要性を帯びてくると考えられる。

註

（1）『大日本古文書家わけ第十六島津家文書』三一一号。またこの文書には筑前・豊前・肥前を「前三ヶ国」、筑後・豊後・肥後を「後三ヶ国」と呼んだとある。
（2）『島津家文書』三一一号。
（3）ちなみに「三州」を国語辞典で調べてみると、（1）三河国（愛知県東部）の異称、（2）①「三州酒」の略、②三つの国とある（『日本国語大辞典第二版第六巻』三一七頁）。
（4）『鹿児島県史料旧記雑録前編一』八九三号。以下では『旧一』と略記する。
（5）萬暦十九年七月日朝鮮国禮曹佐郎黄致誠復書（『島津家文書』一二三五号）。
（6）『日向記卜翁本』巻第五「18義祐卿大仏造立事」（『宮崎県史叢書日向記』）。
（7）『宮崎県史通史編中世』九七二・三頁、一九九八年。
（8）試みに二〇〇九年五月発行の『ハローページ鹿児島県鹿児島・日置版（企業名）』により、名称が「三州」で始まる企業等を調べてみると、病院・旅館・食品・製茶・電気・住宅・木材・鶏卵・建材・運送・出版等多岐にわたり、合計二七企業が記載されている（鹿児島市内のみ）。鹿児島市外、更に宮崎県まで含めると相当数存在することが推測される。このことから考えてみても、「三州」という言葉が鹿児島の人々と密接な関わりがあることが明らかであろう。同様の事例として他に、「南州（洲）」・「錦江（湾）」がある。後者については、拙稿「『錦江湾』の由来について」（『黎明館調査研究報告』第二一集、二〇〇八年）参照。

（9）若山浩章「九州の『奥三ヶ国』と『山東』」（『地方史研究』第三四〇号、二〇〇九年）。

（10）「社団法人三州倶楽部定款」第三条目的（『三州倶楽部会員名簿平成二一年版』三頁、社団法人三州倶楽部、二〇〇八年）。

（11）海老澤衷「荘園公領制の地域偏差―南九州三カ国に展開する島津荘を例として―」（同『荘園公領制と中世村落』校倉書房、二〇〇〇年、初出は一九七七年）。

（12）『日本国語大辞典第二版第五巻』十九頁。

（13）「益永家記録一」文永元年九月十八日官宣旨案（『鎌倉遺文』九一六一号）。この時建立されたのが喜多院法華堂・同常行堂である。

（14）中野幡能『八幡信仰史の研究（増補版）下巻』五三五頁、吉川弘文館、一九七五年。

（15）中山重記「石清水八幡宮宇佐宮弥勒寺の本家となる」（同『宇佐八幡宮の研究（一）』私家版、一九八五年）。

（16）「田中家文書」四一四号、大治三年十月二一日太政官符（『大日本古文書家わけ第四石清水文書之二』）。

（17）小田富士雄「宇佐弥勒寺所職相承考」（『小田富士雄著作集Ⅰ・九州考古学研究歴史時代篇』学生社、一九七七年）。

（18）寺家・政所・公文所に関しては、田中健二「宇佐弥勒寺領における荘園制的関係（一）―本家について―」（『九州史学』第七五号、一九八二年）の理解による。

（19）拙稿「石清水八幡宮寺の別宮支配について―大隅国正八幡宮の場合を中心に―」（『黎明館調査研究報告』第二三集、二〇一〇年）。

（20）「祢寝文書」一八〇号（『鹿児島県史料旧記雑録拾遺家わけ一』）。

（21）「時枝文書」（『鎌倉遺文』一二六一五〇号）。

（22）『旧一』一二一三二号。

(23)「留守文書」二号（『鹿児島県史料旧記雑録拾遺家わけ六』）。
(24)前掲註（19）拙稿。
(25)「到津文書」八幡宇佐宮御神領大鏡（『宇佐神宮史史料篇巻四』三六九〜四一九頁）。
(26)「田中家文書」四三二号、弥勒寺喜多院所領注進。
(27)飯沼賢司『八幡神とはなにか』角川書店、二〇〇四年。
(28)「桑幡家文書」十二号（『鹿児島県史料旧記雑録拾遺家わけ十』）。
(29)「石清水文書石清水八幡宮文書目録（『鎌倉遺文』四四三〇号）。
(30)日隈正守「新田八幡宮の社領形成過程」六二頁（夕葉会編『道標―高瀬計征先生退職記念文集―』二〇〇一年）。
(31)拙稿「中世地方寺院と地域社会―大隅国台明寺を中心に―」（『歴史学研究』第七〇二号、一九九七年）。
(32)日隈正守「大隅国」（中世諸国一宮制研究会編『中世諸国一宮制の基礎的研究』岩田書院、二〇〇〇年）。
(33)当宮の末宮には薩摩国祁答院に新田八幡若宮、上甑島に新田八幡宮、下甑島に八幡新田宮が確認できる（日隈正守「薩摩国」、前掲『中世諸国一宮制の基礎的研究』）。
(34)前掲註（19）拙稿。
(35)「石清水祠官系図」（『続群書類従』第七輯上）。
(36)『帖佐来歴』（『鹿児島県史料旧記雑録拾遺伊地知季安著作史料集五』）。
(37)「留守文書」六号、善法寺紀姓留守系図（『鹿児島県史料旧記雑録拾遺家わけ十』）。
(38)拙稿「大隅国正八幡宮の執印について」（『黎明』二六―二、鹿児島県歴史資料センター黎明館、二〇〇八年）・前掲拙稿「石清水八幡宮寺の別宮支配について」。
(39)「奈多宮所蔵」八幡宇佐宮御託宣集（『宇佐神宮史史料篇巻七』）。猶、「台明寺文書」大永七年十二月二日新納忠勝願文（『旧二』二二一〇号）にも同様の説話が見える。
(40)「宮寺縁事抄第十二」天承二年四月二三日八幡正宮牒など（『石清水文書之五』）。
(41)『今昔物語集本朝仏法部上巻』巻第十二第十。

(42)「桑幡家文書」一―4号。
(43) 隼人町教育委員会『桑幡氏館跡―第三次調査―』二〇〇三年。
(44) 霧島市教育委員会『留守氏館跡Ⅲ―第五・六次調査―』霧島市埋蔵文化財発掘調査報告書(4)、二〇〇八年。
(45) 竹内理三編『荘園分布図下巻』吉川弘文館、一九七六年。
(46)『島津家文書』一六四号。
(47)『帖佐来歴』七号、紀姓西郷并荒田氏系図。
(48)「田中家文書」一六九号、承久二年十二月日検校祐清(?)譲状(『石清水文書之一』)。
(49)「菊大路家文書」三三号、仁治三年九月二五日家田宝清処分状(『石清水文書之六』)。
(50)「菊大路家文書」三二一号、文永十一年七月日後善法寺宮清処分帳。
(51) 拙稿「中世の大隅国分寺について」(『黎明館調査研究報告』第十九集、二〇〇六年)。
(52) 前掲註(46)。
(53)「神代三陵志」弘安七年十一月新田宮所司神官等解文(『鎌倉遺文』一五三六八号)。
(54) 日隈正守「薩摩国における国一宮の形成過程」(一宮研究会編『中世一宮制の歴史的展開上:個別研究編』岩田書院、二〇〇四年)。
(55) 前掲註(46)。
(56) 田中健二「宇佐弥勒寺領薩摩国新田八幡宮の領家について」(川添昭二先生還暦記念会編『日本中世史論攷』文献出版、一九八七年)。
(57) 柳原敏昭「中世前期南九州の港と宋人居留地に関する一試論」(『日本史研究』第四四八号、一九九九年)。
(58) 元徳元年十月五日鎮西下知状(『島津家文書』五五五号)。
(59) 前掲註(46)。
(60) 元亨四年十二月二日伊作荘并日置北郷領家雑掌地頭代和与状(『島津家文書』五五一号)。
(61)(元亨四年八月二一日)伊作荘内日置北郷領家地頭下地中分絵図(『島津家文書』六〇五号)。

(62) 前掲註(57)柳原氏論文。
(63)『日吉町郷土史史跡編』八五頁。
(64)「菊大路家文書」四五号、永仁五年六月日善法寺尚清処分帳。
(65)「菊大路家文書」四九号、元応元年八月日弥勒寺権別当方祗候人数等定書。
(66) 前掲註(46)。
(67) 加世田市教育委員会『西大原遺跡・ヘゴノ原遺跡・流合遺跡・小原ノ遺跡・愛宕B遺跡・中小路遺跡(追録：中世陶磁器編)・別府城跡(追録：西洋陶磁器編)・志風頭遺跡(追録：黒曜石製遺物原材産地分析編)』加世田市埋蔵文化財発掘調査報告書(19)、二〇〇〇年。
(68) 鹿児島県立埋蔵文化財センター『持躰松遺跡』鹿児島県立埋蔵文化財センター発掘調査報告書(120)、二〇〇七年。
(69) 前掲註(65)。
(70)『平家物語長門本』国書刊行会、一九〇六年。
(71)『島津家文書』一六五号。
(72) 平部嶠南『日向地誌』一三七頁、青潮社、一九七六年。
(73) 前掲註(48)。
(74) 前掲註(71)。
(75)『日向地誌』七八六頁。
(76)『角川日本地名大辞典45宮崎県』三三五頁。
(77) 前掲註(48)。
(78)『石清水八幡宮史史料第六輯』二四三・四頁。
(79) 前掲註(71)。
(80) 石清水八幡宮文書を読む会「石清水八幡宮関係史料の紹介」六六号(『白山史学』第四二号、二〇〇六年)。猶、六三号の「武家寄進注文」にも「日向国左土原」が見える。

(81)「菊大路家文書」二〇一号。

(82)『日本歴史地名大系46宮崎県』三三三頁。

(83)このように評価するには、南九州以外の弥勒寺領がこれに当てはまらないということを証明する必要がある。この点について全面的に論を展開する余裕はないが、例えば竹内理三編『荘園分布図下巻』により、南九州を除く九州地方で内陸部に位置する弥勒寺領を上げてみると次のようになる。筑前国：蔦田別符（二九二頁）・小倉荘（二九九頁）、筑後国：原田荘・上妻荘・川合荘（三〇一頁）・隈上荘（三〇二頁）、豊前国：記多良野別符（三〇七頁）・伊田別符・糸田荘・位登荘・池尻別符（三〇九頁）・津布佐荘（三一〇頁）、豊後国：都甲荘（三二〇頁）、肥前国：養父荘・綾部荘（三二四頁）・島崎荘（三二五頁）、肥後国：泉新荘（三三三頁）・泉本荘（三三四頁）。従って国内の弥勒寺領全てが、沿岸部近辺に位置する薩摩国と日向国は特殊といえよう。勿論、内陸部に位置する荘園が海上交通と無縁であったというわけではない。年貢を京都に運搬するために海上交通は必要不可欠であった。

(84)正和三年七月十六日鎮西下知状（『島津家文書』二〇四号）。

(85)「他家文書」四号、仁治二年九月十五日関東御教書（『鹿児島県史料旧記雑録拾遺家わけ一』）。

Ⅱ　島津氏の動向と歴史意識

境界の政治学―庄内の乱から都城県へ―

原口　泉

一　都城島津家文書

私事になるが、私の父・原口虎雄は鹿児島大学に奉職していた関係で、私は学生時代から玉里文庫、島津久光の文庫はあって当たり前という環境で育った。石井良助氏が主宰された藩法研究会で、父が鹿児島（薩摩）藩の『藩法集』を出すにことになり、底本となった『列朝制度』は初め東京大学史料編纂所のものを全部写真撮影して活用しようとしたが、ある日都城島津家に通い出すようになった。川越明氏や来住益男氏などにお世話になり、『列朝制度』は、都城島津家にまとまった善本が存在することが判明した。

その都城島津家伝来の史料一万点が、平成一六年（二〇〇四）に都城市に寄贈された。平成一八年度から保存活用のための整理作業を行っており、平成二一年度がその最終年度である。活用調査委員会の委員である植野かおり氏によると、都城島津家の伝来品の魅力は、屋敷、道具類、古文書類の三点が揃っていることだそうである。三点がそっくりそのまま、しかも家政機関の記録が残っていると、誰がどのように使ったかがわかるということである。ずっと使い続けてこられた都城島津家の意識が伝わり、三点セットで残されてきたというご苦労に対しては敬服せざるを得ない。

　こうした意識は、史料寄贈に先立ち行われた都城市史編纂の担当者に共通した思いであった。都城市制七〇周年記念事業の一環として「都城市史編さん事業」が平成三年度から一七年度まで行われたが、五味克夫氏の強い意見で、史料集を多く出すという方針になり、それを都城市が請けて下さった。

　島津家本家文書は、東京大学史料編纂所にあり、山本博文氏が中心になり整理し、整理が終わると国宝の指定を受けた。これに対して都城島津家文書は本家の家臣の文書ではあるが、『列朝制度』などは、都城島津家伝来の方が善本である。また明治二〇年（一八八七）に久米邦武博士が当時の北諸県郡役所に委託して書写させた『庄内地理志』が東京大学史料編纂所に残っており、都城島津家文書は、明治の初めから注目されていたものだったことがわかる。一万点という都城島津家伝来の史料群は、スタッフの毎日のご努力によって、整理がほぼ終わった。また都城島津家の本宅は国登録有形文化財になった。さらには、平成二二年三月に都城島津邸が開館し、邸内には都城島津家史料を保存・公開する都城島津伝承館が建設されている。

二　都城島津家私領の独自性

　江戸時代の薩摩藩七二万石の領域は、現宮崎県内の高岡、穆佐、綾から現沖縄県内の与那国島までの海域で、本州に匹敵する長さであった。その中には九万石の琉球王国、一万石の種子島家、四万石の都城島津家の私領がある。琉球王国は国際的には独立王国の体裁を保持したのは勿論、種子島家、都城島津家は、私領とはいえ、所領の独立一円性と統治の永続性において際立った特質を有している。例えば、佐賀鍋島家本藩に対する小城藩、武雄藩、鹿島藩などとは違う特質があるのではないかと思われる。

たとえば琉球王国の尚家九万石は、国際的にいうと独立王国であり、独自の歴史を持っている。都城島津家がまだ北郷と名乗っていた頃の大永～天文年間（一五二一～五五）に北郷忠相が都城盆地全体を支配するようになってから、後述する一六世紀末の庄内の乱の前後のわずか五年間を除いて明治維新期に至るまで、都城島津家は都城周辺を支配しており、所領の独立一円性と統治の永続性において際立っているといえるであろう。

観応二年（一三五一）に筑前の金隈合戦の恩賞によって島津家四代忠宗の六男資忠が庄内北郷を与えられた。これが北郷家の初代であり、庄内の北郷を三百町与えられたということで、資忠は北郷姓を名乗った。当初は、北郷と安永くらいしか持っていなかったようであるが、戦国時代に北郷忠相が都城盆地を支配するようになった。都城島津家は一貫して都城盆地の領主であったという、支配の永続性において他を抜いているわけである。

都城盆地は、そもそも自然地理的条件からも歴史的特質に独立性を付与する要素を持っている。すなわち、志布志方面を除いて急峻な山岳で遮られ、孤立している。宮崎方面は鰐塚山地があり、西方は霧島連山が存在する。立地条件で唯一障害が無いのが志布志湊への道だけである。

万寿年間（一〇二四～二八）に、大宰大監であった平季基が開発し、時の権力者の藤原頼通に寄進したことに始まる島津荘の荘衙が都城市内に置かれたと推定される。島津荘の湊といわれているのが、志布志湊であった。また、今日、基礎自治体が連合して相互補完しながら、地域の発展を図っていくという「定住自立圏構想」という行政の動きが全国で進められているが、その中核として都城市が発足し、その範囲は志布志市、曽於市、都城市、三股町である。こう考えてみると、ほとんど古代から今日にいたるまで都城盆地をめぐる境界の線引きというのは変わっていない。都城というところは、私にとっては宮崎県でもない鹿児島県でもない、都城だと、ずっと一貫して思っているところである。もっと正確にいえば「都城は宮崎県に属しているけど、宮崎県ではない。鹿児島県ではないけれど、どっか鹿児島県である。」というところがある。
都城島津家私領の独自性は、所領の独立一円性と統治の永続性に加えて、都城盆地をめぐる境界の線引きの孤立性という要素にも起因するのではないだろうか。

三　庄内の乱

文禄四年（一五九五）、豊臣秀吉の意向で、大隅半島の鹿屋の領主であった伊集院忠棟に庄内八万石が宛がわれ、北郷家は薩摩国薩摩郡の祁答院に移された。伊集院忠棟は島津家々中のナンバーワンで、鹿屋に領地を持っており、鹿屋と都城との幹線道路も築いている。伊集院忠棟が、豊臣秀吉の仕置きにより都城に入って八万石を領するということは、秀吉が島津家を分断して、忠棟を直臣化しようとしたと考えて間違いないかと思われる。当時、島津義久、義弘は各々一〇万石であるから、主君が一〇万石で、家臣が八万石ということはどう考えても釣り合いがとれない。伊集院忠棟が与えられた庄内八万石は、島津家中が納得できる所領の石高ではないと思われる。この問題は島津家の家臣団統制にとっては一番深刻な事態であったと考えなければならない。

したがって、慶長三年（一五九八）八月に豊臣秀吉が亡くなると、翌年三月に伏見で島津忠恒（後の薩摩藩主家久）が伊集院忠棟を誅殺するという事件が起こった。これは五大老・五奉行制での取り決め違反であるので、島津忠恒は謹慎し、島津義久も石田三成に謝罪した。しかし、徳川家康のはからいで島津忠恒の謹慎は解かれた。

すると今度は伊集院忠棟の子忠真が都城で反旗を翻した。伊集院忠真は居城都城を中心にいくつかの砦を堅めて抵抗し、島津家の攻撃に対して一年間持ちこたえるという庄内の乱が起こったわけである。島津家は、最初、恒吉城を攻めるが落ちず、ついで山田城攻撃に切り替えこれを落とし、山田城を本陣にするが、その後ずっと膠着状態が続いた。そこに徳川家康が仲介に入り、家康の使者の山口直友らが下向し、伊集院忠真と交渉を持ったが失敗した。九州諸大名の来援は島津家としては拒否したかったがその後も事態は大きく動かず、ついに寺沢正成ら九州の諸大名の参加となり、慶長五年（一六〇〇）に公儀の戦いとして庄内の乱はやっと決着した。伊集院氏は、薩摩半島南部の頴娃に移され、北郷家が都城領主として復帰した。

このように庄内の乱は島津家中を揺るがす大乱であったが、結局、伊集院氏が都城を治めていたのは、わずか五年間に過ぎなかった。都城への復帰を果たした北郷家は、領地が半分（最大で約四万石）にされ、領主の鹿児島居住、さらに寛文三年（一六六三）に北郷から島津への改姓が命じられた。以後、北郷家は都城島津家と呼ばれるようになった。しかし、八万石、四万石という支配領域の広さ、金隈合戦以来の庄内北郷三百町拝領したという言い分は、都城島津氏が都城という地域を支配する正統性を強調することにつながっていったのではないかと思われる。寛政一〇年（一七九八）に都城の私領主である島津久倫の命により編纂が開始され、約三〇年かけてまとめられた『庄内地理志』が、都城島津家による領地支配の正統性と領主としての立場を内外に示すものであったことにも都城島津家私領の独自性がうかがわれる。

四　都城盆地の物流

前述した通り、都城盆地は志布志方面を除いて急峻な山岳で遮られ、孤立している。しかし、志布志方面へは湊への道が開けている。都城盆地は立地条件に起因する孤立性という特質を持つ反面、物資の流通は湊を通じて活発であったともいえる。

戦国時代の北郷家には、島津荘の湊であった志布志を与えられなかった。後に庄内の領主になる伊集院忠棟の指示によるものと伝えられ、北郷家は伊集院忠棟を恨んだという。北郷家は島津家の庶流とはいっても、自立性・独立性があったので、常に警戒されていたということであろう。この頃の北郷家は、志布志の南方にある内之浦に飛地をもっており、これが都城の湊であった。慶長元年（一五九六）、藤原惺窩が内之浦経由で都城に入り、伊集院忠棟に会っていることも知られている。当時の内之浦は、異国の珍肴に、南蛮渡来のガラスの盃で焼酎を飲み交わすようなところであった。寛永期（一六二四～四四）に明人が大量に亡命してきたが、これは単なる漂着では無く、明らかに目的地を持った漂着と思わなければならない。内之浦は当時、北郷氏の飛地であるから、当然都城に明人が入ってきて唐人町を形成し、都城の商業の発展に寄与することになる。

江戸時代の都城島津家は、錦江湾沿岸の福山に飛地があり、ここが湊となり蔵や造船所まで持っていた。福山の有力な町人である厚地家は、一八世紀末頃から、次第に鹿児島町人並の扱いを受けることになった。それは、藩に千石の米穀を調達したり、低利で藩に米穀を貸したりしており、つまり必要な時に藩に米穀を調達しているためであった。厚地家のねらいは、琉球館出入りの商人になることで、そのために鹿児島の下町の年寄格になったわけである。また、代々郷士格を得て、郷士年寄格にもなっている、福山郷の町人が鹿児島城下町人の年寄格になり、福山郷の武士の長官になったのであった。しかも厚地家の屋敷は、福山の地頭仮屋と隣り合っており、まさに役所と一体化していた。

厚地家の証文を都城市史編纂時に見せて頂いたが、都城島津家は厚地家から多額の金子を借りており、その借用証文を一冊の簿冊にまとめたものが存在している。福山郷の厚地家は、一町人から琉球館出入りの商人となり、その発展していく基礎には都城島津家の普段の御用を助けることによって、その地位を上昇させる基盤を作ることができたことは文書でもほぼ確認できると思われる。この点に注目すると、都城と福山、鹿児島、奄美、琉球は舟運で繋がっているといえよう。

志布志方面を除き山に囲まれた都城にとり、江戸時代の物流の面から一番の問題は河川通路の確保であった。このため行われたのが、大淀川の観音瀬の開削であった。江戸時代中頃まで、大淀川は、観音瀬から去川までは急流で、舟が通ることができず、物資の流通には限界があった。その観音瀬の開削を都城島津家の家臣・藤崎公寛が薩摩藩に申請した。これだけの利益をあげられるという藤崎の作成した見込書を添えて申請した結果、藩から許可になり、寛政六年（一七九四）に開削工事は完成した。このことによって、都城や諸県郡の林産、農産資源を大淀川河口近くの赤江湊へ運ぶことが出来るようになったのであった。都城盆地の高城にある後藤家なども白炭を製造したり、木材を調達したりして赤江湊へ積み出すようになったが、大淀川の舟運による積み出しが可能になったことを念頭におかなければならないだろう。

五　私領の返上と都城県の誕生

慶応三年（一八六七）の鳥羽・伏見の戦いに、都城島津家の家臣は私領一番隊（都城隊）として独立して出軍し、明治二年（一八六九）に凱旋兵士が帰還した。同年に薩長土肥四藩主が版籍奉還を願い出て許され、藩主は知藩事となった。これに伴い、薩摩藩では徹底した藩政改革が行われた。吉利の私領主であった小松帯刀は、私領の返上と家格の廃止を申し出た。加治木の私領主である島津家の場合は、凱旋兵士の下級武士が藩政改革の主体となり、二〇余家の役人家に対して門閥の打破を要求して、役人組の廃止を実現した。

都城島津家も私領三万四千石を返上し、旧一門家や他の一所持とともに、持高は千五百石になった。従来の私領地は藩の直轄地になり、地頭が赴任することになった。この時、都城の旧私領主であった島津元丸は鹿児島に移り住むことになったが、都城島津家の旧臣は、数百年来の君臣の情誼を述べ、島津元丸を都城郷の地頭に推すという請願書を出した。これは加治木島津家の旧臣の場合と全く異なる対応といえよう。

しかし、任命された地頭は、下級士族の三島通庸であった。薩摩藩の他の地域では新地頭の赴任はスムーズに行われたが、都城の場合、島津元丸が三万四千石の旧領主であったのに対し、新地頭が下級武士であったのに反発する旧臣がいた。明治二年九月に三島通庸は地頭役宅に入ったが、「三島弥兵衛宿所」という看板が斬りつけられるという事件が発生した。都城島津家の旧臣は本藩地頭を忌避したのであった。三島はすぐに鹿児島へ戻り、十月に再び赴任し、都城郷を三分割した。すなわち、上荘内郷、下荘内郷、梶山郷に分割し、経営の中心を都城（下荘内郷）ではなく上荘内郷に置いた。都城郷を分断して経済的に弱らせるという作戦に出たわけである。

三島通庸は安永を中心にした上荘内郷の建設に着手した。土地の造成や道路建設を進め、鹿児島や下荘内郷から住民を移住させ、保護した。分割により都城島津家の旧臣の結束を断つことも目的にしたようだ。この方式を実は三島は、山形県令、福島県令、栃木県令の時代に行っており、鬼県令、自由民権の敵といわれたが、旧体制を解体し都市建設により地方政治を築くという手法は都城でやったことと同じパターンであろう。しかし、明治四年（一八七一）十一月、三島は都城を去った。

明治四年七月の廃藩置県によって都城は鹿児島県下に置かれるが、これは藩が県に置き換えられただけであり、十一月に都城県が誕生した。都城県の参事になったのは、薩摩藩の家老職をかつて勤めた桂久武であった。しかし、都城県はわずか一年で廃止されてしまった。明治六年（一八七三）一月に宮崎県が延岡までを含めて誕生し、明治九年（一八七六）に鹿児島県に合併された。宮崎県誕生以降の動向は国の論理によるもので、難治県の解消、財政的な理由という論理で県域の境界が決められたものであった。

おわりに

このように都城には、都城島津家の所領支配の独立一円性と統治の永続性に起因する特質を見ることが可能である。またその特質ゆえに、独自な歴史体験を持つことになったといえるのではないだろうか。

南北朝期島津奥州家の日向国進出―その過程と歴史的意義―

新名　一仁

はじめに―問題の所在―

都城市制四〇周年を記念して作成された『都城市史』は、島津家初代忠久に関して「日薩隅は平季基以来平氏ゆかりの地であった関係で、平氏没落の影響は非常に大きかった。そこへ島津氏が守護および惣地頭に任ぜられ、三州七〇〇年の基礎を築いた」と記す。[1]こうした記述に代表されるように、〝島津氏は鎌倉幕府成立以来中世を通して薩摩・大隅・日向三か国守護職を相伝し、七〇〇年にわたって三か国を領有していた〟という誤解は、一般市民の間では現在に至るまで比較的広く信じられている。

島津氏の祖惟宗忠久は、建久八年（一一九七）一二月三日、源頼朝から薩摩・大隅両国守護職に補任され、[2]まもなく日向国守護職にも補任されたとみられている。[3]しかしながら忠久は、建仁三年（一二〇三）九月、比企能員の乱に縁座して三か国守護職等南九州におけるあらゆる所職を没収される。[4]その後、元久二年（一二〇五）以前に忠久は薩摩国守護に復帰するが、島津氏が大隅・日向両国守護に復帰することは鎌倉期を通してなかったのであり、[5]鎌倉期に島津氏が大隅・日向両国守護職を保持していたのはわずか六年にすぎない。

島津氏が大隅・日向両国守護に復帰するのは南北朝期のことである。配流先の隠岐島から伯耆国に逃れ倒幕の旗を揚げた後醍醐天皇は、元弘三年（一三三三）四月二八日、薩摩国守護島津貞久（初代忠久の玄孫）を大隅国守護職に補任する。[6]翌日、貞久は足利高氏からも挙兵を促されており、[7]翌月貞久はこれに応じて少弐貞経・大友貞宗らとともに鎮西探題北条英時を攻め滅ぼしている。そして帰京した後醍醐天皇は、同年六月一五日、貞久を日向国守護職に補任している。[8]これによって島津本宗家は、薩摩・大隅・日向三か国守護職を一三〇年ぶりに回復したのであるが、建武四年（一三三七）一〇月までに、日向国守護は豊後の大友氏泰に改替されている。[9]島津氏による日向国守護在職は、建武政権期のわずか三年ほどに過ぎないのである。

このように、島津氏の根本領国のように理解されがちな薩摩・大隅・日向の三か国であるが、その領国化の端緒である南北朝期の段階においては支配の深度に差違があって当然と考えられる。しかし、島津氏の領国形成・支配研究においては、南北朝期の大隅・日向両国支配が特に区別されることなく積極的に評価されている。中世後期における島津氏の権力構造の変遷を通観した稲本紀昭氏は、島津氏が南北朝期初頭から「最終的権限は幕府にあると自ら認めながらも、給恩・本領安堵・闕所地預置という形態をとりながら、独自の知行制を打ち立てていこうとしている」と、領国形成への動きを積極的に評価。文和年間（一三五二〜一三五六）以降「安堵・預置・給恩を幕府の意向とは無関係に独自に発行している」とし、これをもって島津氏の知行制成立とみている。[10]また、南北朝期の守護職変遷・守護支配の実態解明をおこなった山口隼正氏は、島津奥州家の祖島津氏久[11]（貞久三男）の発給文書を分析し、「一般守護と違って、氏久が初めから領国形成に熱心だった」と指摘している。[12]このように、一九六〇年代から八〇年代にかけては、南北朝期の島津奥州家は他の守護家とくらべて早い段階から領国形成が進んでいると指摘されてきた。

これに対し、近年、島津氏の権限に対する疑念が相次いで呈されている。松本一夫氏は、島津氏発給の預ヶ状に、幕府への報告を約する文言や「公方之御計」であることを付言したものがあることから、「幕府は成立当初から島津氏の闕所地処分権に対し、一定の制約を行っていた」と指摘する。[13] また、中島丈晴氏は、島津氏と激しく対立・抗争を繰り広げた、南北朝後期の九州探題今川了俊をとりあげ、「吹挙状や注進状を梃子にして浮動層の軍事動員を有利に展開し」南九州経営に成功したと、先行研究[14]とは全く逆の見解を示している。[15] どちらの研究も、国人領主に対する所領安堵・給与システムにおける幕府・九州探題の優位性を説いたものであり、前出のような南北朝期を島津氏の領国形成の画期とみる研究とはあきらかに矛盾をきたすのであり、守護が領国形成をおこなう上での最初の契機となる闕所地処分権や、主従制の根幹となる本領安堵・恩賞給与システムを幕府・九州探題が牛耳り、島津氏の権限に制限を加えていたとなれば、島津氏による領国形成がいかなる大義名分のもとに成し遂げられていったのか大きな疑問が残る。

本稿ではこうした研究状況をふまえ、南北朝期にほどんと守護職を保持し得なかった日向国に、島津氏が進出していった経緯と歴史的意義をあきらかにするとともに、〈南北朝期における島津氏の領国支配の確立〉と〈所領安堵・給与システムにおける幕府・九州探題の優位性〉という、一件矛盾する見解をどう整合的に理解すべきか試論を提示したい。

一　島津氏の薩摩・大隅両国支配

1　島津氏の薩摩国支配

薩摩国は、唯一鎌倉時代を通して島津氏が守護職を相伝していた国である。当然、大隅・日向両国より領国形成は比較的容易であったとも推測されるが、実態はかなり違っていた。延元二年＝建武四年（一三三七）三月、南朝方の公家三条泰季が薩摩に下向すると、薩摩国南部の国人を中心に泰季の麾下に入るものが続出し、薩摩半島は南朝方の一大拠点となっていった。そして、同年三月二二日、同国南朝方は島津氏の「守護町」（薩摩国衙周辺、現在の鹿児島県薩摩川内市付近ヵ）を襲撃している。[16]この戦いには島津氏庶流の伊集院忠国も南朝方として参戦しており、島津氏一族内部でも南朝方に荷担するものがあったことは注目される。[17]彼ら南朝方は大隅・日向を拠点とする肝付兼重と連携しつつ、薩摩半島の武家方の拠点にしばしば進攻し、守護島津貞久とも激戦を重ねた。

南朝方の勢力は強大であった思われ、暦応二年（一三三九）六月には守護所である碇山城（同県薩摩川内市天辰町）を一〇日間も包囲している。[18]この籠城戦において守護方の指揮を執ったのは島津貞久ではなく、守護代酒匂久景であった。この時、碇山城に馳せ参じた権執印俊正・椎原惟種・和泉保末らの軍忠状には、この酒匂久景の証判が据えられている。[19]島津貞久が在城していれば当然証判は貞久自身が据えたはずであり、この時貞久は碇山城に在城しておらず、分国である薩摩・大隅にも在国していなかったと思われる。[20]

そして、この籠城戦の最中からその直後にかけて、守護代酒匂久景は籠城した権執印俊正・延時忠種に対して、恐らく南朝方と思われる近隣の宮里氏・竹内氏らの所領を闕所地化して預け置いている。[21]これらの預ヶ状・宛行状には、「且此子細可令注進京都」、「且此子細可被仰達候」、「可令披露候」といった上級権力への注進文言がみられる。これらの文言を指して稲本紀昭氏は、「最終的権限は幕府にあると自ら認め」ているとし、[22]松本一夫氏は、「幕府は守護島津氏の国内配下武士に対する闕所地処分権行使を基本的には認めながらも、その内容を上申させることによって、一定の影響力を及ぼしていた」と指摘した。[23]前述のようにこの合戦時、島津貞久は分国を離れていた。こうした状況下、圧倒的に優勢な南朝方に守護所を包囲されるという非常時に、やむを得ず守護代酒匂氏が発行したのが一連の預ヶ状・宛行状である。特に権執印氏は薩摩国一宮である新田宮の社家であると同時に鎌倉幕府の御家人でもあり、島津氏の譜代被官ではない。これらの預ヶ状は、こうした国人を守護方に引き留めておくために発給したものであり、上級権力への注進文言は、幕府からの指示・強制によるものというより、守護代発給文書への権威保証・担保として付記したと考えるべきであろう。「最終的な権限が幕府にある」という認識はともかく、幕府が主体的に「一定の影響力を及ぼしていた」との理解は到底首肯できない。

その後、島津貞久が薩摩に戻ると、暦応四年四月に南朝方の矢上氏が籠る東福寺城（鹿児島市清水町）を攻略するなど、武家方は勢いを取り戻す。しかし、興国三年（一三四二）五月、後醍醐天皇の皇子征西将軍宮懐良親王が薩摩に下向すると、伊集院忠国ら同国南朝方は親王を盟主として再結集し、再度武家方を圧倒していく(24)。さらに貞和五年（一三四九）九月、足利直冬が九州に下向すると、薩摩・大隅両国の武家方も尊氏方と直冬方に分裂。南朝方（宮方）の躍進を許してしまい、薩摩守護所付近もたびたび南朝方の攻撃にさらされている。

こうした状況下、文和四年（一三五五）一一月五日、老齢の父貞久にかわって薩摩国守護職を代行していた島津師久は、幕府に薩摩国の戦況を注進している(25)。前月には懐良親王が博多に入り、九州探題（鎮西管領）一色範氏が長門に退去するなど、最も武家方が苦戦を強いられていた時期である。具体的には、同年九月二日に三条泰季らが島津氏の属城である串木野城に攻め寄せた際の合戦、同年一〇月二二日に南朝方の出水氏・牛屎氏・在国司氏らが師久の居城（木牟礼城ヵ、鹿児島県出水市）に攻め寄せた際の合戦について記しているが、注目すべきは最後の「仍両御所之御間、御発向御延引候者、師久捨国、可令参洛候、将又老父道鑒中風之身難儀之上、合戦最中之間、不能委細、若此条偽申候者、可罷蒙八幡大菩薩御罰候」との悲痛な訴えである。これ以前から足利直冬追討のため幕府が軍勢を派遣する計画は上がってはいたが、畿内での戦闘激化のため実現できずにいた(26)。薩摩国守護島津貞久は高齢（「島津氏正統系図」によれば八七歳）に加え中風を患っており、代わって指揮にあたる師久も居城が攻撃に曝され疵三か所を負うなど、守護所周辺を確保するのがやっとの状況にあった。これ以上、幕府の支援が延引すれば分国を捨てて上洛するしかないと訴えているのである。これに対する返答とみられる同年一二月二八日付足利義詮御判御教書は、「凡鎮西事、厳密沙汰最中也、其間全要害、可相待左右」と素っ気ないものであった[27]。観応の擾乱期、島津氏は辺境の地にあって要害にひたすら籠り、幕府の援軍を待つしかない、そういう状況におかれていたのである。

これから一一年後の貞治五年（一三六六）八月、島津師久は薩摩国阿多郡の二階堂直行・直藤に対し、阿多郡内・知覧郡内の闕所地を預け置いている[28]。この二通の預ヶ状にも「公方御計之程、所預申候也」との文言がみられ、松本一夫氏は「この時期に至っても、なお幕府の意向をうけた闕所地預置が続いている」とする[29]。宛所である二階堂氏は、南朝方が圧倒的優勢を占める薩摩半島にあって数少ない武家方であり、名字からも分かるように鎌倉幕府の評定衆・引付衆を歴任した二階堂氏の一族である。本来島津氏とは同格の御家人であり、そうした配慮と圧倒的劣勢のなかで預け置き行為の効力を担保するためにこうした文言が付記されたと見るべきであり、松本氏の理解は首肯しがたい。

そもそも、守護所周辺を保つことすら汲々として分国の放棄を訴える島津氏に対し、幕府が主体的・積極的に差別的措置をとる意味はない。たとえそうだとしても、幕府の権威が及ばず軍事的支援が見込めない状況下で島津氏が「幕府の意向」を遵守するはずもない。むしろ島津氏は、幕府の意向を無視してでも積極的施策に打って出る必要性に迫られていたのである。

2　島津氏久の大隅国支配

鎌倉期の大隅国守護職は、先述のように島津忠久が没収された後、一時期千葉氏が確認できる以外はほぼ一貫して北条氏一門によって相伝されていた[30]。このため、北条氏の影響力が強く残っており、建武元年（一三三四）年七月には、同氏によって被官化されていた大隅国衙在庁や島津荘荘官・弁済使を中心に建武政権への反乱が起きている。[31]これは建武政権への反乱であると同時に、同政権から大隅国守護職と島津荘大隅方寄郡預所職[32]に任じられた島津貞久への反乱であるといえ、島津氏による大隅国支配は当初から困難を極めたと推察される。加えて、同国中部から南部にかけては島津荘荘官を代々つとめた伴氏が盤踞しており、なかでも最も力をもっていたと思われる肝付兼重が、建武二年末以降南朝方を標榜して武家方所領への進攻を大規模に行っており、島津氏としては大隅国衙周辺と中・南部両方に敵対勢力を抱えていたのである。

建武三年（一三三六）四月、島津貞久は大隅国守護代森行重に命じて大隅国人を動員し、日向国大将畠山義顕と呼応して肝付兼重の拠点の一つである日向国三俣院王子城（都城市山之口町）・同国姫木城（都城市姫城町）を攻略し、[33]翌五月には、同じく肝付兼重の拠点である大隅国加瀬田城（鹿児島県鹿屋市輝北町）を攻略している。[34]しかし、建武四年に三条泰季が薩摩に下向すると再び肝付氏の活動は活発化し、同年一一月から同五年三月にかけて日向国櫛間院（串間市）の野辺盛忠らとともにたびたび大隅国衙周辺に進攻している。[35]この頃までは、大隅には貞久の守護代森行重がおり周辺国人の動員にも成功しているようであるが、前節で述べたように興国三年（一三四二）懐良親王の薩摩下向を契機として武家方が劣勢となると、島津貞久・師久父子は薩摩の守護所周辺に釘付けとなり、大隅国支配は後退していった。

そうしたなか、観応の擾乱がはじまると、大隅国内の軍事指揮権・統治権は貞久の三男氏久へと移行していく。[36]島津氏による大隅国支配は、奥州家の祖であるこの氏久によって確立されたといってよい。

島津氏久が守護の権限を代行するようになった観応の擾乱期、大隅国衙周辺の国人は反島津方となっていた。大隅国内の軍事指揮権は、守護である島津貞久と隣国日向の守護畠山直顕によって担われていたことが指摘されているが、[37]貞和五年（一三四九）九月に足利直義の養子直冬が九州に下向すると、まもなく畠山直顕は直冬方となり、尊氏方の島津氏と対立するようになる。島津貞久は正平六年（一三五一）のいわゆる「正平一統」に伴い征西将軍宮懐良親王の指揮下に入ったようであり、翌正平七年七月、貞久（実際の指揮は氏久）は親王の命により大隅国隈本城・栗野北里城に進攻している。[38]これに対し直冬方の畠山直顕は、同月二四日に大隅国に進攻。これによって「税所介已下国中為宗仁等、太略為佐殿方（足利直冬）、属于彼手候畢」という状況となり、氏久は翌八月に薩摩への撤退を余儀なくされている。[39]翌年氏久が幕府に提出した敵味方の交名をみると、税所氏・修理所氏といった同国在庁官人、正八幡宮先社務・弥勒寺執当房といった同国一宮大隅正八幡宮社家・別当寺、加治木氏・祢寝氏といった大隅正八幡宮系郡司、肝付兼重跡（秋兼ヵ）・野辺盛忠跡ら有力国人の多くが直冬方＝畠山直顕の指揮下に入っていたことが確認でき、島津氏方となっている国人は、国衙から比較的離れた位置の一部のものにとどまっている。[40]大隅支配の要である国衙周辺一帯が島津氏の手の届かない地域となっていたのであり、島津氏久は同国に入ることすらできず、隣接する薩摩国鹿児島郡に逼塞せざるを得なかったのである。

　こうした状況が変化するのは、文和四年（一三五五）ごろからである。同年四月、氏久は錦江湾を渡って畠山方となった肥後種顕等の大隅国下大隅郡崎山城（鹿児島県垂水市海潟）を攻略するが、この際、薩摩国の伊集院久孝・谷山良香らが島津方として参戦している。[41]伊集院氏・谷山氏は、前節で指摘したように一貫して南朝方として活動してきた薩摩半島の有力国人であるが、この頃までに氏久は彼らと和睦し、その協力を得られるようになっていたようである。[42]そして翌延文元年＝正平一一年（一三五六）一〇月、宮方に帰順した氏久は、懐良親王麾下の指揮官三条泰季とともに大隅国に進攻し、加治木岩屋城（鹿児島県姶良市加治木町）を攻撃、翌正平一二年三月にも畠山方と合戦に及んでいる。[43]氏久の目的が大隅国衙周辺の正八幡宮領制圧にあったことは明らかであり、まもなくこれを達成したと思われる。貞治元年（一三六二）一〇月、大隅正八幡宮の本家である石清水八幡宮寺の所司層とみられる沙弥観宗[44]から大隅正八幡宮所司神官等に宛てられた文書には、「修理亮氏久押妨間事、如注進者、被驚思食候」あるいは「延文以来神領押妨間、将軍家之御教書以下雖被下遣、尚以不承引、氏久弥令違乱候之条、言語道断次第候」とあり[45]、延文年間（一三五六〜六一）に島津氏久が大隅正八幡宮領を押領している事実がうかがえる。これは、直冬方を標榜する正八幡宮社家および正八幡宮系郡司が領有する国衙周辺から加治木・帖佐（鹿児島県姶良市）にかけての正八幡宮領を氏久が軍事制圧したことを意味するのであり、対応に窮した社家側が北朝方の善法寺家に注進して事態打開を図ったのであろう。

このように島津氏久は、一時的に南朝方＝宮方になることで薩摩半島の国人との連携に成功、大隅進出を果たしていったのであり、これにともない氏久の居所も、鹿児島郡の東福寺城（鹿児島市清水町）から、大隅国祢寝院北俣の大姶良城（鹿屋市大姶良町）、さらには日向国救仁院の志布志城（志布志市志布志町）へと移っている[46]。氏久の移動時期は明確ではないが、貞治二年五月二〇日、氏久の嫡男元久は大姶良城内で誕生したと伝えられており[47]、これより先に大隅半島中部への進出を果たしていたことがうかがえる。

多くの守護がまず掌握を目指した国衙近辺を居所とせず、あえて大隅半島に進出していったのには守護領の問題があったと思われる。島津氏久の父貞久は、大隅国内にいくつかの所領・所職を獲得していた。まず建武二年（一三三五）一〇月には、建武政権から島津荘大隅方寄郡預所職に任じられ[48]、建武三年三月には、足利尊氏から大隅国本荘（島津荘本荘＝一円荘の意ヵ）を宛行われている[49]。延文元年（一三五六）八月には、足利義詮から薩摩・大隅両国守護職をはじめとする所領所職を安堵されているが、この安堵下文から当時大隅国内に有する所職の内訳がうかがえる。すなわち、島津本荘は多祢嶋（種子島）・深河院（鹿児島県曽於市）・岩河村（同上）・財部院（同上）・筒羽野村（姶良郡湧水町）、寄郡は下大隅郡（垂水市）・鹿屋院（鹿屋市）・串良院（同市串良町・肝属郡東串良町）・大祢寝院（鹿屋市）・曾小河院（霧島市）・西俣村（鹿屋市）である。主に大隅国中部に分布する島津荘を領有していたことがうかがえ、国衙周辺に分布する大隅正八幡宮領に関しては何らの所職も有していなかった(50)。島津氏久が大隅国に進出する際、大隅半島を目指し居所を大姶良城に移したのもこうした背景があるのだろう。島津氏久の大隅進出が本格化するにともない、氏久発給の寄進状・宛行状・安堵状も急増していったが(51)、その対象はやはり前記の島津荘本荘・寄郡が中心であった。氏久は年貢の収納権や弁済使職の補任権を有する預所職の地位を利用して、島津荘荘官系の中小在地領主を被官化していったとみられる(52)。

このように、島津氏久の大隅国支配の基軸は島津荘に対する支配権にあったとみられるが、一件注目すべき事例が存在する。

大隅國肝付郡木志良村地頭弁分并羽見村地頭職事、為兵粮料所ミ宛行也、令分配一族等、任先例、知行之、弥可被抽軍功之状如件、

正平十二年四月廿八日　　左衛門尉（島津氏久）（花押）

比志嶋太郎（範平）殿

島津氏久による大隅進出が本格化していた正平一二年（一三五七）四月、氏久から被官の比志島範平に対し、木志良（岸良）村地頭弁分と羽見（波見）村地頭職を兵粮料所として宛行ったものである。岸良村（鹿児島県肝属郡肝付町岸良）・波見村（同町波見）はともに島津荘大隅方肝付郡に属し、それぞれ肝付氏庶流の岸良氏・波見氏の支配地であったと思われる。当時肝付氏は直冬方に属しており(53)、このため闕所地化され比志島氏に配分されたのであろう。つまり実態は闕所地処分状（預ヶ状）であるが、「預置」との文言は見られず、ましてや薩摩国で見られる上級機関への担保文言

も確認できない。書止文言も直状形式であり、まるで自らの所領を被官に宛行っているかのようにみえる。しかし、実は島津荘大隅方肝付郡は、氏久の所領ではなく当地へはなんらの所職も有してない。島津貞久が亡くなる貞治二年（一三六三）以前のものとみられる「島津庄大隅方寄郡田数注文」[54]には、肝付郡は「同寄郡内他人拝領分」として、「肝付郡　百卅町二段三丈　一色入道殿拝領　貞和二年五月　日」と記されている。この注文冒頭には「道鑑（貞久）当知行分」が記されており、ここでいう「他人」とは島津氏以外の意であろう。そして田数の下の割書から、肝付郡が貞和二年（一三四六）に九州探題一色道猷（範氏）の所領となったことがうかがえる。前出の建武二年（一三三五）一〇月の島津貞久宛太政官符にも肝付郡は見えないのであり、氏久は幕府から安堵されたもの以外の所領を独自の判断で闕所地化し、自領である島津荘大隅方寄郡であるかのように宛行っていたことになる。

ここに薩摩国守護家である島津総州家との大きな違いが見て取れよう。すなわち、島津氏久は幕府の意向とは無関係に独自の判断で、征西将軍宮懐良親王そしてこれを支える薩摩半島の南朝方と和睦することで大隅国進出を実現し、幕府の所領政策を無視して九州探題領を自領であるかのように処分していたのである。当然のことながら、氏久の発給安堵・宛行状には幕府への担保文言などは確認できないのであり、稲本紀昭氏が指摘するように氏久は幕府の知行政策とは無関係に独自の知行制を確立しつつあったといえよう。氏久の発給文書を分析した山口隼正氏が、「氏久には書下が多いが、施行状は全く見えない」、「氏久は斯様に多くの文書をのこしながら、「沙汰付」＝遵行文書が見当たらない」と指摘しているのも[55]、こうした事情によるものと判断できる。

島津奥州家の領国形成は、氏久の父貞久の大隅国守護職補任を契機とするものの、それのみでは何の意味も持たず、幕府から付与（あるいは制限）された権限に依存しない形で開始されたことをふまえておく必要があろう。

二　島津奥州家の日向国進出とその論理

1　島津氏久の日向国南部進出

正平一四年＝延文四年（一三五九）四月、島津氏久は「柏原保東方」（鹿児島県肝付郡東串良町）を「兵粮料所」として肝付氏庶流野崎氏に預け置いている[56]。柏原保（柏原別符）は当時日向国に属しており[57]、これが日向国内を対象とした島津氏久発給知行関係文書の初見である。以後、氏久は同国諸県郡に属する救仁院・救仁郷を対象とした寄進・知行宛行を盛んにおこなっている[58]。先述のように、この時期氏久は大隅半島への進出を果たしており、四年後の正平一八年＝貞治二年（一三六三）五月には氏久の嫡男元久が大姶良城（鹿屋市大姶良町）で誕生している。また、正平一四年一二月二日、懐良親王を支えた宮方の重鎮である菊池武光が、日向国救仁院の大慈寺（志布志市志布志町）に対し「当手軍勢」の乱暴狼藉を禁じた禁制を発している[59]。これより先、大慈寺は日向国守護にして直冬方を標榜し島津氏と抗争を続けていた畠山直顕の保護下にあった。それが一転して宮方の中心人物から禁制を受けたことは、大慈寺ひいては日向南部屈指の要港である志布志津の支配者が武家方から宮方に移ったことを意味する。つまり、この時期、宮方を標榜していた島津氏久の軍勢が志布志津に迫りつつあったのであろう[60]。そして、一次史料では確認できないが、同じく正平一四年一〇月、島津氏久は日向国南郷の国合（鹿児島県曽於市末吉町二之方・南之郷）において相良・北原両氏の軍勢と交戦し敗北を喫したという（国合原合戦[61]）。これが事実であれば、島津奥州家の勢力圏は都城盆地南端にまで及んでいたことになる。少なくとも、この時期までに日向国諸県郡南部（救仁院・救仁郷）が奥州家の支配下に入ったと見るべきであろう。

翌延文五年（一三六〇）二月、氏久は再び北朝年号を使用しており、これ以前に武家方に復帰したようである。懸案の大隅半島制圧に成功し宮方との連携の必要性が薄くなったためであろうか。そして同年六月一三日、日向国守護畠山直顕は島津氏久に対し、「兼公私成同心之思、可退治凶徒候、此段不可存異義候」との契状を送っている。[62]これによって氏久と畠山直顕との間で和睦が成立したようであり、これはすなわち氏久による日向国南部支配を守護畠山直顕が容認したものに他ならない。

薩摩国鹿児島郡から錦江湾をわたって大隅国に進出していった島津氏久は、下大隅郡（鹿児島県垂水市）、大祢寝院（鹿屋市）、肝付郡（鹿屋市・肝付町）と大隅半島を横断するように勢力を拡大していった。日向国諸県郡南部の救仁院・救仁郷は、大隅半島の付け根東側に位置しており、一見氏久がこの地域に進出していったのも自然のことのようにも思える。山口隼正氏も、「以前の日向は、直顕の勢力が強いため島津氏の支配は一向に及ばなかったが、ここに氏久の時期になって、大隅国に隣接した両地域（筆者注―救仁院・救仁郷）からの食い込みが試みられている」とし、日向進出そのものに不自然さを感じてはいない。[63]

しかし根本的な問題として、日向進出を開始した当時島津氏久は宮方に属していた。つまり、氏久は日向国守護ではなく（同国守護は畠山直顕[64]）、日向国内への軍事指揮権も認められておらず、ましてや日向国諸県郡になんらの所領所職も得ていないのである。当時の一般的な領国形成の契機を守護職補任とそれに伴う幕府からの権限付与に求めるのであれば、氏久の日向進出とその領国化は極めて不自然なものといわざるを得ない。しかしながら、実態として氏久は救仁院・救仁郷を対象とする寄進・宛行行為を活発化させており、日向南部において領国形成を進めていたのは間違いない。つまり、日向国内の所領所職に対する寄進・安堵・宛行行為は幕府の承認下でおこなわれたものではなく、氏久独自の判断によるものなのである。こうした行為そのものは守護公権に属するものではないが、日向への進出が幕府からの公権付与や所領宛行とは無関係に開始されたという事実は、幕府と島津氏の関係、そして島津氏の領国形成の論理を考える上で極めて重要と考える。

2　島津奥州家による日向国進出の論理

康安二年（一三六二）六月、薩摩・大隅守護島津貞久は次のような申状を幕府に提出している。(65)

進上　御奉行所

嶋津上総入道〻鑑（貞久）謹言上

欲早被除畠山礼部（直顕）、太宰（少弐）筑後守頼尚今者出家、大友刑部大輔氏時拝任国〻闕所并寺社本所領、於道鑑分国、被経用捨御沙汰條、失面目上者、且任先例、且依抽無二軍忠実、不可有□□由、預御教書、次本領讃岐国櫛無保、中国大将細河典（頼之）□（厩）近年押領段被停止、全知行、弥成軍忠勇間事、

副進

一通　右大将家御下文 文治三年九月九日 数通雖有之、依繁略也 、

二通　鎮西警固御教書案 弘安九年十二月卅日 正応六年三月廿一日

一通　讃岐国櫛無保御下文 貞応二年九月七日

右、〻大将家御代文治三年九月九日、先祖豊後守忠久、日向・大隅・薩摩三ヶ国令拝領、其後建久年中、太宰筑後守頼尚之曩祖武藤小次郎資頼、筑前・肥前・豊前三ヶ国被宛行、大友刑部大輔氏時先祖豊前〻司能直、豊後・肥後・筑後三ヶ国同年給之、如此自被宛行九州於三人以来、守護職面〻管領無相違之處、中比遷（先）代一族鎮西管領下向之刻、各二ヶ国津〻被借召之時母三人用捨之儀無之、①就中日向・大隅・薩摩三ヶ国者、為島津庄内国〻之

條、御下文明鏡之間、名字之庄内国々也、次一統時分、大宰筑後入道妙恵（貞経）、大友近江入道具簡并道鑑面々、一ヶ
国津々被返付時母、以同前之處、於當御代争及用捨御沙汰、可失面目哉、爰頼尚雖罷成御敵、依参御方、本領新恩
悉令安堵、結句被任国訖、次畠山礼部、是又去観応三年以来、迄于文和四年、就于被成御敵、可誅伐之由、度々
雖被成御教書、延文元年以来、為御方之旨依被申、数ヶ所恩賞并日向国守護職被任訖、而道鑑自最初、父子共於
御・致忠節、今者及八旬之間、仰付愚息師久・氏久両国事、抽不断合戦大功之處、於畠山礼部、頼尚、氏時等分
国者、無相違被任之、②至于道鑑守護職闕所以下、被経用捨御沙汰之條、余命不幾、及老後失面目之段、歎中愁訴
也、凡以有忠輩被任国者、古今傍例、不可勝計、何況道鑑、云先例、云當御代忠、尤可有忠賞者哉、次讃岐国櫛
無保地頭職者、曾祖父左衛門少尉藤原忠義、去貞応三年九月七日、為勲功之賞、令拝領、知行無相違之處、近年
中国大将細河厩典（マヽ）押領之條、歎勘（難堪カ）次第也、如載先段、道鑑於御方数十ヶ度之軍功抜群之間、可預恩賞之由、令言
上々者、争於本領可有違乱哉、就中九州合戦最中、抽軍忠時分也、然則、彼両条厳蜜（密）被経御沙汰、預御教書、弥
為致忠節、言上如件、
康安二年六月　日

この文書は、新たに九州探題（鎮西管領）となった斯波氏経に対し、島津貞久が守護職をもつ薩摩・大隅両国の寺社本所領半済給付権・闕所地処分権が与えられたことへの抗議とその撤回、そして中国大将細川頼之による島津貞久領讃岐国櫛無保（香川県仲多度郡琴平町、同県善通寺市）への押領を訴えたものである。

　貞久は右大将（源頼朝）以来の由緒[66]から説き起こして少弐・大友・島津の三家が対等・同格であることを強調した上で、少弐頼尚（筑前）・大友氏時（豊前・豊後・肥後）・畠山直顕（日向）の分国を除外した、四か国（肥前・薩摩・大隅・日向）・二島（壱岐・対馬）に対する九州探題への権限付与がいかに差別的な措置であるかを主張し、

「及老後失面目」と愁訴したのである（傍線部②）。これに対し将軍足利義詮は、同年一〇月一七日に斯波氏経・島津貞久両者に対して御判御教書を発し、斯波氏経に対しては「道鑒分国為随一間、難及京都之沙汰」と、許否の判断を丸投げし、島津貞久に対しては「定不可有子細歟」と曖昧な返答をしている(67)。

この一連のやりとりや前章でも触れた事例をふまえ松本一夫氏は、実際に幕府が島津氏に対し差別的政策を取っていたとしているが(68)、川添昭二氏は、「斯波氏経が前記権限を島津貞久に譲渡したかどうかは分からない」としながらも、「譲渡しなかったにせよ島津氏の姿勢、斯波氏経をめぐる情勢、その在九州期間の短かさからして実効性はさほどなかった」としている(69)。さらに川添氏は、「貞久の提訴に対する幕府の無責任な対応は、島津貞久の不満をつのらせ、斯波氏経を一層苦しい立場に追いやった」、「これはやはり九州の情勢に対する幕府の認識不足―より根源的には九州宮方の平定についての熱意の低さに由来するもの」とも指摘しており、関東育ちの足利義詮の九州情勢への無理解によりこうした施策がとられ、貞久の抗議によりあわてて判断を斯波氏に丸投げする措置に出たことは間違いない。これをもって、幕府が意図的・主体的に島津氏の権限に制限を加えようとしていたとの松本一夫氏の理解は到底首肯できない。

そして注目すべきは、貞久の南九州三か国に対する認識、領有観とでもいうべきものである。傍線部①で貞久は、「就レ中日向・大隅・薩摩三ヶ国者、為二嶋津庄内国々一之條、御下文明鏡之間、名字之庄内国々也」と述べている。つまり、貞久の認識では、島津荘は島津氏の名字の地すなわち本領・本貫地であり、日向・大隅・薩摩三か国はこの名字の地である島津荘内に含まれる。よってこの三か国は島津氏の本領である、ということになる。この前段の「中比先代一族鎮西管領下向之刻、各二ヶ国津々被借召之時」との表現も考え合わせると、日向・大隅両国守護職は北条氏が鎮西管領を相伝していた際一時的に借り召されただけであり、本来的には島津氏が本領として排他的支配権を有するとの認識がうかがえよう。

貞久は本文中にもあるように齢八〇を超え（「島津氏正統系図」によれば九四歳）、本状作成の翌年、貞治二年（一三六三）七月三日に没している。[70] 死期を悟った歴戦の老将が右大将家以来の由緒をもつ島津本宗家と自分自身のアイデンティティーとプライドを懸けて訴えたのがこの申状であったといえる。死を目前にして記された彼の薩隅日三か国に対する領有観は、師久・氏久二人の息子へ大きな影響を与えたことは想像に難くない。加えて、将軍足利義詮の「定不レ可レ有二子細一歟」との言質は、本来、薩摩・大隅両国に対する寺社本所領半済給付権・闕所地処分権に対するものであるはずだが、これが三か国に対する排他的支配権を容認するものと都合よく解釈された可能性は高い。そしてこの貞久の領有観は、本状作成以前から島津本宗家内部では共有されていたと見るべきであり、一三五〇年代末から本格化する島津奥州家祖氏久による日向国進出の大義名分となっていたのであろう。

永和元年（一三七五）、九州探題今川了俊と奥州家・総州家両島津家との間で対立が表面化し、以後応永二年（一三九五）に了俊が九州探題を解任されるまで断続的に抗争が続いた。[71] この抗争において、今川了俊は剥奪された両島津家の守護職を兼帯することで安堵申請・訴訟取次等を梃子に反島津方国人の組織化を図り、翌永和二年には薩隅日肥四か国の国人六一名が参加する今川方＝反島津方国人一揆の結成に成功する。この面を重視して了俊の南九州政策は成功したとみるむきもあるが、[72] 島津氏久は守護職剥奪後も独自に知行宛行・安堵を領国内国人に対しおこなっており、[73] 了俊の守護公権を楯にした圧力が功を奏したとはいいがたい。そもそも、これまで明らかにしてきたように、氏久の大隅・日向領国支配は守護公権を前提としたものというより、独自の領有観に基づく〝島津荘の支配者〟との立場に拠るものと考えられる。つまり、この抗争は〈幕府―探題を基軸とする知行保証システム〉と〈島津氏独自の論理に基づく三か国支配権〉の衝突ということになる。

この抗争は、康暦元年（一三七九）三月の都城（蓑原）合戦で島津氏久が今川了俊子息満範率いる一揆勢に勝利を収めて以降、軍事的には島津氏優勢のうちに進んでおり、今川了俊の南九州政策が破綻していたことは明白である。島津氏久は、嘉慶元年（一三八七）閏五月、守護に復帰することなく没するが、それから四年後の明徳二年（一三九一）八月、九州探題との対決姿勢を崩さないままの氏久嫡男元久に対し、幕府は相国寺領の日向国穆佐院・三俣院等の押領人排除を命じている。これは島津氏久の日向国守護徴証の初見史料とされており[74]、ここに島津氏は五十数年ぶりに同国守護職復帰を果たしたのである。これは島津氏独自の領有観に基づく領国支配を幕府が追認したことに他ならない。

むすびにかえて―室町期への展望―

島津奥州家による日向国進出は、南北朝期においては大隅半島の付け根に位置する救仁院・救仁郷、そして庄内とよばれる都城盆地一帯に限られたが、応永年間に入ると山東すなわち宮崎平野への進出を試みていく。ただ、島津氏久の子元久は、明徳二年（一三九一）八月から応永元年（一三九四）まで日向国守護職の在職徴証が確認できるが、同年八月幕府から追討令を受けており、同時に同国守護職を剥奪されたと見られる[75]。その後同国守護職は九州探題兼務となり、応永七年（一四〇〇）七月には将軍家料国という特殊な形態をとることとなった[76]。つまり、室町初頭の島津奥州家による山東への進出も、日向国守護職を前提とせず実施されたことになる。

当初島津元久による山東進出は、庄内（都城盆地）三俣院の東側に隣接する島津荘日向方穆佐院（宮崎市高岡町一帯）に対しおこなわれ、その時期は応永六年（一三九九）頃と思われる[77]。これより先の明徳二年（一三九一）八月、幕府は相国寺雑掌の訴えにより「日向国穆佐院・三俣院事、退押領人等、沙汰付寺家雑掌、可被令知行」と元久に命じており、[78] 応安六年（一三七三）一一月には、九州探題今川了俊が島津氏庶流樺山氏の祖島津資久（奥州家氏久の叔父）に対し「日向国嶋津庄内穆佐院領家職南都一乗院領半済」を預け置いている。[79] こうした事実を大義名分として穆佐院への進出を果たしたと思われるが、さらに奥州家は穆佐院からさらに東部・南部へと勢力を拡大していく。そんななか次のような宛行状が発給されている。

嶋津庄日向方大田郷内十町事、為給分所相計也、早任先例可領知之状如件、

応永七年八月三日　　元久（花押）

嶋津（樺山音久）美濃守殿

島津奥州家元久が樺山音久に対し「大田郷」（宮崎市太田・中村・淀川付近）内の所領を給分として与えたものであり、同家の支配圏が大淀川河口付近にまでおよんだことをうかがわせる史料である。同年二月には同じく島津元久から樺山音久に対し、「嶋津庄日向方穆佐院倉岡名内森跡十町」等が宛行われており、[80] 島津庄日向方〇〇という形式での知行宛行・安堵はこの時期よく見られるものである。しかし問題は、「大田郷」が島津荘ではないということである。当地が島津荘ではなく国富荘の一部であることは、建久八年（一一九七）の「日向国図田帳」からも明らかであり、[81] 元久は大田郷を島津荘の一部であるかのように偽装して宛行ったことになる。これについては既に「島津氏領国へ編入する意識によるもの」[82]、あるいは「島津庄の支配者である島津氏のレトリックであり、島津方の支配に入ったことを意識的に示したもの」[83] との指摘がなされいる。つまり、島津元久は、「島津荘は島津氏の名字の地すなわち本領・本貫地であり、日向・大隅・薩摩三か国はこの名字の地である島津荘内に含まれる」との父祖以来の認識を前提とし、非島津荘域を島津荘に偽装することによりその地域への支配権を正当化させ、本領を給与する形で知行宛行

を実現化したことになろう。

守護職を持たない島津奥州家による日向国進出が〝本領・本貫地である島津荘への支配権とその拡大〟によって実現していったことを改めて確認しておきたい。そして、こうした認識の端緒となる島津貞久独自の領有観がつづられた康安元年（一三六一）四月の島津道鑑（貞久）代貴得申状案（前出引用の草稿）[84]は、文明一四年（一四八二）に島津奥州家の重臣山田忠尚（入道名聖栄）によってまとめられた「山田聖栄自記」[85]にも引用されている。同書は島津忠久の源頼朝落胤説など、近世薩摩藩における歴史認識に大きな影響を与え、何度も写本が作成されたことが指摘されており[86]、一五世紀以降こうした認識が島津家中全体に拡大していったことは想像に難くない。最終的にこの領有観は、〝薩隅日三か国は頼朝以来の島津氏の領国〟という近世そして現在にまで脈々とつながる認識に昇華していったとは考えられまいか。

註

（1）都城市制四十周年記念都城市史編さん委員会編『都城市史』（都城市、一九七〇年）。

（2）『大日本古文書　家わけ第十六　島津家文書』一一号文書。以下、同書所収文書は「島津家文書」と略す。

（3）佐藤進一『増訂鎌倉幕府守護制度の研究―諸国守護沿革考証編―』（東京大学出版会、一九七一年）二三一頁。

（4）『吾妻鏡』建仁三年九月四日条。

（5）前掲註（3）佐藤氏著書。なお、栗田寛「守護地頭略表」（國學院『法制論纂』大日本図書、一九〇三年）には、「建仁三年九月四日、坐比企義員事、褫日隅薩三国守護、後復任（東鑑）自是世襲三国守護」とあるが、これについて佐藤進一氏は「復任のことは吾妻鏡に見えず、またその後島津氏世襲云々は栗田博士の独断にすぎない」と断じている（前出著書二三一頁）。

(6)「島津家文書」四二。
(7)『鹿児島県史料　旧記雑録前編』一―一六三四号文書。以後、同書所収文書は、「旧記前」と略す。
(8)「島津家文書」三〇一。
(9)佐藤進一『室町幕府守護制度の研究　下』(東京大学出版会、一九八八年)二八〇頁。
(10)稲本紀昭「中世後期島津氏の権力構造」(『史林』五一―三、一九六八年)。
(11)薩摩・大隅両国守護島津貞久は、老衰のため観応年間(一三五〇～一三五二)ごろから薩摩国支配を次男師久、大隅国支配を三男氏久にゆだねるようになり、延文四年(一三五九)には譲状を作成して両国守護職とこれに付随する所職を二人に分割譲与する(「島津家文書」一四九・一五〇)。薩摩国守護家である師久の系統をその官途上総介から「総州家」、大隅国守護家である氏久の系統をその官途陸奥守から「奥州家」とよんでいる。本来の惣領家は総州家であったが、室町初頭に三か国守護職は奥州家が兼帯し、こちらが島津本宗家となった。
(12)山口隼正『南北朝期九州守護の研究』(文献出版、一九八九年)四三三頁。
(13)松本一夫「南北朝期九州守護の闕所地処分権について」(『国史学』一八四、二〇〇四年)。
(14)服部英雄「相良氏と南九州国人一揆」(『歴史学研究』五一四、一九八三年)、拙稿「康暦・永徳期の南九州情勢―無号文書の年代比定を中心に―」(『市史編さんだより　都城地域史研究』一〇、二〇〇四年)。
(15)中島丈晴「今川了俊の軍事動員と所務沙汰訴訟」(『歴史学研究』八二九、二〇〇七年)。
(16)「旧記前」一―一九一三。
(17)鎌倉期の伊集院氏の領主的性格については、五味克夫「薩摩国伊集院の在地領主と地頭」(竹内理三博士還暦記念会編『荘園制と武家社会』吉川弘文館、一九六九年)に、南朝方となった背景については、水上一久「南北朝内乱に関する歴史的考察―特に薩摩・大隅地方について―」(同氏『中世の荘園と社会』吉川弘文館、一九六九年)に詳しい。
(18)「旧記前」一―二〇五二等。
(19)「旧記前」一―二〇五二・二〇五三・二〇五四。
(20)松本一夫氏は、この時、島津貞久が畿内を転戦中であったと推測している(前注(13)松本氏論文)。

(21)「旧記前」一―二〇四六・二〇五〇・二〇五六。
(22)前掲註（10）稲本氏論文。
(23)前掲註（13）松本氏論文。
(24)興国三年（一三四二）のものと思われる「御感綸旨所望輩注文」（「旧記前」一―二五八三）は、薩摩に下向した懐良親王の麾下に入り感状を申請した国人・祈祷僧の交名と思われ、伊集院忠国・谷山隆信ら有力国人とその被官等一八三名と祈祷僧六名の名が列挙されている。
(25)「旧記前」一―二六〇〇。なお、島津師久・氏久が父である守護島津貞久の薩摩・大隅両国に対する軍事指揮権を代行していたことは、観応三年（一三五二）九月一八日付足利義詮御判御教書によって確認でき（「旧記前」一―二四四五・二四四六）、同月二八日付九州探題一色範氏挙状では「大隅国守護人氏久」とも称されている（「旧記前」一―二四四七）。
(26)文和二年七月九日付島津師久・氏久宛足利義詮御判御教書には「且帰洛之時、可差下討手」（「旧記前」一―二四八八・二四八九）、文和三年二月六日付島津貞久・氏久宛足利尊氏御判御教書には「中国并鎮西討手事、所有其沙汰也」（「旧記前」一―二五〇六・二五〇七）とあり、文和四年一一月七日付島津貞久・島津一族中宛足利尊氏御判御教書には「且東国無為之間、召上官軍等、近日既可進発、其子細連々可被仰下也」（「旧記前」一―二六〇一・二六〇二）とあるが、結局幕府軍の九州派遣も尊氏による親征も実現することはなかった。
(27)「旧記前」一―二六〇九。
(28)「旧記前」二―一六二・一六三。
(29)前掲註（13）松本氏論文。
(30)前掲註（3）佐藤氏著書二三三～二三七頁。
(31)この反乱については、前掲註（17）水上氏論文、島田宏三「島津庄日向南郷に於ける建武元年北条氏残党について」（『史創』五、一九六二年）に詳しい。
(32)「島津家文書」五〇。

(33)「旧記前」一―一八五四・一八五五、「郡司文書」八(『宮崎県史　史料編　中世』一所収)。
(34)「旧記前」一―一八四六・一八五四等。
(35)「旧記前」一―二〇一〇等。
(36)前掲註(25)。
(37)前掲註(12)山口氏著書四一四頁～四一五頁。
(38)「旧記前」一―二四三一等。
(39)「旧記前」一―二四六九。
(40)「旧記前」一―二四九八・二四九九・二五〇八・二五〇九。
(41)「旧記前」一―二五八〇。
(42)島津氏久の嫡男元久は、貞治二年(一三六三)伊集院頼久の姉を母として誕生している。伊集院氏と島津氏久の縁組は、この和睦を契機として結ばれたものの可能性があろう。
(43)「旧記前」二―一〇・一四・一五・一六等。
(44)沙弥観宗は、正八幡宮検校を兼ねる石清水八幡宮別当の善法寺家当主永清の被官的存在とみられ、この時期、永清が袖判を据えた文書の奉者となっている(「旧記前」一―一〇二・一三三・一三四)。なお、沙弥観宗の人物像については、栗林文夫氏(鹿児島県歴史資料センター黎明館主任学芸専門員)から御教示いただいた。
(45)「旧記前」二―一一〇。
(46)『山田聖栄自記』(『鹿児島県史料集』七〈鹿児島県立図書館、一九六七年〉所収)。
(47)「島津氏正統系図」。尚古集成館蔵のものが、尚古集成館編『島津家資料　島津氏正統系図(全)』(島津家資料刊行会、一九八五年)として刊行されている。以下本史料は同書に拠る。
(48)「島津家文書」五〇。
(49)「島津家文書」二九九。
(50)建武五年(一三三八)正月、足利尊氏は島津氏久の庶兄頼久に対し「大隅国桑郷東西」を「勲功之賞」として宛行っている（「島津家文書」二九九）。桑東郷・桑西郷（鹿児島県霧島市）は大隅国衙所在地に近いがその大部分が大隅正八幡宮領である。守護支配を展開するには重要な地であったが、当知行が難しかったようであり、文和元年（一三五二）一二月、足利尊氏は島津頼久に「桑郷東西替」として「薩摩国嶋津庄内加世田別符半分地頭職」を宛行っている（「島津家文書」二九九）。

(51) 前掲註（12）山口氏著書四四〇・四四一頁所収表七。
(52) 前掲註（10）稲本氏論文。
(53) 「旧記前」一―二四九九・二五〇九。
(54) 『鹿児島県史料　家わけ二』所収「祢寝文書」四五一号文書。
(55) 前掲註（12）山口氏著書四三三頁。
(56) 「旧記前」二―六三。
(57) 『串良町郷土誌』第四編　中世（栗林文夫氏執筆、串良町、二〇〇五年）二七七頁。
(58) 前掲註（12）山口氏著書三九六・四四〇・四四一頁。
(59) 「旧記前」二―四五。
(60) 『太平記』巻三十三に、延文二年（一三五七）一一月、菊池武光が畠山直顕子息が籠る日向国三俣城を攻略したとの記述があり、それとこの禁制を結びつける向きもある。しかし、菊池武光の日向遠征を実証する一次史料はなく、この禁制は本文のように宮方の島津氏進出に備えて発給されたと理解すべきであろう。
(61) 「旧記前」二―六四・六五、「山田聖栄自記」（『鹿児島県史料集』7、鹿児島県立図書館、一九六七年）。
(62) 「島津家文書」二九九。
(63) 前掲註（12）山口氏著書四四二頁。
(64) 前掲註（9）佐藤氏著書二八五頁。
(65) 「島津家文書」三一二。なお、本状作成前年の康安元年（一三六一）四月一〇日付で、島津道鑑（貞久）代貴得申状案が作成されている（「島津家文書」三一一）。これは、翌年の申状に比べて字句や文言の訂正が多く、草稿レベルのものと思われ、実際に幕府に提出されたかどうかは不明である。なお、貞久の代官「貴得」は、本状を引用した「山田聖栄自記」県立図書館本に「酒匂左エ門久景入道貴得ヵ」との伊地知季安の朱書きが付されている。
(66)貞久の鎌倉初頭の事実認識に誤解があることは、前掲註（3）佐藤氏著書二一二頁に詳しい。
(67)「島津家文書」三一二。
(68)前掲註（13）松本氏論文。
(69)川添昭二「鎮西管領斯波氏経・渋川義行」（渡辺澄夫先生古希記念事業会編『九州中世社会の研究』第一法規、一九八一年）。なお、笠松宏至氏は「中世闕所地給与に関する一考察」（同氏著『日本中世法史論』東京大学出版会、一九七九年）において、史料Cの「定不可有子細歟」を貞久にも半済給付権・闕所地処分権が認められたと解釈している。これに対し松本一夫氏は前掲註（13）論文において、「これは明らかに誤り」だと断罪している。確かに本文でも述べたように、足利義詮は許否の判断を斯波氏経に一任している。しかし、「定不可有子細歟」は、素直に読めば「島津氏の権限行使におそらく問題はないだろう」と解釈されるのであり、島津氏の立場に立てば、事実上将軍からの黙認と理解してもおかしくないだろう。
(70)前掲註（47）「島津氏正統系図」。
(71)この抗争については、川添昭二『今川了俊』（吉川弘文館、一九六四年）、前掲註（14）服部氏論文、拙稿「康暦・永徳期の南九州情勢―無年号文書の年代比定を中心に―」（『市史編さんだより　都城地域史研究』一〇、二〇〇四年）に詳しい。
(72)前掲註（15）中島氏論文。
(73)前掲註（12）山口氏著書四五六頁。
(74)前掲註（9）佐藤氏著書二八八頁。
(75)前掲註（9）佐藤氏著書二八八頁。
(76)山口隼正「前期室町幕府による日向国「料国」化」（同氏著『九州中世の政治社会構造』吉川弘文館、一九八三年）。
(77)拙稿「文安元年日向国南部国人一揆の意義―守護島津氏・庄内国人による山東進出とその挫折―」（『市史編さんだよ

り　都城地域史研究』九、二〇〇三年）。
(78)「旧記前」二―四八八。
(79)『鹿児島県史料　家わけ五』所収「樺山文書」二一号文書。
(80)『鹿児島県史料　家わけ五』所収「樺山文書」四五号文書。
(81)「島津家文書」一六五。国富荘は建久八年（一一九七）時点で八条院領であったが、その後鎌倉末に大覚寺統に伝領され、後醍醐天皇から足利尊氏に恩賞として与えられた。その後、尊氏は暦応三年（一三四〇）に当荘を天竜寺に寄進し、以後同寺によって相伝されたようである（『宮崎県史　通史編　中世』）。
(82)福島金治「室町・戦国期島津氏の知行制について」（同氏著『戦国大名島津氏の領国形成』吉川弘文館、一九八八年）。
(83)『日本歴史地名大系四六　宮崎県の地名』（平凡社、一九九七年）三七五・三七六頁。
(84)前掲註（65）参照。
(85)前掲註（46）。
(86)五味克夫「『山田家文書』と『山田聖栄自記』補考」（『鹿大史学』三一、一九八三年）。

薩摩藩の家格・役格整備と藩政文書の書式統一 ―島津吉貴藩政期を中心に―

林　匡

はじめに―吉貴藩政期に対する評価―

「斉彬公御言行拾遺　巻之五」[1]には、「総州様（吉貴公）ノ御代ニハ能キ人多ク、夫故御政事モ行届キ、諸事ノ御規定モ付キタルモノナリトノ御譚ナリシトソ、吉貴公御代ニ諸事ノ御格式等御制定アラセラレ、重豪公御代ニ尚ホ御修成アラセラレ、近代マテ御循守アリタルモノナリ」と、一一代藩主島津斉彬の評価と共に、四代吉貴と八代重豪の代に諸格式が制定修正されたとの、筆者市来四郎の認識が記される。

島津吉貴は延宝三年（一六七五）生まれ、父綱貴の死去をうけ宝永元年（一七〇四）九月に四代藩主となる。享保六年（一七二一）六月に嫡子継豊に家督を譲り隠居、同年七月に「上総介」と改名、藩内では「総州様」と称され、「国家之仕置総州様御代之通」と国元に指示される。[2]享保七年四月に帰国、磯邸に住した。継豊が享保二一年二月の参勤以後在府延期を繰り返す中、元文五年（一七四〇）八月に国元の重要案件に関して藩政復帰する。[3]延享三年（一七四六）一一月に六代宗信が襲封、翌年一〇月に吉貴は死去した。歴代藩主略年表・島津氏略系図を示す（表1・図1）。藩主在任期間は二代光久、八代重豪に比べて短いが、隠居以後の藩政に影響を与えた点は見逃せない。本稿では、隠居後も含めた一八世紀前期の薩摩藩政を吉貴藩政期と捉える。

表1　歴代藩主の生年・家督・隠居・死去年—

		歴代藩主代数			1	2		3	4	5	6	7	8	9	10	11		12
和暦	年	西暦	月	日	家久	光久	綱久	綱貴	吉貴	継豊	宗信	重年	重豪	斉宣	斉興	斉彬	久光	忠義
元和	2	1616	6	2		誕生												
寛永	9	1632	4	1			誕生											
寛永	15	1638	2	23	死去													
寛永	15	1638	5	8		家督												
慶安	3	1650	10	24				誕生										
寛文	13	1673	2	19			死去											
延宝	3	1675	9	17					誕生									
貞享	4	1687	7	27		隠居		家督										
元禄	7	1694	11	29		死去												
元禄	14	1701	12	22						誕生								
宝永	1	1704	9	19				死去	家督									
享保	6	1721	6	9					隠居	家督								
享保	7	1722	4	21					帰国～在国継続									
享保	13	1728	6	13							誕生							
享保	14	1729	2	11								誕生						
享保	21	1736	2	2						参勤～江戸在府								
元文	5	1740	8						政務復帰									
延享	2	1745	11	7									誕生					
延享	3	1746	11	21						隠居	家督							
延享	4	1747	10	10					死去									
寛延	2	1749	4	23						帰国								
寛延	2	1749	7	10							死去							
寛延	2	1749	11	10								家督						
宝暦	5	1755	6	16								死去						
宝暦	5	1755	7	27						後見			家督					
宝暦	10	1760	9	20						死去								
安永	2	1773	12	6										誕生				
天明	7	1787	1	29									隠居・後見	家督				
寛政	3	1791	3										名目のみ後見					
寛政	3	1791	11	6											誕生			
寛政	4	1792	6										後見名目も廃止					
文化	6	1809	6	17									後見再開	隠居	家督			
文化	6	1809	9	28												誕生		
文化	14	1817	10	24													誕生	
文政	3	1820	8	13									後見再度やめる					
天保	4	1833	1	15									死去					
天保	11	1840	4	21														誕生
天保	12	1841	10	13										死去				
嘉永	4	1851	2	2											隠居	家督		
安政	5	1858	7	16												死去		
安政	5	1858	12	28											後見			家督
安政	6	1859	9	12											死去			
明治	20	1887	12	6													死去	
明治	30	1897	12	26														死去

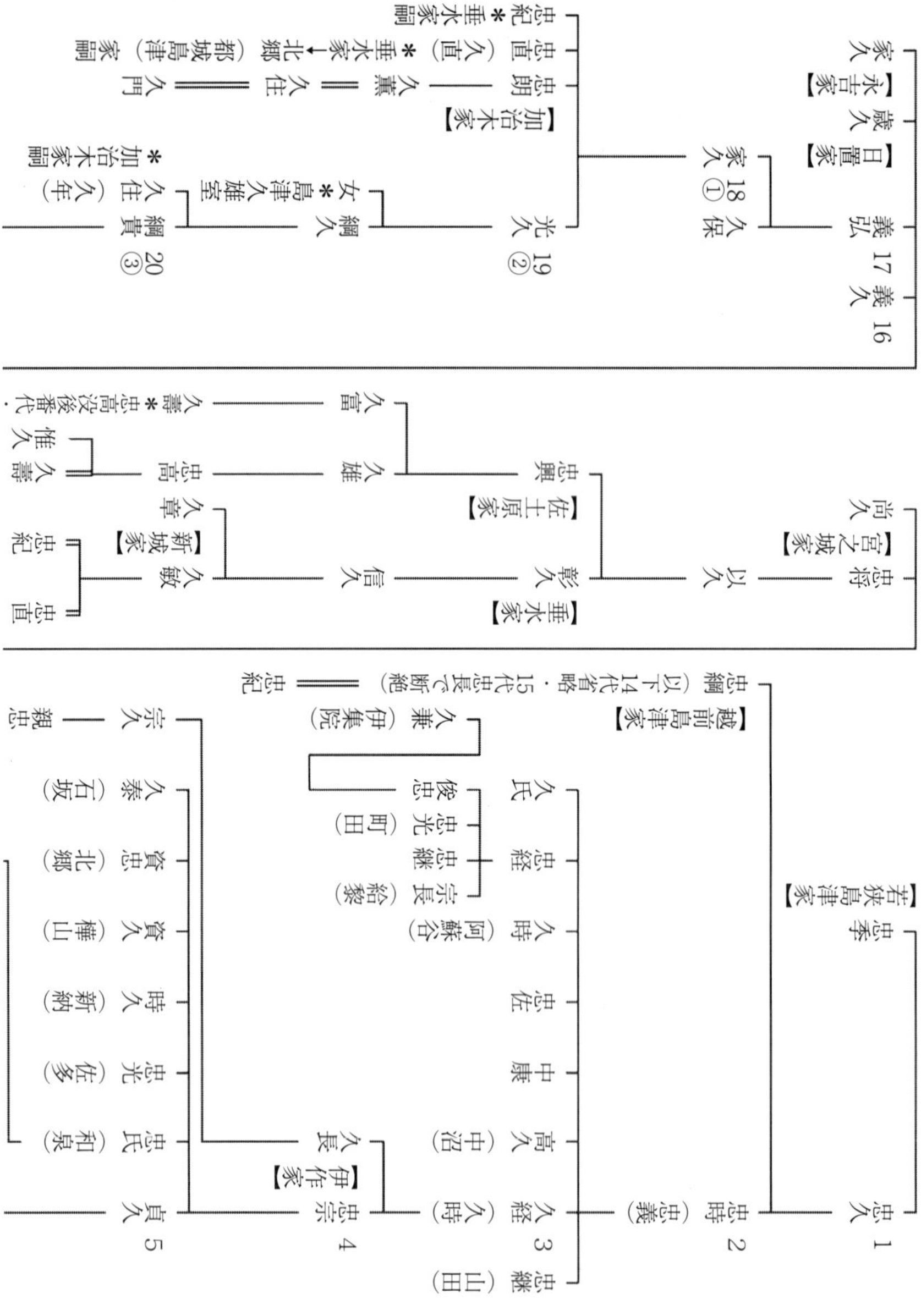

図1　島津氏略系図

1〜28は島津氏本宗家歴代数、①〜⑪は歴代藩主代数を示す。

『島津氏

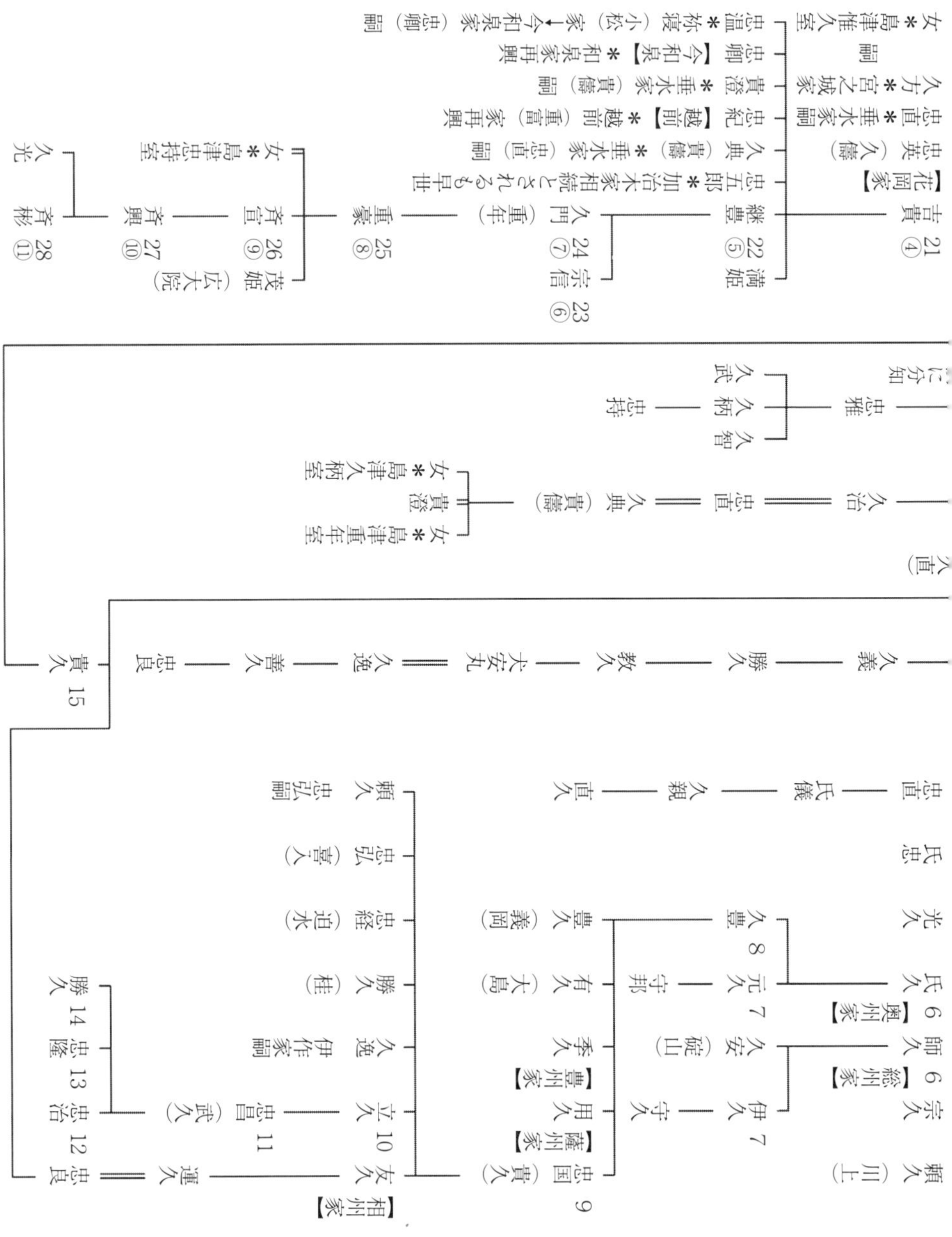

統系図（全）』（島津家資料刊行会発行）・「新編島津氏世録正統系図」（東京大学史料編纂所蔵）参照〉

幕府の文治政治から享保改革期に当たる吉貴藩政期については、藩の経済の進展と人口増加、幕府の上米への対応なども指摘されている。[4] この人口増加がもたらす影響として、武家の家格や役職についていえば、二男家・三男家や別家の成立により、新たな家筋の形成、諸役職の人員確保がすすみ、それ故に諸家の由緒吟味に基づく嫡庶や家格の確定が行われたと考えられる。また鹿児島士（城下士）成や家分けの制限、出家成の増加、臨時を含む役職の増加や増員、細分化や専任化、士風への影響などが推測される。

地方史研究協議会第六〇回（都城）大会趣意書において、地域性や藩意識が取り上げられ、「外城制」や「私領」領主の存在が例示された。従来薩摩藩ついては、この外城制や門割制度と共に、奄美支配や薩琉関係・対外関係も重要テーマとして研究が深められてきた。一方藩政史では、織豊政権から幕初、重豪代以後の近世後期から幕末に研究が集中し、前中期の藩政を扱ったものは少ない。本稿では一八世紀前期の薩摩藩における家格・役格の整備と、藩政文書管理[5]における書式統一の過程を取り上げ、一八世紀後期に継続する薩摩藩政の課題を検討する。

一　吉貴藩政期の職制・家格整備と規制

1　職制の整備・支配と文書行政

吉貴藩政期の文治主義的施策・制度の整備などについては、既に先学の指摘がある。[6] 安藤保氏の「制度・行政・風紀など以降の薩摩藩の法規の源となる法令が出されており、近世薩摩藩の原型が形作られた時期」との指摘の如く、[7] 吉貴の藩主就任直後から正徳年間には諸役職の任命形式や呼称・役格の整備の多くが確認できる（表2）。[8]

支配分けについて享保一二年（一七二七）一一月付通達[9]からは、磯邸に隠居した吉貴が依然藩政に発言力をもっていたことがわかる。

一近年諸座御用漸々事多罷成候処ヨリ、諸座夫々ノ吟味不届事モ可有御座候、且又首尾書留等二重ノ儀モ有之候、此節御倹約ニ付テハ、支配分等ノ儀モ御用之依筋ハ、被相改ニテモ可有御座哉之旨、段々申談候趣、総州（古貴）様達　貴聞、比志島隼人（範房）殿ヲ以、左之通被仰出候、

一大玄院（綱貴）様御代ニハ支配不被相分置、都テ表方ヨリ為致首尾事ニ候得共、総州様御代ニ、御側方・御勝手方・兵具所方・御厩方・御書院方ト支配ヲ為被分置事候、向後モ支配ハ只今之通分置、其外ハ　大玄院様御代之通相心得可致首尾候、

一役目付申渡儀ハ支配頭ヨリ申渡、（中略）

右之通、御倹約シラヘ方ヨリ未九月通達有之、御格相改候、

「島津家歴代制度」所収「落穂集」には、綱貴の代まで役職名や役格の整備がなされずとあるが、[10]そのことを裏付ける内容である。この通達で省略した箇条には、隠居・家督願、養子願、縁組願の場合、例えば親が表方、子が御側方支配など関係者の所属が分かれた場合の願書提出方法や、申渡の場についても具体的に指示されている。また藩の倹約政策に関わる各役座の事務量増大及び文書業務の重複も指摘されている。役職整備と共に、文書管理に関する課題が認識されていたことが窺える。

2　家格の整備

近世初期、垂水島津家、日置島津家、加治木島津家、宮之城島津家など、後の上士の家格を構成する有力な島津氏支流諸家が立てられた（図1）。その結果、支流諸家中では、本宗家に対する「脇の惣領」たる地位の変化[11]をはじめ、

表２　諸役職の設置・改称及び役職関係の通達（宝永以後～ 18 世紀前期）

和暦	年	西暦	月	日	役職の設置・改称・役格など	その他	出典史料※
宝永	1	1704	9	19		吉貴家督相続→諸役人が役儀断り申請	追 3-1267
宝永	1	1704	12		御側役（宝永２年９月御側目付に改称）が家老直触（直申渡）の格式とされる		職掌紀原
宝永	1	1704	12		京都蔵奉行（大坂蔵奉行兼務）→京都御留守居・大坂留守居の称、家老直申渡とされる		職掌紀原
宝永	1	1704	12		納戸奉行を家老直申渡とする		職掌紀原
宝永	1	1704	12		御兵具奉行→物頭、家老直申渡とされる		職掌紀原
宝永	1	1704			御供目付		職掌紀原
宝永	2	1705			御里役→奥御番（後の御広敷御番）に改称		4-4218
宝永	2	1705	2	12	評定所→御家老座、御国遣座→御勝手方、日帳所→御用人座に改称		5-4824 ／ 4-3824
宝永	2	1705	4	28		鹿児島城下の組の人数改（支配の整備）・組中通達の遅滞無きよう組所へ指示	5-4825
宝永	2	1705	5		御用人兼役から江戸御使番御役が立てられる		4-3981 ／職掌紀原
宝永	2	1705	9		横目頭（種子島伊時）が勝手方兼務		職掌紀原
宝永	2	1705	9		横目頭の御礼日の独礼格（役格定まる）		職掌紀原
宝永	2	1705	9		御目付役→御側目付、吟味役→御目付（表目付）に改称		4-3942・4047 ／職掌紀原
宝永	2	1705	10	5	御船奉行に佐多休左衛門→正徳２年３月 18 日久見崎御船奉行の命。組頭直触手鑓		4-3974
宝永	2	1705	10	10	若年寄の役名→役座は御家老座の下に引入詰		職掌紀原
宝永	2	1705	10	晦		船手船頭・水手に関して浦々の者の吟味（船方鍛錬の者を選出）を船奉行に命じる	4-3489
宝永	2	1705	10		御目見次第、御勘定奉行・御船奉行・御記録奉行・長崎御付人と定まる		職掌紀原（御記録奉行の項）
宝永	3	1706			（ここまでに）組頭直触の格式を定め、家格と役職定める（小組頭・馬廻、新番・諸役人）	無役の面々へ月番家老・組頭宅や支配の上司へ時々御機嫌伺いを指示	追２－ 2252・2253
宝永	3	1706			御勘定奉行・御船奉行・御記録奉行と御目見次第定まる		職掌紀原（御船奉行の項）
宝永	3	1706	12	12	横目頭→大目付、横目座取次→大目付座取次。「是ヨリ以上ヲ重御役ト唱、与頭御兼役無之候（中略）大御目付ト被改候以後ハ寺社奉行兼役ハ無之」		5-4706 ／ 4-1867・3883
宝永	4	1707	1		横目頭→大目付に改称		職掌紀原
宝永	4	1707	2	12		支配ある御役人は支配中の件で表方から藩主や家老に報告すべき件は、自身出向いて御用人へ申達し、御用人までの報告は所々の下役から申出	4-3692
宝永	4	1707	9	9	御側御用人の役を立てる		職掌紀原
宝永	4	1707	9		御記録奉行の申出を表御用人から御側御用人とする。10 月、江戸詰を命じられる		職掌紀原
宝永	4	1707	12		新規に組頭から勘定奉行任命、勘定奉行役格定まる		職掌紀原
宝永	4	1707	12		普請奉行常置、役格も定まる		職掌紀原
					御支配所・御支配奉行→御勘定所・御勘定奉行と役所・		[illegible]

						流すよう指示。小身の与頭・小頭の勝手向きへの対応	
宝永	5	1708	閏1	28	御船奉行の役格変更→御家老申渡・席順は物頭次、勝手方家老直仰渡		4-3974 ／職掌紀原
宝永	5	1708	6	1		無役の面々へ時々支配の上司へ御機嫌伺い指示	4-3491
宝永	5	1708	9	2	御側詰を立て、格式は御番頭格とする		職掌紀原
宝永	6	1709	8	1		小番所掟・大番所掟	4-4222・4223
宝永	6	1709	9		宗体方→宗門方に改称		4-4074
宝永	7	1710	3	16	口事奉行→糺明奉行、口事場→評定所に改称		4-4050 ／職掌紀原
宝永	7	1710	閏8	21		星御免・諸役人退出の指示	3-3137
宝永	7	1710	閏8		納戸奉行・近習役に与力をつけることが旅中のみ許可		職掌紀原
正徳	2	1712	1		寺社奉行以下、御側御用人・御側御目付（近習役）・納戸奉行・御使番・御普請奉行・御記録奉行などの諸役の役料米支給規定（100石以下に65俵の役料米）		職掌紀原
正徳	2	1712	1		表目付は廃止		職掌紀原
正徳	2	1712	12	5		諸座筆者が頭の承るべき事に口を付けて申届けることについて筆者の分限を守るように通達	4-3482
正徳	3	1713	2	23	御歩行目付→御徒目付に改称		職掌紀原
正徳	3	1713	3		奏者番を置く（組頭番頭や用人の加役）		職掌紀原
正徳	3	1713	3		御供目付→中通目付に改称。役格は表目付同格		職掌紀原
正徳	3	1713	4	28	鹿児島城前に空き地（火災対策）→ 11月22日、諸役座を移す		追 3-207・296
正徳	3	1713	6	23		御役人が御用につき名代を出す場合の規定。無役は名代にしない	4-3784
正徳	3	1713	8	5	寺社中取→寺社方取次、御勘定所中取→御勘定所小頭に改称		4-4096 ／ 4-4098
正徳	3	1713	8	22		殿役方殿役米等の呼称→人馬賦米	4-4064
正徳	3	1713	12		大坂御留守居を二人・交替勤務とする		職掌紀原
正徳	4	1714			京都御留守居を二人・交替勤務とする		職掌紀原
正徳	4	1714	5	15		諸奉行及び筆者・小役人への暇手続きの指示	3-3135
享保	1	1716	6	2	客屋預→御春屋役に改称		5-4855
享保	1	1716	7	12		留守居など中間自分了簡で事を決め中間の申合で主人の勤めを下々にて決めるような事態について吉貴は「留守居ノ了簡ナトヲ御用被遊事ニテ無之」	4-3953
享保	2	1717	9	25		宝永4年2月12日付の通達再確認	4-3773
享保	2	1717	11			御側支配の家督の者の家内は御側支配、部屋栖の場合その身だけ御側、家内は表方支配	3-2992
享保	3	1718	1		御側目付→御近習役に改称		4-3942 ／職掌紀原
享保	3	1718	2	22		諸座付の者の士成規制	5-4861
享保	3	1718	3	3		節句日の四ツ・八ツの星合→四ツ・九ツ星合、退出の指示。正月三ヶ日は従来通り	3-3140
享保	3	1718	4	1	御近習役に付く御徒目付と一人宛付く御徒目付の呼称を指示		4-4163
享保	3	1718	4	7	筆者兼役の御徒目付→御近習番筆者に改称		4-3944

和暦	年	西暦	月	日	役職の設置・改称・役格など	その他	出典史料※
享保	3	1718	4	11	馬廻→小番に改称		5-4997
享保	3	1718	6	16	月番（一月ずつ）・御用番（十日交替）・当番（非番に対する）の呼称の規定		4-3693
享保	3	1718	6			小普請・小普請並と「今程御奉公支候者」の明確化	5-5002
享保	3	1718	11	1		諸役座・支配の御蔵方への盗難・変事に関して、八ツ時以後の報告を家老宅から当番の大御目付宅へ報告し（家老の座退出以後の）対応の迅速化を図る	3-3180
享保	5	1720	2		御家老与力を４→３人に減少。役料 2000 石→ 1500 ～ 1000 石へ		4-3818
享保	5	1720	2	28	この頃小役人の役料を減ず		4-4164
享保	5	1720	2		座横目（後の蔵方目付）立てる		4-4185
享保	5	1720	5	27		月番家老が退出しなければ八ツ時以後でも奉行・頭人・筆者・小役人まで全員詰め、月番家老退出以後諸役座を立つ。八ツ以後長々の勤務は時々暇を指示するのでその場合は従来通り座々へ一人ずつ残すように指示	3-3141
享保	6	1721	6	9		城代家老以下諸役人に家督相続（代替り）以後の勤務継続を指示	追 3-1267
享保	6	1721	7	9		新藩主継豊、藩の仕置は吉貴代の通りと指示	追 3-1290・1291
享保	7	1722	6	晦		礼明の節に大御目付の一人は城に残る（藩主在国）	4-3874
享保	9	1724	2	9		表御医師について、従来鹿児島士に命じてきた→外城衆中にも命じる。奥医師に命じる場合鹿児島士成	4-4154
享保	9	1724	3			諸御役人から小役人まで、役儀に関わる者へ、諸人勝手向の用を頼まれ合力を取る（傍輩より扶持を取る）状況を宜しからずと通達	4-3719
享保	10	1725	11	28	異国座中取→唐船方受込に改称		4-4093
享保	11	1726	2	6	寺社奉行は御祈念方御役座を兼ね御祈念方はすべて寺社奉行受込み		4-3902
享保	11	1726	7		表御医師について、近年座付士・外城衆中にも命じられ、鹿児島士・座付士・外城衆中の区別なく全て表医師と唱え→鹿児島士＝表医師、座付士・外城衆中＝表寄番医師。奥医師も、座付士・外城衆中は奥寄番医師の称とされる。節句等儀礼の場での格差指示		4-4151
享保	11	1726				外城衆中への役儀の仰付については支配の奉行・頭人からではなく地頭から申渡す	4-3712
享保	12	1727	9	28		勝手関係の諸願を全て勝手方とする（同年 10 月７日）百姓・浦方出火・変死の各所報告は御船奉行・郡奉行から勝手方であったものを表方へ（表・勝手方の区分明確化の現れ）	4-3714・3715
享保	12	1727	11		吉貴代同様の支配の再確認	近年諸座御用漸々多→諸座吟味不届事も懸念	4-3696 ／ 3-2971・2992

享保	15	1730	10	4		御家老座・御勝手方・大御目付座・御用人座の明鎖見届・締方封印の変更や寺社奉行座などでの目付による星検者不用など通達	4-3770
享保	15	1730	10	25	奥寄番医師の賦未定→表医師同前とされる		4-4150
享保	19	1734	7		久見崎御船奉行差し止め、御船奉行総人数繰廻		4-3975
享保	20	1735	7		御勝手方（カタ）、異国方（ホウ）、寺社奉行所・御番頭詰所（トコロ）、御近習役所・御使番役所・高奉行所・御目付役所（ショ）、郡方（カタ）など呼称指示		3-3775 ／ 5-4910・5066
享保	20	1735	10			御近習役以上の御役々が江戸で外出の際には以後家老へ報告、藩主在府であれば藩主まで、在国の場合留守詰家老まで報告	4-3728
享保	20	1735	8		「当時御家老少人数」のため家老勤の一部を若御年寄に加役		4-3859
享保	20	1735	9	8	若御年寄に加役（家老名で申渡の儀はその通り）		4-3856 ／職掌紀原
享保	20	1735	9		御厩別当→御馬方に改称		4-4035
享保	21	1736	2	13		表方支配御役座の面々は藩主在府中詰前の人のみ月番御家老暇乞いまで勤務、外は八ツ打退出。御勝手方支配も同じ。藩主在国の場合従来通り	4-3776
享保	21	1736	4			御勝手方支配月次御礼に出る御役人が御用での外城行や自分用事の暇で田舎に行く場合、江戸詰・他所御用の際の、御側用人座への事前申出・事後報告の規定。→寛保4年（1744）3月には筆者の湯治などの暇願について不受理通達。延享2年（1745）12月には御役人の報告免除	3-3093 → 3087・3086
元文	1	1736	6			与力（後の用達）の田舎行における報告義務の有無	4-4216
元文	1	1736	7	2		外城・私領役人の負担軽減となるように諸座からの御用はなるべく書付で済ませ、各座の吟味など遅延せぬよう指示	4-3777
元文	1	1736	11		御勝手方添役が立てられる。座席は寺社奉行上		4-3900・3901 ／職掌紀原
元文	1	1736	12			家老申渡の御役人は御役御免後の御番免除	4-4227・4242
元文	2	1737	4			病気で6日以上、100日以上の欠勤の上司報告指示	3-3092 ／ 4-3696
元文	2	1737	8	20		外城衆中への役儀の仰付については支配の奉行・頭人からではなく地頭から申渡すようにすることにつき享保11年の通達再確認	4-3712
元文	2	1737	閏11	2	大御目付で公儀に関する場合役名を若年寄並と称す		4-3882
延享	2	1745	11		御勘定奉行河野通興を御側詰とする（御側詰初見か）		職掌紀原
延享	3	1746	12			火事・変死などの場合御側支配でも全て表方へ報告	3-3177

※出典史料　番号：『鹿児島史料　薩摩藩法令史料集』巻・文書番号　職掌紀原：『鹿児島県史料集』Ⅵ所収「職掌紀原」
追番号：『鹿児島県史料　旧記雑録追録』巻・文書番号

本宗家二男・三男家など親疎や中世以来の由緒・功績に基づく諸家の序列をめぐる対立が生じた。[12]この課題に対して、島津氏本宗家を中心に諸家の家格が宝永年間から正徳年間に基本的に整備される。

吉貴襲封直後の宝永二年（一七〇五）九月六日、加治木家の久住（久年。吉貴叔父）、忠英（久儔。吉貴異母弟。宝永五年別家を立て、享保九年に一所を与えられ花岡島津家の祖となる）、垂水家の忠直（吉貴異母弟）に対し「御間柄ト申御連続ノ御家筋訳モ有之候付テ御当代猶以御取持被成御事候」とされた。[13]正徳元年（一七一一）一〇月一五日、「御一門」については「家筋付テ御身近キ面々ヲ御一門ト唱申間敷」、「平日御取持モ相替、御礼日ニ御挨拶モ有之候御方ヲ御一門ト唱可申」、当分は久住（加治木家）・忠英・小源太（吉貴庶子久典・貴儔。宝永五年生れ、正徳元年六月忠直死去後、一〇月に養子として垂水家を相続）とされる。一方では「家筋付テ独礼ノ面々」を「大身」と称し、久連（加治木家久住嫡子）・忠興（久竹。日置島津家）と嫡子久健、久龍（都城島津家）の三家四人とされ、さらに「其身付テ独礼」が規定された。[14]正徳二年一〇月朔日付の通達では、一所持・一所持格・寄合・寄合並の家が確定され、久住・忠英・小源太の三人は「当時ノ御間柄格式ニ付テ御一門ト唱候ハ其身ニ付テノ事」であり、家筋は加治木家・垂水家が一所持、忠英の家は一所持格とされたように、この段階では家格としての一門家は未成立であるが、全体の家格整備はすすんだことが確認できる。また同日付で「組頭並・番頭並被申間敷候、組頭・番頭ハ御役ニテ候、此間無役ヲ組頭番頭並ト唱候者寄合ト申筈候」とされ、「直触格」は「寄合並」への改称が通達されており、役名と家格呼称の区別が行われたことがわかる。[15]

元文二年（一七三七）に、中世に断絶したとされる越前島津家跡の壮之助（忠紀。吉貴庶子）相続が決定し、元文三年に越前・加治木・垂水島津家が一門家の家格とされ、これに次ぐ日置・花岡・都城島津家と宮之城島津家が一所持の内で大身分とされた。[16]延享元年（一七四四）には吉貴庶子の三次郎（忠卿）をして今和泉家が成立（再興）、一門家四家が確定し外城の数も定まる。元文から延享年間に、吉貴の庶子が相続する形で中世以来の越前・和泉島津家の再興が行われた。

この間、家格と儀礼の関係について、一応の結論が出されたのは享保九年（一七二四）である。七月二三日、近世初期以来、その座順をめぐり争われ、家格の上下が問われた「年頭御礼着座」（年頭御座配を改称）の序列が整備され、準拠して同月二七日には八朔の進上物・進上物規定がなされた。年頭御礼着座では、従来三日御礼だった若年寄・大目付が家老同様元日の御礼とされる。諸家は客居・主居の差別なく御対面所及び御書院の客居に一流に着座し、同格の者は役儀の有無・年の長幼によるとされた。また従来、城代・家老以下が「常式列座之席」より引き下がり詰める事態が生じていたが、「平生御出座之節之通」主居の方へ列座することとされた(17)。当時継豊は在国していたが、年頭御礼着座の座順決定が吉貴の意向に基づくものだったことは「旧史館調雑抄(18)」に明記されている。

享保九年以前ハ一所持家格之衆年頭正月三日於　御対面所持参太刀御座配有之候、御書院内之御座配茂有之、然處ニ同年甲辰七月廿三日、　吉貴公御意を以、年頭所持御太刀進上之衆内外共ニ一流ニ着座被仰付、順々ニ列被仰付候旨被　仰出候、但御対面所客居之方一流ニ十人宛着座御盃頂戴、

宝永から享保期の家格整備、元文から延享年間の越前・今和泉島津家の再興と一門家・大身分の家格成立には、吉貴の意向が強く働いていた。また城代・家老以下若年寄・大目付の重職に対する扱いが軽くならぬように配慮されていることも注意される。

3　家筋吟味・家号・実名字・家紋規制

宝永から正徳期に、薩摩藩では藩の記録所による系図編纂や諸家由緒の把握が行われた。宝永三年、系図文書や由

表３　家紋・名字・実名字・官名・通称などの規制（宝永２～享保９年）

和暦年	西暦	月	日	内　容
宝永２	1705	5 11	20 18	•島津家由緒の「二疋龍ノ紋」使用規制 •本十字紋・葵紋の使用規制→宝永４年５月21日再通達
宝永３	1706	4		•「名遠慮之事」通達
宝永４	1707	7		•官名・通称規制
正徳元	1711	11		•「島津」名字規制・「島津」を許された家の二男家以下の名字指示。「御家之字」（久・忠）使用許可について「久」字許可の事例 •十文字紋規制（本宗家二男家の嫡家のみ。二男家以下は不許可→延享４年段階で垂水・加治木・越前・今和泉・花岡・宮之城・日置家）
正徳３	1713	3 6 6	25 17	•島津氏支流諸家に対する実名字規制。島津久典（垂水家）・久竹（日置家）・久儔（忠英）三家は二男まで永代「久」字使用免許。支流諸家に「久」字使用規制。庶家でも寄合并以上の格には「久」字許可。「忠」字、島津家初祖に因む「頼・朝」や当将軍家・初代藩主家久～綱貴に至る歴代藩主名乗の字の禁止 •支流庶家にも同年秋頃までに通知 •同時期に佐土原島津家（惟久）に対しても実名字規制通達 →同年11月には佐土原家中に実名字規制通達。家老職を勤める者には「久」字許可 •６月までに薩・隅・日州外城・私領の「他家之者御家之字用来候人数」及び「諸座支配」、一番～六番組・家老組の他家之者御家之字用来候人数」調査実施 •６月朔日付で佐土原島津家（惟久）に「代々之御子別号」17家が町田・伊集院氏と共に示される •（～７月25日）伊集院氏など島津氏支流の別号家に関して、家中士や組に入らないような者（足軽・諸座付士・寺門前など）の使用規制。正徳３年末～翌年に支流嫡家から諸家に通達、別号も指示される。他姓の家では「久・忠」二字だけでなく、島津氏支流諸家の字にも憚りありとの通達、10月～翌年にかけて外城や組毎に名乗りの改め状況調査（→島津家文書「小箱六番」箱中、正徳三年～四年の「薩摩藩家臣改名一件」）
正徳４	1714	正	18	•２代藩主光久以後新立の支族庶流も「源」姓、以前の庶流は「藤原」姓の方針
享保６	1721	3		•葵紋使用規制 →享保10年10月、同21年２月には葵紋・十文字紋規制
享保９	1724	2		•寄合以上の官名付について規制

緒・旧跡などの調査が全藩規模で実施され、家紋・名字・実名字・官名や通称の規制も度々実施される。正徳三年には島津氏支流系図継続の命が出され、前述の如く享保九年七月には年頭御礼及び八朔進上の座順が定められた[19]。宝永二年から享保九年に至る、家格と家号・実名字・家紋などに関する動きを示す（表3）。

このように職制と家格の整備、実名字規制などによる島津氏本宗家と以下の支流諸家や他家との序列化がすすめられた吉貴藩政期は、薩摩藩武家社会の以後の枠組が確立された一つの画期と位置づけられる。勿論この時期の藩政を行政的側面から理解するためには、個々の役職・役座の活動実態の検討が不可欠であろう。薩摩藩の行政的文書の多くは残されていない。その多くが廃棄または罹災したためと考えられている。しかし例えば「島津家歴代制度」などを利用して、薩摩藩の藩政文書管理[20]を検討することは可能である。次章では吉貴から重豪の時代に至る、一八世紀前期以降の書式統一の事例を取り上げる。

二　家格・役格に応じた文書書式の統一

1　一八世紀前期—吉貴藩政期—

正徳元年一〇月一五日付で「一門」「大身」「其身付テ独礼」が規定され、正徳二年一〇月朔日には一所持・一所持格・寄合・寄合並の家格が定められたことは先に述べた。この間の正徳二年五月には、「一門」の久住（加治木家）と忠英（久儔）に対する書状と、久住・忠英よりの返答の書式・文言が示されている[21]。この際の役格・家格は①「大御目附以上御役・独礼ノ格」、②「寺社奉行以下一所持右ノ格、与頭並（正徳二年一〇月に寄合とされる）、右格之嫡子」、③「直触格（正徳二年一〇月に寄合並とされる）又ハ与頭並ノ二男三男、御用人・御近習役以上ノ御役・地頭抔」の三ランクの認様（書出・書止・差出・敬語など）が示され、④「右以下御役、御小姓ナト相勤罷居者、無役ニテモ御馬廻・新番程ノ格式」にはやや軽め、⑤「御歩行格式」の者には直札に及ばずとされた。

また同月の認様の通達[22]では、①「一門」の久住・小源太[23]・忠英へ対する通達方法と書式について、重要案件から軽微な内容に段階的に分けて示される。以下②「大身」の久健（日置家）・久龍（都城家）の両人[24]、次に③島津久方（吉貴異母弟・宮之城家）・独礼之方・組頭への手紙案文が示され、敬語「殿」字の書体は独礼の者と組頭で格差を設けている。また久方・独礼之方、及び城代・家老・若年寄・大目付・御側詰への通達方法などについて内容・軽重により指示される。次が④寺社奉行・勘定奉行、一所持列、番頭・与頭・与頭列、家老直触列に対する通達方法・手紙案文が示され、連名で触流す場合、用件を前に書き奥に「殿」字を認めるように指示され、最後に⑤用人以下へ、御用で連名に触流す場合は「直触格（寄合並）ノ人」でも同役連名に書き認め、身に付ての儀を触流す場合「直触格ノ人」へは御用人から手紙を以て申遣すように定められた。敬語の使用規制についてはこの後も確認できる[25]。

なお佐土原藩主惟久と薩摩藩主父子（吉貴・継豊）との間における表向きと内々の「様」「殿」の敬語の使用が正徳二年一一月一四日付で指示されている[26]。佐土原島津家は、江戸幕府との関係では大名（城主）であるが、島津氏本宗家にとっては支流垂水島津家の二男家に当たる「御家ノ御二男家」であり、表向きは「御末家ノ故ヲ以殿等可申」、「御内々又ハ自分ニ申上候節ハ様ト可申候」などと示される。薩摩藩で正徳三年に実施された島津氏庶流の名字・名乗改めは、吉貴の意向に基づき佐土原藩内でも行われている[27]。

このように家格・役格の整備に併せて、正徳期以後には家格や役格に対応する書式統一がすすめられた。吉貴隠居（享保六年）以後についてみよう。先に享保一二年一一月付の支配分けに関する通達から、吉貴がなお藩政に影響をもつことを確認した。享保一二年一二月一四日付の通達[28]を次に挙げる。

一御近習役以上ノ御役人へハ衆文字相付、御用書付ニハ差図等ノ類可相調旨、主計殿（樺山久初）ヨリ左近允与太夫（尚方）御取次ニテ、屹被仰渡ニテハ無之候、寄々可申通旨被仰渡、

享保十二未十二月十四日

近習役以上の「御役人」[29]へは「衆」文字を付けることが指示されている。翌一三年二月の家老種子島久基の通達[30]でも、近習役以上の「御役人」への御用につき遣わす書付には「御近習役衆」「御用人衆」といったように「衆」字を用いるように示された。ただこの通達内容が必ずしも遵守されなかったため、享保一九年五月二四日には、改めて近習役以上の役で「其御役人ノ仮名ニ殿文字用候程ノ儀」は、証文でも役名に「衆」の字を付けること、以下の諸役人では役人の仮名に「殿」文字を付ける場合でも、役目に「衆」文字は付けるに及ばずと指示されている[31]。享保一二年の通達が「寄々可被申通」とされたものの、これが不徹底だったことが確認できると共に、役格に関わる統一的記載の徹底が意識されてきたことも窺える。また書式の統一については、正徳年間に頻繁にみられた家格に応じたものから、（特に重役へ対する）役格に応じた書式の指示が中心となっている。

吉貴が藩政に復帰した元文五年（一七四〇）八月以後の事例をみる。寛保元年（一七四一）三月晦日の仰渡には、近習役以上へは「衆」の字を用い、「小役人格」の者から「御役人」への宛書などには、例えば「物奉行所」「御物奉行衆」と書き調えるように示され、翌年三月三〇日付の仰渡には、「小役人格」から「御役人」への公用文書の宛書、「御用文箱」への上書は「所」「衆」を付して慇懃に書き調えることとみえ、役格に応じた記載の徹底が指示されている[32]。この間、寛保元年一二月付の島津久豪達書[33]では、「物頭抔ヨリ御目付へ遣候書付ニハ衆ノ字可相付事」とされている。これは目付が「御家老衆抔ヨリ被遣候格合」であり、物頭などよりの書付には麁礼にみえるとの「御沙汰」があったためで、「衆」の敬称使用徹底が図られていること、一方でこれらの通達の不徹底を示している。

なお家格に対応した通達では、元文五年正月二七日付の仰渡で、拝領目録折紙について垂水・越前（重富）・加治木島津家の一門家以下、家中や寺院などについて、引合紙・大奉書・中奉書、軽い場合の杉原紙など、格に応じての料紙を指示している。料紙や通達方法は、勿論役格に応じても指示された。元文二年一二月には、諸人から差出の口上書などには、近習役以上は杉原を用いてよいこと、「御用触」の場合も、近習役までは用人から手紙にて申し遣わし、留守居以下は触書で出すこととされている[34]。元文五年三月付の通達では、御光儀願、御役・地頭職の御礼願、御直元服・御名代元服・御前元服・元服の御礼、初めての御目見願、家督・継目の御礼願については、近習役以上は杉原以上の紙を使用とされ、従来通りこれらの願書は竪紙に認めること、他の申出は、文言の長短により切紙も用い、「手細有之様」に認めること、下紙類は麁相のものでも苦しからずとされている[35]。このように役座・役格と家格の整備や藩の経済状況に対応した藩政文書の書式統一が確認できるが、一方で近習役以上への敬称使用の不徹底が目立つ（表4）。

2　一八世紀後期―重豪の時代―

家格・役格に応じた書式統一の指示は、吉貴代に続いて重豪の代[36]に確認できる。安永二年（一七七三）九月の通達では、一門家に対する、または一門家から発出される「文通格式」について、①大身分、②家老及び独礼、③若年寄・大目附・同格、④一所持・同格、⑤寺社奉行・勘定奉行・与頭・番頭・寄合、と具体的に規定される[37]。

藩の重役に対する通達についても再確認されている。天明四年（一七八四）九月付の申渡では、「御側役（以前の近習役）ヨリハ重御役」であるため用達を付けられ役人も許されており、諸役所から御用の程合いにより用達・役人を呼び申渡すこととされていること、それにも拘わらず格下の役柄の面々が、直名前をもって軽い用向などを触書で通達し、また上納物などの書付などにも直名前で通達していることについて「御役ノ高下モ不弁、甚如何ノ儀」と藩主重豪が問題視していること、以後側役以上には役柄の下がる者からの直名前での御用通達を禁止し、直に通達せざるを得ない御用の場合は月番用人へ理由を伝え、月番用人から「何方御役所へ御用ニ付罷出候様」に切紙で申達すようにとされている。(38)

通達する際の役格に応じた書式統一は、天明五年二月二九日付で示されている。具体的には、従来役替や主要な御用では着服麻裃で側役以上は切紙、以下は触書とされてきたが、以後切紙などでの通達は①「御前御用御家老直達」、②「御家老直達」、③「御側役以上無役之寄合以上へ御用人等ヨリ」、④「御留守居以下御役人限寄合並へ御用人等ヨリ」、⑤「諸士へ御用人等ヨリ」の場合に分け書式や料紙・上包などを改めるとの指示がなされ、取仕立て認様について示された。(39)また、役職にある者とそうでない者の、諸書付の表記も区分される。(40)

一八世紀前期の吉貴、後期の重豪の代に、藩主や島津氏一門家以下または上級役職への上申、相互の問合や報告、下達の書式ついて度々通達がなされた(41)状況が窺えるが、これが不徹底な事態も指摘される。寛政元年（一七八九）九月の申渡では、諸座相互の問合書などは、役名で出す場合は、宛書に役名を記すこと、役所から出す場合は、役所宛に認めるように先年通達したものの、役所から役名宛もあり、不統一の状況であることを指摘した上で、「向後不並ノ儀共無之様可認候」とされている。(42)家格や役格を明確に文書の通達方法や書式で区別しようとするものの、実際に各役座における文書作成・通達の徹底には課題が残されていたことが推察される。

重豪の薩摩藩内に対する認識を示す事例を挙げよう。明和八年（一七七一）一一月一九日、家老以下諸役吏を集めての示達に「御當国之風俗以前より致来と覚候哉、御役人軽重之差別薄様有之、餘国之風義相替御気毒候、（中略）重キ職分之立候程之会釈者可有之儀候（後略）」とあり、役柄軽重の別の徹底が意識されている。(43)この意識は、吉貴

表4　藩政文書の書式統一等に関する通達

藩主	和暦	年	西暦	月	日	家格・役格に応じた書式・料紙など書式統一	簡素化・効率化・規格化・経費削減・情報管理など	『法令』巻・文書番号
綱貴	元禄	12	1699				家老座判紙での通知はその留まる所から６月末・12月末の年２回家老座へ返上	4-4372
	元禄	15	1702	3	21		所中の火災報告について別紙案文に従い報告するように指示	5-4814/5-4815
吉貴	宝永	4	1707	11	22		御用の通知は家老座判紙。（元禄12年の通達を記す）	4-4372
	宝永	5	1708	3			他国牛馬の病気・怪我への対応時の証文「大格ノ案紙」	5-4723
	宝永	7	1710	8			「上々様」無用、「上覧」→「御覧」、「上使」の唱え規定	3-3202
	正徳	2	1712	5		御一門の島津久住（加治木）・忠英に対する書状と返答の書式・文言指示		3-3239
	正徳	2	1712	5		家格・役格に応じた通達案文・敬語など様式指示		3-3186
	正徳	2	1712	11	14	佐土原島津家から薩摩藩主父子（吉貴・継豊）への敬語使用区別		4-3673
	正徳	2	1712	12	20		日帳・諸証文は理由が分かればよいので行数を多くするように指示	3-3206
	正徳	3	1713	1			諸座書付・諸帳文字を小さくして紙数削減、帳面行数を１行増やし９行とするよう指示（先頃文字の大きさ・紙数減少指示）	3-3204/3-3227
	正徳	3	1713	1	23	諸座からの書付の宛所における「殿」字使用対象を限定		3-3205/3-3228
	正徳	4	1714	1	14	支配の諸役人・勝手方へ「例ノ通」なされた通達～書付の料紙の長短について問題となる		4-4373
	正徳	6	1716				異国方御用など特に急用の宿次につき規定	5-4964
	享保	3	1718	6			不用の反古蓄積による、肝要の文書確認・検索がしづらい状況～諸座御用書付の帳留以後の処理について書付に応じて原文書保管・焼却処分・細工所や反古に再利用すると通達	4-3780
	享保	5	1720	5	10	御用筋につき諸座問合の書付で用人座へ差し出すものは「可被仰渡」と記すなど、文言の区分と統一指示		3-3195
継豊	享保	7	1722	6	19		諸座差出の御用筋書付が「文段長ク有之候」ので隙取となるので手短に認めるよう指示	3-3207
	享保	12	1727	9	2		諸座への御用通達で軽微なものは口達指示	3-3197
	享保	12	1727	9	6		帳留方法の指示。諸座への通達が宛名連名の場合、その座の参照となる箇所のみ帳留して無用の部分は帳留しない（倹約政策の一環）	3-3198
	享保	12	1727	11		支配分けに応じての願書提出について指示	諸座御用が多く吟味の不届や首尾書留が二重となる事態が指摘されている	3-2971/4-3696
	享保	12	1727	12	14	近習役以上の御役人へは「衆」文字を付けるように指示		3-3231
	享保	13	1728	2		近習役以上の御役人へは「衆」文字を付けるように指示		5-5046
	享保	19	1734	5	24	近習役以上の役でその役人の仮名に「殿」文字を用いる程であれば役名に「衆」を付けるように指示（享保12年の通達の徹底をはかる）		3-3230
	享保	20	1735	11			諸座から江戸・京・大坂への書付が文字大きくなきように、字細く行間に朱書ができるように書き調えるよう指示（鹿児島でも同様）／御用筋の書付が文字読みかねる問題→緊急でも分かりやすく記載するように通達	4-3782・3783/5-4915
	元文	2	1737	7	18		京都への書状の包紙に急・不急を記載して弁別して移送の経費削減はかる	4-3713
	元文	2	1737	12		口上書など近習役以上は杉原使用許可		3-3233
	元文	5	1740	1	27	拝領目録折紙の料紙について一門以下格に応じての指示		3-3244
	元文	5	1740	3		御光儀願などに近習役以上は杉原使用許可。御光儀願などは従来通り竪紙、その他は文言の長短により切紙を用		3-3236/5-5105

	寛保	2	1742	3	30	「衆」を付して慇懃に書き調えるように指示		3-3234
	寛保	3	1743	12		御光儀願などは従来通り竪紙、その他は文言の長短により切紙を用いるように指示		3-2979/5-5111
宗信	延享	5	1748	2	29		手札紛失等の場合における次書・奥書の省略（直接書物を勘定所へ提出）	5-5126
重年	寛延	2	1749	12		御用につき報告する書付の月日附片に十二支を記すよう指示		3-3220
重豪	明和	2	1765	7	16		江戸国元簡の使便に諸人依頼の書類が経費負担・使者遅滞の要因	3-3240/5-4981/5-5170
	安永	2	1773	9			諸座の吟味遅滞・支配のある役座で支配下からの願書・訴訟について筆者の独断や遅滞が問題とされる	5-5231
	安永	2	1773	9		一門家の発給・受領の書札について、家格・役格に応じて規定される		3-3243
	安永	6	1777	1		御一門方・大御目付以上は勝手次第	式日御使の減少と、諸人書状増加・荷高～江戸・大坂・京と国元間の安否問や祝儀についてよんどころない場合以外無用	5-5293
	天明	1	1781	4			御前向き書付は文字小さく綺麗にする、ほか諸役所向書付・帳留・願書につき通達	3-3191
	天明	2	1782	2			前年4月の件不徹底	3-3190
	天明	2	1782	4		文言等人柄・役の高下で差別ありとする	前年4月の件不徹底～御前向き書付は文字太くなきよう改めて指示	3-3217
	天明	2	1782	9	20		京都への御用書付で急ぎは「急御用」引札使用の指示	3-3214
	天明	4	1784	8	12	月限伺・御目見得などの文書に部屋栖は家部元の名を肩書するが御役を勤める者部屋栖でも肩書免除。同年関連の通達		3-3209/3-3210/3-3211
	天明	4	1784	9		御側役（近習役）以上が重御役として、格下の役が直名前・触書で通達することを禁じ、側役以上の相互の通達は「御先代」に仰出されたように切紙で行うよう通達		3-3200/5-5451
	天明	5	1785	2		切紙など差出の場合を改め、書式・料紙・上包など指示		3-3181/3-3183/5-5479
	天明	5	1785	8		兵具方与力・同心を一紙に記載の場合同心一字下げを指示		2-1945/5-5517
	天明	5	1785	8	22		願書に張り紙をして願人へ返却・首尾書で報告。家老申渡の諸書付の口書「写」→下達・伝達者名を記すように指示	3-3188/5-5524
	天明	5	1785	8	22	支配下軽輩への通達記載文言の指示など		3-3189
	天明	5	1785	10	13		藩主の仰出でも末々で不用の件など除くように指示	3-3212
	天明	6	1786	1			家老申渡の書付を取次前に書写して渡す書面見返しの書式	3-3216
斉宣	天明	8	1788	7	23		通達の帳留用用紙持参し筆写するよう通達	4-3717
	寛政	1	1789	9			諸座相互の問合書などは役名→宛書も役名、役所→宛書も役所と先年通達したが不徹底／江戸・国元間の諸人相互の書状や家老への礼状なども折紙ではなく半切にすべしと指示	3-3196/3-3226/5-5746
	寛政	1	1789	10			保管文書管理規定（変更・情報管理など）	3-3213
	寛政	2	1790	9	26		諸役に調書を依頼すると本文の趣意を残らず記載し末にその座の差し支えの有無を記載する状況が問題～調書作成に際して、本文の意は肝要の箇所のみでよいとする。不必要な筆写は事務遅滞になるとする	4-3765/3-3224
	寛政	3	1791	12			調書作成を手間取らないように指示	3-3219
	（寛政	3カ）					諸願・訴訟事の書式を指定。関係者提出の諸願書が不必要に長く隙取り、帳留に場合も不経済との指摘～書式を統一して万事書付を短くするように通達	3-3112
	文化	1	1804	8			不時の御用終了後も臨時職員を置くことが問題化	5-6071
	文化	2	1805	5			江戸詰めで臨時の書役を縮小・定勤中心へ	5-6088

藩政期以来の認識でもあり、[44] 一八世紀を通じて藩主サイドの問題意識であった。吉貴・重豪の目指した藩政のあり方と、家臣団の実態との齟齬が指摘できる。

まとめにかえて―藩政文書の管理と経費節減・効率化の課題―

宝永元年九月の吉貴襲封以後、役職の任命形式・呼称、役職の序列などが整えられ、家格が確定され、名字・家紋・実名字・姓の規制が藩内及び佐土原藩に実施された。この家格と役格との整備に対応して、文書書式が整えられようとした。正徳年間には家格に応じた書式の指示がなされ、享保から寛保期には役職の整備と共に、特に近習役以上の「御役人」への文書表記が注意される。吉貴の時代にみられる行政的・社会的政策で重豪に受け継がれていく一例である。なお吉貴襲封の際に諸役人が役儀断りを申出た経緯があり、ために継豊襲封の際には勤務継続が指示されたことや、[45] 本稿ではふれることができなかったが、「島津家文書」（東京大学史料編纂所蔵）中で元禄期ころからみられる役職就任時の書継起請文が、宝永年間より側・奥向だけでなく表向の役職を含め多く書継がれたことなど、[46] 吉貴藩政期には各役座の役人以下藩士の奉職への意識が高まった、或いは高められようとしたことが推測される。しかし書式の統一がすすめられたものの、実態としては、各役座での徹底に課題が残されていたことは明らかである。

一八世紀初めの段階、藩庁では文書形式や通達文書の扱いの統一などが図られると共に、次第に各役座での文書の作成・提出・保管・整理について、特に文書量の増大・文書の増加傾向に対し簡素化・簡略化が正徳～享保期に図られている（表4）。各役座では、享保三年（一七一八）六月には原文書保管・焼却または反古としての再利用規定が出され、帳留された保管文書の変更に関する規定も、時代は降るが寛政元年（一七八九）一〇月に確認できる。[47] これらのことも、一八世紀における藩政文書管理への意識と取組を示す事例である。但しその徹底には、家格・役格に応じた書式統一と同様に課題を残していた。業務の簡素化に関わる公用文書の簡略化や効率的移送、また諸文書記載の文字に関わる通達に対して、実際にその通達がどの程度浸透したかは疑問であり、各部局での担当者の対応は不十分とされている[48]。このように藩政文書の書式の統一をはじめとする各役座の文書管理の不徹底は、藩政運営を担う家臣団の吏僚化・業務運営の効率化などの進展に関わる問題であり、一八世紀後期以後に継続する藩政の課題であったといえよう。

藩政文書管理の面からは、残された文書記録などから可能な限りの分析が必要である。私領や諸外城における文書管理の実態検討も、藩政の特色理解を深めよう。また、私領主の存在も薩摩藩の特色の一つであり、藩内有力諸家における独自性や意識の検討も必要である[49]。佐土原島津家のみならず、薩摩藩内の一門家四家をはじめ、万石以上の都城島津家や種子島家などについて、自家の認識と島津氏本宗家との関係の推移を検討することは、中世・近世初頭における由緒を強く意識する家臣団を擁した、薩摩藩武家社会の特色をより具体的に描く一助となろう。

註

（1）国立国会図書館蔵「石室秘考」中。

（2）『鹿児島県史料　旧記雑録追録』（以下『追録』）三の一二九〇・一二九一号。

（3）この間の事情について、拙稿「島津吉貴の時代」（『黎明館調査研究報告』二一、二〇〇八）。

（4）尾口義男「薩摩藩「享保内検」と幕府「享保の改革」」・「薩摩藩の人口」（『黎明館調査研究報告』一一、一九九八）、同「薩藩史研究上の人口動態からみた諸問題」（『鹿児島史学』四五、二〇〇〇）、『宮崎県史　通史編　近世下』（二〇〇〇）第六章鹿児島藩・同氏執筆分参照。正徳から享保期の史料にはかつて「御人少」であったが人口が増えたと記される。『鹿児島県史料　薩摩藩法令史料集』（以下『法令』）三の三三三五・五の四八五〇号、四八三三号、三の三三七六・五の五〇四三号、四八六一号。

(5) 三宅正浩氏は「書評　国文学研究資料館編『藩政アーカイブズの研究―近世における文書管理と保存―』」（『日本史研究』五六二、二〇〇九）において藩政文書管理の今後の研究方法・課題を提示された。本稿では「藩政の動向との関わり」（三宅氏論考四六頁）を念頭に検討したい。

(6) 芳即正『島津重豪』（吉川弘文館、一九八〇）八六～八七頁。西光三「近世大名家における葵御紋使用統制令の受容と展開―「御威光」の統制から藩主権威の形成へ―」（『立正史学』九六、二〇〇四）。

(7) 『法令』五解題。

(8) 表中「島津家歴代制度（島津家列朝制度）」は、諸文書検索用に項目別編纂された、幕府・藩の通達や文書案文・諸規定集であるが未完。『藩法集8』（創元社、一九六九）原口虎雄解題、及び『法令』一（二〇〇四）安藤保解題参照。「職掌紀原」は『鹿児島県史料集』Ⅵ（一九七六）所収。

(9) 『法令』三の二九七一号・四の三六九六号。比志島範房は隠居方家老。なお藩主継豊は同年一〇月九日江戸発、一二月五日に鹿児島帰着。

(10) 『法令』四の三七八五号。役格をめぐるトラブルについて拙稿「薩摩藩の法令と文書管理―島津吉貴藩政期を中心に―」（『鹿児島史学』五五、二〇一〇）。

(11) 初期は一五代貴久の弟忠将にはじまる垂水島津家。後に藩祖家久庶子の忠朗にはじまる加治木島津家が替わる。五味克夫「日置島津家と垂水島津家―系譜と家格をめぐって―」（『鹿児島女子大学研究紀要』一六―二、一九九七）参照。なお藩政初期の加治木家と本宗家間の対立について、拙稿「近世前期の島津氏系譜と武家相続・女子名跡」（『九州史学』一五二、二〇〇九）。

(12) 拙稿「薩摩藩記録所寸考（四）伊作家事件―島津氏支流の系譜・家格と記録所関係史料の紹介―」（『黎明館調査研究報告』一七、二〇〇四）。

(13) 『法令』五の四八三〇号。

（14）本文書は「一門」と城代・家老・若年寄・大目付以上の役格の礼事・祝儀に関わる前日通達の心得と関わるもの。『法令』五の四七五〇・四七五一号。

（15）『法令』五の四七六一・四七六二号。

（16）拙稿「島津吉貴の時代」及び「島津氏一門家の成立―越前（重富）島津家再興を中心に―」（『黎明館調査研究報告』二一、二〇〇八）。元文三年一一月に「只今迄御間柄ノ故」特別な格式であったが、以後は一所持の列を離れるとされ「一門家」が家筋として別格とされた。『追録』四の一二五九号。「大身分」は一所持内の三家の日置家・花岡家・都城家に宮之城家が加えられたが、天明六年（一七八六）に一所持から寄合並の惣名とされる。但し日置家以下の四家の格式は従来通りとされた。薩摩藩士の家格は一門・一所持・一所持格・寄合・寄合並が上士、小番・新番・大番（御小姓組）などの鹿児島士、大番格の外城衆中（郷士）、与力・足軽、そして各私領の家中士がある。

（17）『追録』三の一六七八～一六八〇・一六九五・一六九六号。同年、久儔（忠英）が私領を得て一所持・花岡島津家を立てたことも関連するものだろう。同家は従来の御書院から御対面所着座とされる。

（18）東京大学史料編纂所蔵・島津家本。藩記録所の調書類の写本。

（19）拙稿「薩摩藩記録奉行市来家年について―島津氏家譜編纂・家筋吟味と系図・文書調査―」（『鹿児島地域史研究』三、二〇〇六）、「島津氏「支流系図」に関する考察―名字・実名字規制及び家格と記録所を中心に―」（『黎明館調査研究報告』一九、二〇〇六）。実名字などの規制と藩主権力の強化・地位の絶対化、藩士の身分序列化の事例について、堀田幸義「近世武家社会における実名敬避俗と禁字法令―仙台藩を事例に―」（『史学雑誌』一一一―一〇、二〇〇二）がある。

（20）薩摩藩の文書管理に関しては、文書記録の伝来、文書群としての島津家文書の研究や家文書としての成立・収集、編纂事業との関連などの研究が深められてきた。拙稿『藩政アーカイブズの研究―近世における文書管理と保存―』（国文学研究資料館編、岩田書院、二〇〇八）第六章「鹿児島藩記録所と文書管理―文書集積・保管・整理・編纂と支配―」二九七～二九八頁註（2）（5）。

（21）『法令』三の二一三九号。

(22)『法令』三の三一八六号。
(23)先の正徳二年五月の通達で記載されないのは、前年一〇月に垂水家養子とされた小源太が未だ幼児であったためであろう。
(24)正徳三年の島津氏支流諸家の実名字規制で嫡子・二男まで「久」字を許されたのは、本宗家二男家の垂水・日置島津と久儔（後の花岡）家のみ。これに比して、この正徳二年の書式に関する通達では都城家が日置家と同格に扱われている点が興味深い。寛永一七年（一六四〇）に藩家老伊勢貞昌が「北郷（後の都城島津）殿もとハ殊之外大身」「御家のつゝきハ豊州・佐多・新納・樺山・北郷、如斯次第ハ御座候得共、如右北郷殿ハ御賞翫被成来候事」（『鹿児島県史料　旧記雑録後編六』一一八号）と記したような認識が働いていた可能性がある。
(25)『法令』三の三二〇五・三三二八号。
(26)『法令』四の三六七三号。
(27)都城大会において補論として報告した佐土原藩との関係は、紙幅の関係で本稿では省略する。なお、拙稿「佐土原島津家と薩摩藩―一八世紀前期を中心に―」（『鹿児島地域史研究』六、二〇一〇）参照。
(28)『法令』三の三三三一号。継豊・家老樺山久初は在国。
(29)近習役は、もと御目付役、宝永二年（一七〇五）九月に御側目付（吟味役が御目付となる）、享保三年（一七一八）正月に御近習役、安永九年（一七八〇）七月に御側役と改称。御近習役所は江戸・国元とも「格別ノ御用向取扱御役所」とされた。『法令』四の三九四二・三九四五号。また薩摩藩の役職で「御役人」とは大礼において肩衣をかけて勤める役で、以下書役（筆者）に至る、羽織袴で勤める小役人と分けられていた。
(30)『法令』五の五〇四六号。継豊・種子島久基とも在国。
(31)『法令』三の三三三〇号。継豊は在府、家老樺山久初は在国。
(32)『法令』三の三三二二・三三三四号。
(33)『法令』五の五一〇七号。
(34)『法令』三の三二四四・三三三三号。

(35)『法令』三の三二三六号・五の五一〇五号。なおこの通達は専ら「常式杉原紙用候面々」への通達であり、「常式杉原紙不用面々」でこの通達の趣を伝え知った場合には、軽事の場合、切紙での提出が受理されること、これに準じて組中から組頭への書付、外城からの切紙での書付も受理されることとされ、切紙の書付には上包にも及ばず、という内容が朱書で本文に付けられている。寛保三年（一七四三）一二月付の島津久純達書では、御光儀願以下の願書について、有来通り竪紙を用い、その他の申出の書付は文言長短により切紙を用い、竪紙で申出る者に対しては取次の用人から申渡し聞かせるように、と命じられている。『法令』三の二九七九号・五の五一一一号。

(36) 重豪の積極的な藩政展開は安永・天明年間（天明七年隠居）だが、「明和中期にその前兆はきざしていた」（芳即正『島津重豪』八三頁）。

(37)『法令』三の三二四三号。天明四年（一七八四）九月・同五年二月、斉宣への家督相続（天明七年正月）以後では享和元年（一八〇一）にも、役の高下に応じた通達方法が確認されている。

(38)『法令』三の三二〇〇号・五の五四五一号。側役以上で相互に御用を達する場合は、先代に既に達しているように切紙で御用を伝え、触書で申渡すことがないようにとする内容なども記される。

(39)『法令』三の三一八一・三一八三号・五の五四七九号。享和元年（一八〇一）五月には、倹約のため川田佐賢より改正内容の通知が命じられている。

(40)『法令』三の三二〇九・三二一〇・三二一一号。『法令』三の三一八二号。

(41) 例えば吉貴在国中の享保五年（一七二〇）五月一〇日の通達及びこれに続く同月の通達。『法令』五の五〇一九号・三の三一九五号。吉貴は六月二三日に参勤出発。

(42)『法令』三の三一九六・三二二六号、五の五七四六号。但し役柄で役名を認め難い場合は、取次・進達掛などの役名を認めよ、とある。

(43)『追録』六の八一七・八一八号。芳即正『島津重豪』六〇～六一頁参照。

(44) 吉貴の藩政や藩士のあり方に関わる、幕府や諸藩との相違の認識について、拙稿「薩摩藩の法令と文書管理」参照。

(45)『追録』三の一二六七号。

(46) 拙稿『藩政アーカイブズの研究―近世における文書管理と保存―』第六章「鹿児島藩記録所と文書管理―文書集積・保管・整理・編纂と支配―」二九六～二九七頁・註(89)。

(47)『法令』四の二七八〇号・三の三三一三号。

(48) 諸座の筆者（書役）については正徳二年二月五日付の通達で問題にされ（『法令』四の三四八一号）、以後も末端の実務担当者の監督問題などが指摘されている。これらの事例については別稿を予定。

(49) 本・支藩関係の論考は多い。家格と本藩・支藩関係について萩・長府藩の事例を取り上げた来見田博基「武家官位にみる本・支藩関係」（『日本歴史』六七一、二〇〇四）、内分分家の大名化について野口朋隆「近世大名家の分家「大名」化と幕府年中行事―「佐賀鍋島内分三家」を事例として―」（『日本歴史』六六二、二〇〇二）、仙台藩門閥層の江戸後期における、城主としての意識変化を論じたものに太田秀春「仙台藩の城郭にみる格式意識」（『地方史研究』五一―二、二〇〇二）がある。

都城島津家の領域意識と『庄内地理志』

山下　真一

はじめに

近世日本の地誌編纂事業については、一八世紀後半～一九世紀に幕藩領主による地誌編纂事業が行われるようになり、その影響を受けて、地域社会でも活発化したと言われている。[1] 鹿児島藩でもこうした動向の影響を受けて、同じ時期に『薩藩名勝志』・『三国名勝図会』といった地誌の編纂が開始されている。そして、この藩の地誌編纂事業に連動して、同じ時期に都城島津家でも『庄内地理志』の編纂が実施された。

臼井哲哉氏によれば、近世日本の地誌編纂について、「近世領主制原理の制約下にあって、その実現には多大な困難を伴った」とされ、近世には、全国的規模での地誌編纂は完結せず、明治維新政府の『皇国地誌』でようやく実現したという。[2] そのような状況の中で、幕藩領主の多くは行わなかったともいえる地誌編纂を、都城島津家のような大名家臣がなぜ、何を目的に実施したのか。または、実施することを選んだのであろうか。このことは、地誌編纂が「政治的行為」[3] であるということを考えれば、大名家臣の領主としての性格を検討する上で重要な問題だといえよう。

さて、『庄内地理志』についての研究が本格的に行われるようになったのは、近年刊行された『都城市史』においてである。[4] ここでは、藩の地誌編纂事業との関係や、『庄内地理志』の作成者の確定、並びに書誌的情報について明らかにされたが、その調査の実態や政治的意図の検討については、まだ多くの課題が残されている。
そこで、本稿では、都城島津家で行われた『庄内地理志』の編纂事業の意味について明らかにすることを課題とする。

ここで、あらかじめ都城島津家の由緒について概観しておきたい。島津本宗家第四代島津忠宗の六男資忠が都城島津家の始祖で、彼は文和元年（一三五二）、足利尊氏から直接北郷三〇〇町の地を付与され、北郷薩摩迫に移住、その後、北郷を名乗るようになったと伝えられる。(5)北郷氏は永和～永徳年間（一三七五～八四）頃から都城を居城とするようになり、天文年間（一五三二～五五）、八代北郷忠相の代に都城盆地を統一、その支配を確立し、以来、ほぼ一貫して、都城を支配する領主として存在した。近世になっても領域の規模こそ縮小したものの、島津本家から旧領を安堵され、引き続き、版籍奉還まで都城領主として、自律的な領内支配を展開している。なお、寛文年間（一六六一～七三）に藩の命令によって、島津と名乗るようになり「都城島津」と呼ばれるようになった。

一　『庄内地理志』の概要

それでは、まず『庄内地理志』の内容を検討しながら、その中に見られる都城島津家の領域意識についてみていきたい。

『庄内地理志』といえば、都城地域の歴史資料として著名な史料である。これまで数回行われた『都城市史』でも積極的に活用され、特に戦前と戦後すぐに行われた『都城市史』では多くを『庄内地理志』に依拠している。(6)また、都城地域の歴史、特に中世・近世史を調べるときに、まず利用されるのが『庄内地理志』である。すなわち、『庄内地理志』は、都城地域の歴史理解に、今でも影響を与え続けている基幹史料であるといえよう。
これまでの研究では、『庄内地理志』は藩の『薩藩名勝志』編纂に連動して、二二代島津久倫の代である寛政一〇年（一七九八）から開始され、約三〇年の歳月をかけて編纂されたといわれている。
『庄内地理志』の編纂の開始状況については次の史料から窺うことができる。

【史料1】(7)

御記録奉行　北郷良之進
（外二名略）

右は今度庄内旧伝偏集被　仰出、右人々え古今伝来旧伝之儀偏集被仰付候に付、十五帖敷え座相立致筆立候様可被申渡候、此段申渡候、以上

午九月三日

北郷新太郎
取次北郷彦右衛門

右之被仰渡候間、筆取壱人被仰付度北郷彦右衛門を以申出、荒川佐長へ被仰付候

九月十五日　晴

一筑後様御事御広間え被遊　御出座候て、御目見被遊　御覧候に付、御記録座編集方取調無之

この史料は『庄内地理志』編纂に関わる「庄内旧伝偏集方」の日記「日々史」の冒頭部分である。すなわち、寛政一〇年九月三日に島津久倫の命で「庄内旧伝偏集方」が設置されたことがわかる。また、九月一五日には領主久倫が事業の視察を行っており、久倫のこの事業に対する強い意志が窺える。『庄内地理志』は、藩へ提出することを意図したものではなく、都城島津家が独自に編纂したもので、一一二巻と拾遺一巻という、全一一三巻からなる大変大部

なものであった。なお、そのうち、現存するのは一〇三巻である。

『庄内地理志』の位置づけについては、『庄内地理志』冒頭にある凡例から確認できる。史料を掲示しよう。

【史料2】(8)

一凡旧伝編集之事詳に部冊之郷村に配当す、由緒次第第一日向国之事、第二諸県郡之旧記、第三荘内之故事、第四北郷・中郷・南郷・三俣院、第五都城・安永・山田・志和池・野々美谷・梶山・梅北等は、何れも往古より領主・地頭之次第年月、第六其内之村名二十二ヶ所を分、第七は一村内之鹿倉・里山・門名・森林・野方之名并名所・旧跡・神社・仏閣之由来、川筋・土産物、郷村界縄引、一村之高頭に御検地度々之年鑑、御当家御領所不残故事来歴を分て誌之、旧記実録を糺し、文言は旧記之侭も、真文字家譜縁記之侭も有、不並

【史料2】では、日向国の由緒や、庄内の故事、領主・地頭歴任者と、その就・退任年月、村名、村ごとの地名・名所・旧跡・神社・仏閣の由来、村の範囲、史跡や寺社の景観スケッチ、村絵図、当時伝来した古文書・古記録・石造物の模写など「御当家御領所不残故事来歴を分て誌之（都城島津家領については残らず記す）」としている。そして凡例の二一条目に「此書巻数之内一冊にても紛失に及ハ、御領内相欠と同し、能取扱可念入事」(9)とあるように、『庄内地理志』が都城島津家領の象徴であることが宣言されているのである。なお、仮名書き、郷村別、ここでは都城の外城制度である五口六外城別の記載、現地への悉皆調査と「旧記実録を糺し」とあるように、従前の歴史的見解や史料の再検討、古文書・金石文の影写記載等、地誌への歴史資料集としての性格の付与など、化政期の地誌編纂事業の特徴を持っているといえよう。(10)このことから『庄内地理志』の編纂方針は、幕府や藩の影響を受けたものであることが窺えるのである。

二　『庄内地理志』にみる領域意識

1　「庄内」と領域意識

ここでは『庄内地理志』の記事から、「庄内」の意味、また都城島津家の「庄内」に対する意識について検討したい。まず、「庄内」についてみていこう。

【史料3】[11]

庄内往古之旧名にて、今に差通り惣名にて、往古先祖代に庄内一円伐取之地にて、領分手広、持高七万石に相足り不申候処（後略）

ここでは庄内について、「一円伐取之地」すなわち「先祖が自らの力で獲得した領地」との主張を行っている。それでは「庄内」の意味並びにその範囲はどうだったのだろうか。

【史料4】[12]

北郷・中之郷・南郷・都城・都嶋由来

諸県郡庄内

庄内称号、太古は嶋津御庄内と相唱申候処、嶋津御家号と成に付、中比より庄内と唱来、御庄内を霧之海と申候、朝霧不晴之間、高山より庄内を見降し候得は、則大海に無紛相見得、其内之高山故霧嶋と唱候由、開闢之比は湖にて、都城より高城境え流下て、大川之高瀬を湖水と申、近年通船以来観音瀬と申候は湖之縁之由、漸々年を経、川流地下り海津と成に付、霧嶋之縁にて嶋津之御荘御在所之故を以、御之字を用たると申事候、都城日本最初之都にて、人王初神武帝之御宮跡にて、諸県郡之管内県は諸百姓之居所にて、其内御庄内は今五畿内と申事之由御座候、近比天文・永禄之神社棟札、嶋津之御庄と相記申候、今、山城京と似寄四方峯山を連ね、風土景色遠見似寄候所と上方旅人之申所に御座候、御庄内を北郷・中之郷・南郷と相分、三郷取合之境を都城と申候、太古は宮古城にて候由、城内今都嶋申候て、小高築立之塚帝居御宮跡と申伝、宮古嶋之由、都城称号是より出候由、内裏御宮内之故を以、此辺之近村を宮丸村と唱、城内過半は五拾町村にて、宮丸・五拾町村は今之洛内申事之由、右宮古嶋は皇居を汚不申ため、築塚をして宮古神と相唱、小祠為在之由、今は植木御座候、然に御宮社兵火に焼れ、跡計残り候て久敷候得共、故実を存候者は于今崇敬仕候、然は観応二年筑前金隈合戦、嶋津尾張守資忠軍忠にて、文和四年十二月十二日、将軍足利尊氏公より庄内北郷之地を給り入部仕、家名を号北郷候、

（中略、傍線筆者）

戌八月廿六日　　　　　御記録方

この史料によると、庄内称号について、はじめは「島津御庄内」といっていたが、島津氏の家号となったために、庄内と呼ぶようになったとしている。また、庄内は「北郷・中之郷・南郷」から成るとされていることから、その範囲は、現在のほぼ都城盆地を指すといえよう。そして、初代資忠が軍功によって足利尊氏から「庄内北郷之地」を付与され、地名を家号としたことが記されている。さらに都城が日本最初の都であり、神武天皇の旧跡であるとし、その由緒を誇っている。このほか『庄内地理志』巻二には、庄内の範囲を図示し、都城島津家の石高とその領する村名が収録され、都城島津家の領地の範囲が明確に示されているのである。(13)

このほか、『庄内地理志』の中には、新田開発訴訟時の史料が収録され、ここで都城島津家が本家に対して、庄内

は元祖資忠以来、粉骨を尽くして懸命に保持してきた地であること、そして将軍足利尊氏から拝領したこと、豊臣秀吉から庄内安堵の朱印状を直接もらったことなど、庄内は北郷家が独自に獲得し、持ち続けてきた地であるとの主張がなされている。(14)

それでは、庄内と都城島津家との関係について、中世段階以降の実際の動向から確認してみたい。

まず、天文一二年（一五四三）八月、北郷忠相・忠親親子より霧島山へ山田のうちの水田を寄進したときに出された史料(15)の願文には、「庄内泰平」と記され、忠相親子が「庄内」地域を、自らの領地として意識していることが窺える。

【史料5】(16)

庄内之儀、雖為譜代之地、依天下之例被成検地、分国中就改易、幸侃被成下　御朱印、近年令居住候処、無道之驕有之間、加成敗、即始都城所々返遣、壱万石令加増候、然者各依粉骨之地、志和池・山田・野々見谷雖残置候、北郷家之儀、其方相続迄及十三代候歟、於当家代々一日片時無不忠之旨証文候由、承知候、且銘其感、且為今度之弓箭、右之三ヶ所宛行候、全被領地、弥可被抽忠勲候、入念諸式可相勤由申聞如此候、猶平田太郎右衛門尉・鎌田出雲守可申候也

慶長五年十一月廿三日　　忠恒

北郷次郎（忠能）殿

これは時代が下り、慶長五年（一六〇〇）北郷氏の庄内復帰後に島津忠恒から忠能に宛てたものである。ここでは「庄内」を「北郷氏譜代の地」としている。また、関連する同年の島津家家老から北郷家家臣に宛てた史料には「庄

内之儀、北郷殿依為御旧地、幸侃被改無道、始都之城所々被返遣候」[17]とあり、庄内は北郷氏の旧地であり、それを島津氏が北郷氏に「返し遣わす」と表現している。さらに、寛文一一年（一六七一）、藩主光久の実子である忠長が都城島津家を相続したが、それを「庄内跡職」と表現しているのである。[18]

以上のことから、北郷忠相が都城盆地を統一する一六世紀中頃から、「庄内」＝北郷領という意識が表れ、近世に至っても島津本家も同様の認識をしていたことが窺えよう。そして、島津本家は庄内を北郷氏に返し、北郷氏（都城島津氏）の領地支配を保障する存在として位置付けられているといえるだろう。

2　『庄内地理志』と『北郷勲功書上』

さらに、都城島津家の領域意識についてみるために、『庄内地理志』編纂と同時期に、藩提出のために編纂した『北郷勲功書上』の内容と比較してみたい。

まず、『庄内地理志』と『北郷勲功書上』の関係について検討しよう。

【史料6[19]】

　　　九月廿八日

一麑府御記録奉行所より庄内古戦場、里数・方角之儀御紀方被仰渡趣有之、且又都城旧伝編集方、此御方より被仰出、御記録方え編集被仰付、彼是之取調へ方として、今日四ツ時致出立候、尤佐長事、為筆取附廻候様被仰付候

　　　拾一月三日　　　　　　　　　　　重信弥市郎

一北郷家勲功記壱冊、中清書成就にて、今日河合正八郎差出有之候に付、右勲功記壱本、古戦場麁絵図壱枚取揃

差上候間、追て本清書之上鹿府へ差上候筈にて候

この史料から、『北郷勲功書上』は「庄内旧伝偏集方」において、『庄内地理志』編纂と併せて行われていることがわかる。

【史料7】[20]

右者此節御改撰方御用ニ付、当家之儀者古キ家柄ニ付、旧功之伝来も有之筈候間、相しらへ申上候様被仰渡、相糺シ申候処、中古以前之事跡、右之通ニ御座候、尤代々引続キ関ヶ原一乱之節も人数差登セ、其後忠恒公御上洛之節者、御安泰を祈りて御書を賜ひ、犬追物御張行之節者、佐多・新納之訟を鎮めて御感ニ預り、琉球御征伐ニハ人数致渡海て、大嶋・徳嶋を攻随へ、御人質としてハ代《カワリ》々江戸江在勤、両大坂陣立、嶋原陣ニハ先手を整へテ発向せしめ、江戸御留守之時ハ　公命を蒙りて□務を摂し、福山野之御馬追ニハ六拾騎之進退を高覧に備へ候等之節々、御袖判之正書等、都而近代之儀者不申上候、以上

戊午十一月

御記録奉行　北郷良之進
右同　重信弥一郎
稽古　神田橋新左衛門

この史料は『北郷勲功書上』の奥書である。この記述から『北郷勲功書上』は藩の改選方の御用、おそらく『薩藩名勝志』の編纂事業に関連して、藩から提出を要請され編纂されたものであることが想定される。そして、その内容は「旧功の伝来」つまり「島津本家への旧功、功績をまとめたもの」といえよう。そこで、一例として、北郷家誕生の記述についてみておこう。

【史料8】(21)

一観応二年辛卯九月、筑前金隈合戦之時、甥君又三郎氏久公奉介助、一色典厩殿手ニ属シ、抜群之戦功仕候間、道鑑公御喜悦不斜、即尊氏将軍江御注進被遊候処、文和元年尊氏公御感状并北郷三百町知行配分之証書を以被下之、日州北郷ニ入部いたし、郷内安永薩摩迫と申処江居住仕候、依之北郷氏と申候、翌年五月、於京都被任尾張守候（傍線筆者）

この傍線部の記事から、北郷家の誕生の由来に鹿児島の島津本家との関係が記述されていることがわかる。つまり、『北郷勲功書上』は北郷家（都城島津家）が、いかに島津本家のもとで活躍したかが記されているのである。これに対して『庄内地理志』は、先にみたように庄内と家臣も含めての北郷家・都城島津家の独自の由緒、島津本家とは別個の、南北朝以来の「庄内領主」としての由緒を主張しているといえよう。

以上のことから、ここで検討した「庄内とは何か、都城島津家の領域意識はどうようなものだったのか」ということについてまとめておこう。「庄内」とは、ほぼ現在の都城盆地を指し、一六世紀中頃から「庄内」＝「北郷家の領地」という意識ができてきたこと。また、「庄内」は都城島津家が独自に獲得した地で、島津本家とは別個の由緒であること、そして、島津本家はあくまで都城島津氏の庄内の保持を保障する存在として意識していたといえるだろう。

三　『庄内地理志』編纂の意義

1　編纂時期の状況

まず、『庄内地理志』の編纂時期の状況を窺ってみたい。表1からわかることは、家臣等による犯罪の記事が数多

表1　宝暦〜文政期の都城島津家関係年表

年代（西暦）	事　　項
宝暦 3(1753)	6. 大風水害あり　8. 大雨洪水。大損害を受ける
4(1754)	2. 木曽川治水工事に着手。都城からも出銀等（30 万両分担）
5(1755)	3. 木曽川治水工事竣工
6(1756)	この年桜島噴火
8(1758)	7. 大風あり。10. 本町出火残らず焼失。
11(1761)	10.久般上洛　借銀かさみ、家中・百姓難儀一大事のこと
12(1762)	3. 江戸芝藩邸焼失
明和 2(1765)	6・7・8. 三度の大風雨洪水
3(1766)	4. 桜島噴火鳴動。 6. 桜島噴火鳴動。8. 借銀 122900 貫余に及び、所帯座難渋
4(1767)	6. 藩主重豪東目巡見で都城屋敷宿泊　9. 農業強化、漆　12. 鹿児島屋敷に重豪訪問
5(1768)	12. 下新町出火
6(1769)	7. 大地震、兵具前蔵・納戸蔵破損
7(1770)	5 月〜8 月諸国日照り
8(1771)	5 月〜6 月日照り、田地仕付不調　7 月より霧島山噴火、翌年まで
安永 2(1773)	造士館建設の聖堂御手伝普請　楮栽培の強化
3(1774)	鹿児島屋敷新築地調え　12. 都城家来下人刀盗み罪一等減じ徳嶋遠島
4(1775)	3. 大鷲巣家中倅による殺人事件、11 月犯人牢死
5(1776)	1. 諸外城の感冒流行、4 ヶ月に及ぶ。 3. 川東衆中斬罪　5. 宮丸住人斬罪
6(1777)	5. 本町の者遠島　この年から人配政策、川辺郷から都城（83 人）などへ
7(1778)	4. 組掟の拝聞・組頭による「条書」の申渡し　5. 都城屋敷に学校所（稽古所）設置　7. 無類の大風雨、倒家 1761。
8(1779)	9. 都城大地震あり、余震翌月に及ぶ。安久元牧にて久倫火術御覧　10. 桜島噴火
9(1780)	8. 桜島噴火、小津波あり損害多し。 10. 桜島また噴火、小津波。
天明 1(1781)	4. 桜島噴火。6. 元家中士斬罪　7. 久倫、安永諏訪式正之社参　10. 上長飯衆中乱心にて親に傷害、牢死、死体取捨て　12. 桜島噴火。 借銀元銀 57602 貫 315 文
2(1782)	8. 桜島噴火。 11. 凶年
3(1783)	3. 凶年に付、米等配給　6. 三重町・後町火事、87ヶ所焼失
4(1784)	10. 北田部村辻風で米穀損失・倒家
6(1786)	名頭のみ名字御免　8. 大風、寺柱筋倒家多し。
7(1787)	2. 火事にて士屋敷62ヶ所焼失　大凶年で公儀より御救米　当年諸国一等凶年
8(1788)	2. 忠能 158 年二厳寺にて法事　兼喜宮再造　9. 安久衆中磔
寛政 1(1789)	5. 元家中士斬罪　6. 上使巡見、都城宿泊　7. 時久御廟、祁答院から改装
2(1790)	3. 久倫、観音瀬開削について藩に認可願提出　8. 久倫下国
3(1791)	12. 福山御仮屋類焼
4(1792)	当年大凶年、極貧者に米銭、救済者へ褒美　7. 倹約座設置
6(1794)	1. 牢破り、三人行方知らず　6. 夜串良の者、兼喜宮宝殿の品盗み　11. 雑物蔵出火
7(1795)	8. 大風、田地虫入
8(1796)	5・6・8. 大風洪水都合当年 4 度。当年災害によって諸所大破
9(1797)	11. 刀改　安永花村門殺害事件、12 月に犯人逮捕
10(1798)	8.大風・洪水　9. 当年の災害に付諸所見分
11(1799)	2.桜島噴煙降灰、麦作損す。
文化 3(1806)	3. 借銀 219590 貫 620 文、天明元年から当年まで 25 年の災害費用等の借銀
13(1816)	夏、田地大虫入り。 8. 二度の大風雨洪水田畑痛み多し。
文政 4(1821)	12. 霧島山噴火。
11(1828)	7.大雨洪水。戌年より 51 年目はじめての大水。
12(1829)	5.夜入りより大風雨、近年非常の大風雨。

（出典）『鹿児島県史年表』（鹿児島県、1967 年）、『日本噴火史』（震災予防調査会、五月書房、1982 年）、『鹿児島県史料集(25)三州御治世要覧「年代記」』（鹿児島県立図書館、1984 年）、『年代実録』（安山松厳都城島津家史料）

表２　都城島津家借銀変遷表

年代	借銀額（貫文）	備　考
明和 3 年（1766）	122,900.000	
天明元年（1781）	57,602.315	財政運営の努力
天明 8 年（1788）	80,880.206	藩財政難による献金 35,000 貫文
寛政 4 年（1792）	139,000.000	災害多発による。7月、倹約座設置
寛政 5 年（1793）	141,900.000	久倫自ら財政収支を見分
文化 3 年（1806）	219,590.620	天明以来の災害対策
文化 14 年（1817）	250,000.000	文化 3 年以来 8 ヵ年の災害対策
文政 13 年（1830）	135,985.000	財政支出の抑制、利払いの停止。利息引き下げ

（出典）『都城市史　通史編　中世・近世』（2005年、1122〜24頁）、『年代実録』

く見受けられること、人配政策や桜島の噴火による被害によって、多くの人が都城へ流入したこと、桜島の噴火や風水害などにみられるように、この頃は自然災害が多く発生していることがわかる。特に天明七年（一七八七）の飢饉、桜島の噴火、木曽川治水工事や藩への献金等を考えると、都城島津家では財政逼迫、つまり財政上の問題や領内支配の弛緩が想定される時期であったといえるだろう。財政難については、表２から化政期に借銀がかさんでいる状況が窺える。また、この時期にあわせて寛政四年（一七九二）七月には、久倫によって倹約座が設置されていることからも、先の指摘を窺うことができるだろう。

家中や領民による犯罪が、領国統制の弛緩を生み出したことについては、天明六年（一七八六）から、都城で親孝行などの領民に対する褒賞を行うことや[22]、安永七年（一七七八）四月、組掟の拝聞・組頭による「条書」の申渡しを行うことが、久倫から申し渡されていることなどから窺えるだろう[23]。

【史料9】[24]

覚

一（一条目）御奉公に相勝候人、又は家内中睦親え孝行之人、文武之事に出情之人、與中より可申出事

一（三条目）與中互に申談、男女共に子共躾方至極入念可生立事

一（四条目）男子之儀は第一読書大形にては御奉公難勉候間、可存此旨事

一（五条目）漸々為人交不悪様申教、武芸学文可相進事

一（十一条目）士之業作を相迦及牢込候人、先年以来多々有之候、以来之儀は末々者共え相交、分情不相立不所行にて、縄目之恥を受候者存命候ては、親類・與中迄可為不覚候、平常此旨を可相嗜候、勿論諸法度を常、就中御大禁之一向宗等之儀可為同断候事

これはその条書の一部である。史料の一一条目からも、この時期に家臣の緩み、家臣による犯罪が多発していることが窺え、第一条目や四条目・五条目では親孝行、武芸・学問を行うよう諭していることがわかる。これに関連して、表1からわかるように、同年、久倫によってのちに明道館と称されるようになる学校が都城に設置されている。さらに先にみた親孝行者への表彰については、一条目で「與中より可申出事」と、親孝行を実施している者を積極的に表彰することが示されているのである。

こうした時期に諏訪神社祭礼も復興された。この諏訪神社の由来については、鹿児島諏訪神社に参詣した資忠の袖に鎌が飛来し、それに感動した資忠がその鎌を神体として創建したといわれている。[25] 資忠に由緒を持つ諏訪神社は、三つある「領内大社」の一つであり、都城島津家にとって重要なものとの位置付けがなされていた。[26]

まず、諏訪祭礼の概要について見ると、諏訪神社は都城の鎮守的存在で、例年七月二八日に開催されている。しかし、領主の直接参詣は長い間行われておらず、天明元年（一七八一）、九五年ぶりに久倫によって行われている。[27]

祭礼には多くの領民が参加して、領主館から諏訪神社へ領主を囲んだ行列で移動し、諏訪神社では、領主が領内の五穀豊穣と安泰を祈願する。神社では、祭礼行事を見物するための身分別の桟敷が設置され、領主による相撲勝者への褒美と参加者への酒の振舞が行われている。この領主が参拝する諏訪祭礼の機能については、以前明らかにしたが、それは領主と領民の出会いの場であり、準備や行列によって、領内秩序の視覚化が図られたもので、領内統合の

役割を担い、領民の支配装置として機能していた(28)。

また、諏訪祭礼は「神馬弐疋　御父子様より御進納にて、壱疋は高城之神馬参り、壱疋は都城之神馬参、仙厳（北郷忠相）様は高城え御在城、忠親様は都城え御在城、御父子様より御進納之御旧例に候、然は　仙厳様初之事候(29)」と伝えられ、それは天文年間に庄内統一を果たした八代北郷忠相に由来するという。ところで、最近若山浩章氏によって祭礼の内容は一定ではなく、変化しているという指摘が行われている(30)。こうしたことから考えると、久倫は領内統合を意図して、庄内を獲得した初代資忠と、都城盆地統一の立役者である忠相に由来するという諏訪神社祭礼儀式の「伝統」を改めて創りあげ、復興させたといえるだろう。

さらに『庄内地理志』編纂が実施される少し前に、大淀川河川改修事業である観音瀬の開削も行われている。

【史料10(31)】

右三ヶ条御願申上候、私乍不肖、御国万人之為に相成儀相謀度念望于今御座候、皇祖尾張守資忠已来、就中讃岐守忠相・左衛門尉時久抔は為御国分て致骨折候者故、其志を継申度、何そ御国益之基に相成儀致発起度、数年砕心肝、右之件存付委細に相試候上、御願申上候事に候、尤五百治通船に付、国益旁々覚書并略絵図相添差上候、猶又微細之儀は、差当り役人共より、向々え相付可願出候間、此意を以御免被仰付被下候様、御中上可被下候、

以上（傍線筆者）

戌三月二日　　島津筑後

これは、寛政二年（一七九〇）の島津久倫による観音瀬開削工事の願書である。この事業は財政難に対応して、貿易拡大による経済の活性化を企図したものであった。ここでは、自らが治める国万人（領民）、国益のために開削工事を行うということが記されている。それは都城島津家の祖先である資忠・忠相・時久が国のために懸命に尽くした

人々であり、その遺志を受け継ぐというものであった。つまり、ここでも久倫は諏訪祭礼と同様に、資忠と忠相を意識していることがわかだろう。

2　『庄内地理志』編纂の意義

以上のことを念頭に、島津久倫はこのような時期になぜ『庄内地理志』の編纂を行ったのかについて検討したい。

これまで、『庄内地理志』編纂の契機については、全国的な地誌編纂のブームをうけて、藩による『薩藩名勝志』の編纂が実施されたのに伴い行われたとされてきた[32]。ただ、ここで重要なのは、藩提出用の資料作成のための調査とは別に、都城島津家によって独自に『庄内地理志』の編纂が実施されたということである。

先に見たように、『庄内地理志』の編纂を行った同時期の一八世紀後半〜一九世紀前半、災害による飢饉等による財政危機、領民による犯罪の多発にみられる領国支配の弛緩などから、久倫は組掟の拝聞や条書の組頭による申渡し、諏訪祭礼時の領主直参の復活・整備、学問所や武道館の設置を行い、さらに観音瀬開削事業を実施、展開した。親孝行などの領民に対する褒賞は、領民の犯罪の増加に対する領主による領民教化策とみることができよう。また、天明元年の諏訪神社祭礼は先に述べたように、領主祭礼に領民を動員することで階層秩序を可視化し、領内統合の役割を図るものであり、領民の精神的な支配装置として機能したものであった[33]。つまり、久倫は緩みつつある領内の引き締め・統合を意図して、諏訪祭礼儀式の「伝統」を創りあげ復興させたと考えられる。そして、この後に『庄内地理志』の編纂が開始されたのである。

『庄内地理志』には、巻一において「庄内」の範囲を図示し[34]、凡例に「一村之高頭に御検地度々之年鑑、御当家御領所不残故事来歴を分て誌之[35]」とあるように、都城島津家の石高と領する村々が収録され、都城島津家の領地の範囲を明確に示している。

また、同じく凡例に「当所士先祖、戦死・殉死・勲功・武術・学方の人物は、その居所屋敷、又墓塚にも二重記も有[36]」とあるように、家臣の家の由緒を掲載し、北郷家・都城島津家との関わりが強調して記されている。さらに、領内の人物で都城島津家に勲功があった者は身分に関わらず掲載するとし[37]、実際に『庄内地理志』には表彰者の掲載が多くみられ、領民の模範が示されているのである[38]。

こうしたことから考えると、島津久倫は財政難や家臣支配の緩み等を受けて、家臣・領民の統制、領内統合のために領主直参による諏訪祭礼を再興し、さらに倹約令や観音瀬開削等によって財政改革を目指したといえる。そして、領内の統合をさらに推し進めるために、財政難にも拘わらず、都城島津家独自に『庄内地理志』の編纂を行ったものと考えられる。

おわりに

最後に、これまで明らかにしたことをまとめておこう。はじめに述べたように、近世の地誌編纂事業は、近世領主制原理の制約下で幕府の意図した全国的規模での地誌編纂は未完結であったといわれている。そのような状況の中で、財政難にも拘わらず、多大な財源が必要な地誌編纂を領主が実施したのは、幕府や藩の命令という受動的な契機だけでなく、主体的に実施する明確な意図・目的があったものと思われる。

都城島津家の領域と意識される地域は「庄内」といわれる範囲であり、それは島津本家との関係とは別個に自らの力で獲得した地、それは、中世以来守り続けた地域であるという意識があったのである。そして、島津本家は、あくまで都城島津家の領域支配を保障する存在として意識されていた。

島津久倫は、領内支配の弛緩から、初代資忠や、庄内統一を果たした八代忠相の由来を持ち出し、「庄内」は、都城島津家の初代以来の領地であることを改めて主張する。そのために行われた施策が、諏訪神社祭礼の式正社参の「再興」、観音瀬開削事業などであった。そして、財政難にも拘らずその集大成として行われたのが、事業期間約三〇年、全一一三巻にも及ぶ『庄内地理志』の編纂事業であった。それは「庄内」が都城島津家にとって、初代資忠以来の独自に守り続けてきた領地であることを改めて主張し、領内の統合を目指して領内向けに作成したものであったといえるだろう。

『庄内地理志』編纂事業は、久倫が政治的必要性から実施したもので、都城島津家の領国支配の正統性、その自律性を領内に主張したものだったのである。

この中では、本家島津家とは別個の由緒が強調されていることに特徴があり、ここに、近世大名島津家領内における支配の重層性が改めて示されているといえるのではないだろうか。

註

（1）羽賀祥二『史蹟論』（名古屋大学出版会、一九九八年）。白井哲哉『日本近世地誌編纂史研究』（思文閣出版、二〇〇四年）。

（2）白井哲哉「近世政治権力と地誌編纂」（『歴史学研究』七〇三、一九九七年）。

（3）同前。

（4）原口泉「近世地誌における庄内地理志の位置」（『都城市史　史料編　近世1』、二〇〇一年）。重永卓爾「『庄（荘）内地理志』の成立年代と編集に携わった人々」（『都城市史　史料編　近世1』。『都城市史　通史編　中世・近世』、

二〇〇五年、一二六九〜九三頁。高野信治「領域意識と地誌編纂」（同著『近世領主支配と地域社会』校倉書房、二〇〇九年、初出は『地方史研究』二九八、二〇〇二年）。
(5)「島津家由緒覚書写」（『宮崎県史　史料編　中世二』、一九九四年、都城島津家文書八―（九））。
(6) 一九五四年と一九七〇年に刊行された『都城市史』。
(7)「日々史」（『都城市史　史料編　近世1』（一〇八）頁）。
(8)『庄内地理志』巻一（『都城市史　史料編　近世1』三頁）。
(9)『庄内地理志』巻一　凡例二一条目（『都城市史　史料編　近世1』七頁）。
(10) 前掲註（4）に同じ。
(11)『庄内地理志』巻十七「他方人問答記」（『都城市史　史料編　近世1』七六二〜七六八頁）。
(12)『庄内地理志』巻六十六（『都城市史　史料編　近世3』、二〇〇三年、五三九〜五四一頁）。
(13)『庄内地理志』巻二（『都城市史　史料編　近世1』五四〜六八頁）。
(14)「正徳元年三月三日付島津久龍口上覚」（『庄内地理志』巻七十、『都城市史　史料編　近世3』七二四〜七二六頁）。
(15) 北郷忠相・忠親連署寄進状（『都城市史　史料編　古代・中世』、二〇〇一年、中世―五九八）。
(16) 島津忠恒宛行状写（『鹿児島県史料　旧記雑録拾遺　家わけ6』、一九九六年、「北郷文書」五五）。
(17)『都城島津家史料』、一九八九年、三―一二七。
(18)「島津光久仰出書写」（『鹿児島県史料　旧記雑録拾遺　家わけ6』「北郷文書」二〇六）。
(19)「日々史」（『都城市史　史料編　近世1』（一一二）・（一一三）頁、（一二三）頁）。
(20)『北郷勲功書上』奥書（都城市教育委員会所蔵都城島津家史料）。
(21)『北郷勲功書上』（都城市教育委員会所蔵都城島津家史料）。
(22)『都城市史　通史編　中世・近世』（第二編近世　第三章第二節二、八八一〜八八四頁〈黒田安雄執筆〉）。
(23) 安永七年「条書」『庄内地理志』巻二（『都城市史　史料編　近世1』一〇〇・一〇一頁）。
(24) 同前。

(25)「古跡記」(『庄内地理志』巻七十六『都城市史　史料編　近世3』九四七頁)、『三国名勝図会』都城之一。
(26)『庄内地理志』巻一　凡例三〇条目(『都城市史　史料編　近世1』八頁)。また、同じく凡例の一七条目に「安永諏訪御神事に付、諸村門より旧式に相掛所神社之部に記候といへとも、夫々之場所書入、諸座に掛る所ハ其座にも入、二重三重にも配当す」とあり、ここでも諏訪神社の重要性を窺わせている。
(27)拙稿「都城島津氏と諏訪神社祭礼」(『宮崎県地域史研究』九・一〇合併号、一九九七年)。
(28)同前。
(29)『庄内地理志』巻七十六(『都城市史　史料編　近世3』九八九頁)。
(30)若山浩章「都城島津家文書『安永諏訪御神事旧例覚』について」(『都城地域史研究』一〇、二〇〇四年)。
(31)寛政二年三月二日付「島津久倫口上覚」奥書『庄内地理志』巻二十九(『都城市史　史料編　近世2』、二〇〇二年、四七・四八頁)
(32)前掲註(4)。
(33)前掲註(27)。
(34)前掲註(13)。
(35)『庄内地理志』巻一　凡例(『都城市史　史料編　近世1』三頁)。
(36)『庄内地理志』巻一　凡例四二条目(『都城市史　史料編　近世1』九頁)。
(37)『庄内地理志』巻一　凡例二五条目(『都城市史　史料編　近世1』七頁)。
(38)前掲註(22)。例えば『庄内地理志』巻六十九(『都城市史　史料編　近世3』六七一頁)。

Ⅲ　地域統合と境界性の変容

明治期の行政史料と地域社会―宮崎県庁文書を中心に―

有馬　学

はじめに―宮崎県庁文書との出会い―

日本史研究者なら誰でも、その人の研究を方向付ける上で重要な意味をもつ史料、あるいは史料群と出会うという経験をもっているのではないだろうか。筆者の場合、宮崎県庁文書がその一つであった。ここではある事情から、筆者と宮崎県庁文書との出会いから話をはじめたい。

ある事情とは、今回の地方史研究協議会都城大会が実施されるに至るプロセスにある(1)。今回の大会実施には、宮崎県地域史研究会のこれまでの活動を総括した一応の区切りという意味があったと筆者は思う。宮崎県地域史研究会の立ち上げに際しては、その担い手の多くが宮崎県史編さん事業にかかわっていたという事情、そして県史編さんの成果をまっとうに発展させようという意志があったことは間違いないと思う。その延長上に、都城市史編さん、都城島津家文書の調査などの諸事業をメンバーの多くが何らかの形で担うという経緯が存在したのである。なぜ都城市で開催されるのかは、以上の経緯に尽くされると思う。そして筆者自身はそのような経緯の全体に、濃淡はあるものの関わりを持ち続けたのであり、そうした事情の起点に宮崎県庁文書の存在があったのである(2)。

出会いを語る以上やや回顧的になる部分もあるが、しかし筆者はいま、すでに完結した物語を回顧しようというのではなく、いまもなおあるわだかまりを持って考え続けている課題の一端を語ろうとしているのであり、その点お許し頂きたい。

一　宮崎県庁文書の保存と継承

1　宮崎県庁文書とは何か

宮崎県史にかかわるようになって、旧県立図書館の書庫で初めて県庁文書に対面したときの印象は、今でも鮮明である。書棚からランダムに取り出した簿冊はたまたま明治二十年代の『郡行政』簿冊であり、そこにはたとえば町村制施行時の諸調査や末端からの答申書などが全郡について残されていた。また廃藩置県前後の簿冊がかなり保存されていることもすぐに目に付いた。それらは県庁文書の一端をほんの少しなぞったにすぎないものだったが、当時の筆者には衝撃的な知見であった。その後、少しずつそれらの県庁文書を見ていくなかで、その量的な膨大さは、おそらくは体系的な廃棄がなされなかった事による一定の網羅性をも示しているのではないか、したがって県の行政に対する末端の対応や、中央政府の政策に対する県の対応を、かなり網羅的に検証できるのではないかという予測をもつようになったのである。

とはいえそこには、同時にいくつかの問題も存在した。とりわけ重要なのは、次項でも述べるが史料学的な問題である。たとえば筆者はこれまで一貫して「宮崎県庁文書」という呼称にこだわってきたのだが、「宮崎県庁文書」の定義は実のところ曖昧なのである。そこでまずはじめに、県庁文書の伝来と保存、およびそこから生じるいくつかの問題について、簡単にふれておきたい（宮崎県庁文書の全般的な特徴については、さしあたり『宮崎県史　史料編近・現代1』〈一九九一年〉の拙稿「解題」を参照されたい）。

まず、筆者がはじめて対面した段階での文書群のあり方について述べておこう。後述する「宮崎県公文書館設置についての請願書」（一九八八年）によれば、「歴史的文化的史料」としての公文書の量は、簿冊数で三万七千余冊と把握されていた。この数字は、県史編さん事業終了まで宮崎県立図書館に収蔵され、「宮崎県古公文書」として登録されていた文書群（現在は宮崎県文書センターに収蔵）と、当時も県庁の書庫（文庫）に分散収蔵されていた、「宮崎県古公文書」に連続する公文書をあわせたものである。このことから、県立図書館収蔵分のみならず、県庁の書庫に分散収蔵されていた文書群についても、現用を離れたものという認識がある程度存在していたと考えられる。

しかしそれは、必ずしも現用文書と非現用文書の区分が自覚的になされ、後者のうち「歴史的文化的史料」として選別されたものを保存するという手法が確立されていたことを意味するわけではない。たとえば筆者がそのころ確認したところでは、県庁書庫の収蔵文書と現用文書の境界は必ずしも明確ではなかったし、移管手続きに関する規定も存在しなかったのである（現在の収蔵機関である宮崎県文書センター設置後の移管手続き等に関する状況がどうなっているのか筆者は詳らかにしない）。

とはいえ、多くの県で歴史的公文書の保存が惨憺たる状況であった中で、宮崎県のそれが量的に膨大であるのみならず、少なからぬ体系性、網羅性をもって保存されていたことは一つの驚異というべきものであろう。したがって、今日の史料学的な知見に照らして問題を含むとはいえ、過去において保存のためになされた自覚的な努力について、われわれは敬意を惜しむべきではない。

2　宮崎県庁文書の保存と伝来

保存措置の最初の努力は、一九五五年にはじめられた県立図書館への簿冊の移管である。この年からから一九七一年にかけて、約一万三千冊の簿冊が県庁から県立図書館に移管された。県立図書館では移管された県庁文書を「宮崎県古公文書」として登録し、郷土資料室において公開した。これらの事業は、昭和三十年前後から県立図書館が力を注いでいた郷土史料の収集の一環として行われたものであり、当時の図書館長であった日高一氏をはじめとする関係者の尽力によるところが大きい(3)。県立図書館では、移管した県庁文書のうち虫喰い等の破損の多い明治期の簿冊約四千五百冊について、移管後に裏打ち・再製本の補修を行っている。当時としてはかなりの予算を要するこれらの事業によって、多くの利用者が県庁文書を活用する利便性が確保されたことは疑いない。

しかし同時に、以上の経過および措置は、今日の史料管理学の観点から見るといくつかの問題を残すことにもなった。たとえば、検索の利便を考慮してのことであろうが、裏打ち・再製本後の原文書上にページ付けのナンバリングが施されたのは、原型保存の観点から遺憾な措置であった。また当然ながら裏打ちによって再製本されたものの厚さは原簿冊の倍以上になるため、分冊された簿冊も存在する。また原簿冊の綴じ込みの背にじかに墨書された文字がある場合は、拡散して読めなくなってしまう。

また再製本後の簿冊のタイトル（題簽）についても、再製本前の原表題との関係で問題が生じているのだが、この問題はやや複雑である。もともと県庁文書のほとんどの簿冊には、表紙が付けられ表題が付されているが、それらは必ずしも一件書類として完結し綴じられた時のものとは限らない。表紙の紙質などから、多くはおそらく昭和戦前期以降に付された仮表紙とタイトルであろうと思われる。加えて一部の簿冊のタイトルには内容を正しく表現していないものがあり、製本時の錯誤から明らかな誤記と思われるものも含まれる。そのため再製本簿冊の一部には、原題と異なる題簽が付されている場合がある。

それらはおそらくは内容と対応させるための善意の改題であっただろうし、昭和三十年代において今日的な史料管理学の水準を要求するのは酷であろう。しかしながら、文書伝来の過程における右のような問題について、書誌学的な検討と配慮が十分なされた上での措置とはいえないのはやはり残念なことであった[4]。付け加えるなら、県立図書館に移管されず県庁の書庫に残された文書については、史料保存上の措置はとられなかった（これはもちろん図書館の責任ではない）。そもそも県立図書館に移管の際の基準が必ずしも明確ではなかったのである。

宮崎県庁文書の保存・伝来を語る上で、宮崎県の有識者による公文書館設置への努力を付け加えることを忘れてはならないだろう。前にふれた「宮崎県公文書館設置についての請願書」がそれである。この請願書は、野口逸三郎氏（故人、元宮崎県教育長、宮崎県史編集委員会副委員長）を代表者として一九八八年十二月に県議会に提出され、採択されている。その趣旨は次のようなものであった。

本県には歴史的文化的史料としての貴重な公文書三万七千余冊が県庁文庫と県立図書館に保存されています。これらは西都原古墳群と共に宮崎県が全国に誇り得る文化遺産であるともいわれています。しかしながら、その保存状況は当局の配慮にもかかわらず湿潤な気象条件も影響して虫喰いが進行し、整理も未だ完璧とは言い難い状況にあり甚だ憂慮に堪えません。一日も早く県公文書館を設置してこれらを一箇所に収納し専門職員を配置して保存と整理に万全を期し、広く利用者の便に供するとともに、永く後代に残すことは現代にいきるわたくしたちに課せられた責務と考えます。

この請願書の提出が公文書館法公布から約一年後、施行から半年後であることに留意したい。県レベルでの自律的な行動として、かなり迅速であったと評価できるのではないか。野口氏は請願書の提出後も、さまざまな機会に公文書館設置の必要性を説かれていた。県史編纂事業の完結が一つの好機であったが、設置された宮崎県文書センターはアーキビストの配置や公文書移管システムの構築等の観点から見れば、あくまでも公文書館の代替機関でしかない。懸案は依然として未解決であるといえるだろう。

二　宮崎県庁文書が開く世界―町村制の施行をめぐって―

以上に述べた内容は、筆者が宮崎県史編纂事業にかかわった頃にさまざまな場所で表明したこととあまり変わりはない。同じような問題点の指摘を繰り返さなければならないのはまことに遺憾であるが、だからといって宮崎県庁文書が示す地域社会の歴史的な豊穣さが損なわれるわけでもない。ここでは県レベルでの明治期の行政史料が、地域社会の様相をどのように反映しているかについて、貧しいながらいくつかの私見を披瀝したい。それは一面では、筆者が宮崎県庁文書との遭遇以来たびたび強調してきた、〈官〉の文書でありながら〈民〉の状況を捉えうるような、県庁文書が内包するディテールの紹介である。それらのディテールは、近代日本における地方制度を説明する枠組みに、一定のリアリティを与えることになるであろう。(5)

ここではそのほんの一端にすぎないが、町村制の施行をめぐる公文書の中にそれをのぞいてみたい。(6)周知のように、市制・町村制は明治二十一年（一八八八）四月二十五日に公布され、翌年四月一日から順次施行された（宮崎県では五月一日施行）。宮崎県におけるその間の経緯を簡単に述べれば、以下の通りである。まず明治二十一年十月二十三日に、町村合併によって九十七ヵ町村とする県の原案が作成される。(7)これは同二十五日の郡長への諮詢会における郡長案との摺り合わせの結果九十八ヵ町村となり、これが町村への諮詢案となった。以後、十二月にかけて町村委員（委員、諮問委員、準備委員等々名称は不定）による町村答申の取り纏めが行われた。町村答申は戸長の副申を付して郡長に上申され、郡長はこれに副申を付して郡長答申として県に上申する。このようにして郡長答申がでそろうのが十二月十四日であり、それをふまえて翌年一月二十一日に町村制施行順序取調委員による百ヵ町村案が知事に答申され、同二十四日に内務大臣宛の内申書が提出された。

『郡行政』を中心とする諸簿冊には、施行過程の文書はもとより、事前調査としての各郡ごとの町村沿革調書、県案に対する郡長答申書（町村委員の答申書からの諸文書が含まれる）、町村有志の上申書・請願書、新町村の区域調等の文書が、全郡にわたって保存されている。それらの文書に見られる町村の意見（その多くは県の容れるところではなかったのだが）は、近世的秩序意識が緩慢に解体されていく過程での、地域社会の末端における自己意識を反映したものといえるだろう。問題はそれをどのように位置づけるかである。それはたとえば〈近代〉の中の〈近世〉なのだろうか。町村制は地域住民の個別利害からなる伝統的社会関係を、国家のための行政事務を分有する自治体に組み替える再編成なのか。町村合併を忌避する地域住民の反応は、〈近代〉的公共性の構築とは無関係だったのだろうか。それらを読み解く方法を開発することができれば、近代地方行政文書が〈民〉の史料たり得る、きわめて興味深い事例となることは間違いない。遺憾ながら、そうした関心を全面的に満足させる方法をいまは持たないので、ここでは特徴的な一つの事例をあげるにとどめたい。

そもそも右にあげた町村の意見は、そのほとんどが区々たる地域の〈実情〉をあげて県の原案への不満を述べ立てた、地方官による統治の視点からは一顧だに値しないものであった（そうであるが故にわれわれはそれを読む方法の開発を必要とするのである）。いくつか例をあげて、町村側の典型的な論理をひろってみよう。

ステレオタイプの一つは、旧藩時代に異なる支配領域であったことを根拠に、〈人情〉の相違を訴えるものである。

それはたとえば次のように語られる。

新田村ハ原来旧佐土原藩ノ所属ニシテ施政ノ方モ亦自カラ異ナル処アリ、随テ民心ノ発達性質ノ強弱等一ナラス、且従来浸染の慣習容易ニ脱却セスシテ、交際上今尚米粟相混セサルノ思想ヲ存セリ、加之地勢ノ便否ニ於ケル一大河水ヲ隔テ、路程弐里強ノ遠キニ達セサレハ事ヲ弁スル能サルノ不便ヲ見ル、実ニ不利タル云ヘカラス(8)

このタイプはもっとも一般的に見られるものであるが、生業が異なることによる〈人情〉の相違も、そのヴァリエーションの一つと言えよう。東臼杵郡伊福形村の諮問委員の主張は、「当村之儀ハ農業ヲ専トシ、櫛津、土々呂村外二村ノ如ク漁業或ハ商売重ニテ生計ヲ送ル村落ト合併候ニ付テハ、民情ヲ異ニシ加ルニ不便ノ儀モ可有之ト思考」するものであった(9)。

地域利害の相違を主張するパターンも頻繁に見られるが、利害の内容はさまざまである。次の例は租税負担の不公平が生ずることを主張するものである。

目下ノ戸長一区域内ヲ以テ新町村自治区域トナストキハ、旧吉田六ヶ町村ノ如キハ旧来ノ共有学資金等有之、其レガ為メ幾分ノ町村税ヲ減スルト雖トモ、当西川北、島内ノ両村ニ於テハ因ヨリ貧村ニシテ、如此共有金等ハ無御坐候事故、相当ノ賦課税ヲ出費セザルヲ得ス(10)。

また土木費負担の問題は明治国家における最も普遍的な地域利害のあり方を示すものであるが、負担増を理由とする合併の忌避は、行政（戸長）の側からは目前の小利害を喋々する地域社会の頑迷さでしかない。南那珂郡楠原村外六町村戸長佐土原恪平の言うところを見よう。

然ルニ該村〔殿所村〕委員等益安村ニ合併ヲ否ムハ如何、其理ヲ推究スルニ、目前ニ顕出セル堤防ノ工事ヲ忌避スルニ止ルノミ、将来土工上ニ就キ論スルトキハ、道路タリ堤防タリ何レモ連帯ノ義務又ハ負担ヲ免ル能ハサル

モノナリ[11]

しかし殿所村の諮問委員は、それとは異なる問題を指摘した意見書を提出している。

議員撰挙等ニ至リテハ、彼我ノ戸数同日ノ比ニアラサルヲ以テ、自然撰挙、被撰挙権ヲ有スルモノ多キハ彼村ニ帰スル故、本村ニ於テ何程ノ故障アルモ、彼等ノ為メニ強制セラル、ハ必定遁ル、コト能ハス[12]

ここで、戸長と村の諮問委員のいずれが実態に即しているかを論ずることは、本稿の関心外である。さしあたり、これらの合併を忌避する言説が、多かれ少なかれ定型化された〈語り〉であることを確認しておけばよい。いずれにしても、これらに見られる町村の論理が、明治国家が設計した地方制度の〈近代〉の側にないことは明らかなように見える。そしてそのことは、次に見る宮崎・北那珂郡長川越進による答申の特異性を際立たせてもいるのである。

川越答申の核心は、県庁所在地たる宮崎町の区域をめぐってであった。川越の構想は、大淀川の北岸五ヵ町村をもって宮崎町を構成する県案に対し、同川の南北十一ヵ町村の合併によって、より大規模な宮崎町を形成し、産業振興の拠点としようとするものである。かなり前のことになるが、筆者はそれを「大宮崎町構想」とよんだことがある[13]。ここでは同構想のプロセスや背景を検討することが直接の目的ではないので、さしあたりその論理についてのみ確認しておきたい。

川越は明治二十二年一月十日付で宮崎県知事の岩山敬義あてに、「自治区造成ニ付具申」と題する文書を提出している。合併案に対する答申書はすでに前年の十一月に提出されていたのだが、その際に保留した赤江、大澱〔淀〕両地区の取り扱いについて追加答申したものである。保留されたのは、もちろん宮崎町への包摂に関する調整のためであった。この追加答申ではじめて川越の大宮崎町構想が展開されるのだが、まず川越の言うところを見てみよう。

此地旧ト藩々ノ封疆犬牙交接シ、其陲端ノ地タルニモ拘ハラス、自古此ニ市街ヲナス所以ノモノハ、是レ蓋シ天然国ノ中央ニ位シ且ツ水利運輸ノ便アルニ拠ルナラン、今ヤ置県ノ日尚浅シト雖トモ、人口日ニ増加シ月ニ繁栄ヲ来スノ傾キアリ、又之ニ加フルニ将来川ヲ浚ヘ港ヲ修メ滋々運輸ノ便ヲ弘メハ、物産従ツテ殖ヘ日州ノ富利ヲ進ムルハ期シテ待ツヘキナリ、〔中略〕此ヲ以テ将来ヲ推セハ、到底此地ハ大瀬川ヲ中心トシ、適当ナル市街ノ一区ヲ設ケテ、一国ノ軌軸トナスノ必要タルハ識者ノ弁ヲ待タサルナリ(14)

この構想それ自体は、大淀川の水運と河口（赤江）の港湾整備によって物流を促進し、商業振興をはかろうとするものであり、地域振興策の水準としてはとりたてて飛躍したものではない。むしろ注目すべきは、第一に、そう呼んでよければ〈近代〉の側に立った、近世的な地域意識を超えた自治体創設の論理が、郡長の側から提起されていることであろう。

すでに見たように、町村制の施行とそれに伴う町村合併に抵抗し、あるいは難色を示す地域の論理の多くは〈人情〉を異にすることであり、さらにその根拠とされたのは、多くの場合、旧藩領の相違などの近世的秩序意識に依拠したものであった。「大宮崎町」は旧飫肥藩領、延岡藩領、旗本領が犬牙錯綜する地域であり、それによる地域の抵抗は川越の上申書においても充分意識されていた。川越は、「現今ニ担当下ノ人民タル各々大ニ其人情ヲ異ニシ、目下スラ互ニ牴牾軋轢スルノ状況ヲ呈ス、況ンヤ是ヲ一治ノ区域ト為サハ争論絶口ノ日ナク、大ニ互ノ不利不幸ヲ醸成スヘシ」との可能性を想定しつつも、次のように反論する。すなわち、「好シ其論ヲ取リ各々分立セシメハ果シテ何如ン、蓋シ其弊益々増長シ人心愈々分離スルハ必然ナリ、果シテ然ラハ地方ノ不利其極ニ至リ、従テ全州ノ不幸ヲ臻スノ懼れ尠カラサルナリ(15)」と。

「大宮崎町」構想をめぐる興味深い第二の問題は、仮に〈近代〉と呼んだそのような論理が、川越自身が「復タ幸ニモ民間ニ其必要ヲ説クモノ往々之レアルヲ見ル(16)」と述べているように、ひとり郡長においてのみならず、町村からも提起されていたことである。城ヶ崎町の小玉文七なる人物の上申がそれである。小玉は次のように大淀川南北町村の合併を主張する。(17)

熟々日州ノ大勢ヲ観察シ又宮崎地方ノ地形ヲ按スルニ、大淀川数十里ノ水利ハ三諸県郡〔北・東・西諸県郡〕ニ跨リ漠々タル平野数里ニ連リ、加フルニ赤江港口ノ在ルアリテ、日州過半ノ財貨ヲ呼吸呑吐スルハ是我宮崎天然ノ勝形ニアラスヤ、〔中略〕然ラハ則チ宮崎天然ノ地形ヨリ論スル時ハ、之ヲ保全シテ益々地形上ノ利便ヲ進メ、愈々宮崎ノ繁栄ヲ増シ、日州商業ノ中心トシテ其勢力位置利便ヲ掌握センニハ、河南河北同一ノ地形ニ支配サレツ、アル各町村ヲ合併シテ、一ノ強力富有ナル自治区ヲ組織セサル可ラス

郡長と〈民間〉に同時に照応する構想が表明されていること自体は、慎重に扱われる必要がある。両者が相互に無関係に類似の発想を持つに至ったと考えるのは、史料表現に対してナイーブすぎるアプローチであろう。また町村側の見解には当然、個別の地域利害が反映されていると思われる。それ等を含む、郡長と町村の利用し利用される関係はそれ自体が興味深いものであるが、ここでは立ち入らない。重要なのは、交通基盤の整備による商業振興という論理が、近世的な都市集積を持たない宮崎町という地において語られていることである。〈人情〉の相違による合併忌避が定型化された一つの〈語り〉であるならば、これも一つの〈語り〉かもしれない。問題は、両者の関係をどのようにとらえるかである。

三　明治地方制度の成立過程における〈官〉と〈民〉

大宮崎町構想をめぐる言説の中で、右に見た二点にもまして注目すべきは、それが〈官〉の干渉を廃した〈民〉の

自治という形式で語られていることである。前出の小玉文七の「答申書」は、次のように述べている。

元来町村制度御実施ノ御旨意ハ、町村人民ニ自治自由ノ権ヲ附与セラレタルモノニテ、町村人民カ法律ノ範囲内ニ於テ運動シ得ヘキノ自由ト享受シ得ヘキノ幸福ハ、町村人民ヲシテ充分ニ獲得セシメラル、ノ法意ト奉存候(18)

しかるが故に、町村合併によって「一ノ強力富有ナル自治区ヲ組織」しなければならないのである。このような、近代化の論理（とりあえずそう呼んでおく）にもとづく地域振興を〈官〉に対する〈民〉の「自治」とする観念は、明治二十年代初頭の宮崎地方において、ことさらに特異なものだったわけではない。大宮崎町を支持する町村委員の上申書は次のように述べている(19)。

抑モ新制度ノ趣意タル、地形ニヨリ旧慣ヲ破リ風土人情ヲ一定ナラシメ、官ノ干渉ヲ受ス共ニ進ンテ事業ヲ拡張ナラシムルニアルハ喋々ヲ待タスシテ明ナリ、〔中略〕今姑息ノ改正ヲナサバ後日一大市制ヲ敷クノ日ニ当リ、只遠見ナキノ譏リヲ受クル而已ナラズ、必ス臍ヲ噬ムノ悔ナキ能ハサルニ至ランカ

郡長川越進から合併町村委員にまで共有されたこのような論理は、ある観点からすると奇妙なものに見えるかもしれない。そこでは、国家の行政事務を分有すべく創設された自治体としての合併町村が、同時に市場そのものであるかのようにとらえられている。政治社会としての行政秩序と市民社会としての市場的秩序が、分離するのではなく、町村自治という観念において接合しているのである。これは、政治社会と市民社会の分離を指標とする近代社会の形成の論理を、地方における主体が理解し得なかったことをあらわす事態なのだろうか。そうではなくて、市民社会がある条件の下で政治化する形式を示すものではないか。

この問題を全面的に展開する用意は、いま筆者にはない。しかしながらそこには、かつて政治学が描いた近代日本の形成において、暗黙にか明示的にか前提とされた、市民社会の政治的不能動性という枠組みを疑わせる契機が存在

すると思われる。そもそも政治・行政的秩序としての公共性と何の接点ももたないまま、市場に構築される市民社会というものを想定することが妥当とは思えない。市民社会といえどもある条件の下では一定の形式の下に政治化するのであり、そのとき〈官〉による行政的秩序は必ずしも政治化した市民社会を包摂しきれないし、しようともしないのである。問題はいかなる条件の下で市民社会は政治化するのかであり、それが構成する公共性はどのような構造なのかである。

いまただちに詳説は出来ないが、筆者がかつて検討したことがある、宮崎県における政党形成の過程は、その問題を展開する素材となり得るであろう。[20] 筆者がそこで検出したのは、明治二十年代の宮崎県において地域紛争が噴出していること、それらの地域紛争は多くの場合、「民党」対「吏党」に代表される二項対立的な表象をともなう党派的対抗であること、紛争はしばしば合併町村内の地域的対立として出現すること、紛争をになう主体がすなわち政党の地域的基盤であること、それ等の紛争において県や郡はほとんどのばあい不介入であること、等である。

たとえば次のような事例を、われわれはどのように考えるべきだろうか。これは南那珂郡南郷村の紛争に関する郡長宛の復命書である。

然ルニ後ニ至リテ大字中村ノ内目井津ヲ除クノ外ヨリ苦情ヲ申立ツルニ至レリ、其要旨ハ役場新築費弐百五十円ハ戸数割、地価割、営業割ヨリ徴収シタルモノナルニ、単ニ之ヲ戸数ニ割戻ストハ甚タ不都合ナリ、目井津ノ如キ漁民ノミ多キ土地ハ地価、営業トモ少ナキヲ以テ少ナク配分ヲ受クルハ当然ナルニ、戸数ニ割当テ割戻ストハ実ニ勝手ノ決議ナリトテ大ニ不服ヲ唱フルニ至レリ、而シテ目井津地方ハ追々民党ノ占領スル処トナリ、後々ハ役場吏員ヲモ民党ニテ組織セントスルノ野心アリテ、議員半数改選ノ時ニハ目井津ノミニテ全村ノ半数位ノ議員ヲ出セリ、故ニ議事毎ニ地価、営業ニ賦課セントスルノ景況アルハ、畢竟目井津地方ノ漁民ノ利益ヲ謀ルアリ[21]

ここに見られる論理の形式は、町村制施行に際しての異議申し立てがそのまま繰り返されているかのようである。異なるのは、かつての〈人情〉の相違に、民党対吏党という二項対立的な表象がかぶせられていることである。この問題が、先に見たような、町村制施行が露わにした問題と接続するものであることは明らかだろう。もちろん、このような実態と形式の接合の仕方の中にわれわれが見るべきものは、単なる近代の中にたたみ込まれた近世などではない。町村は実は政治的な社会である。ただそのとき、政治を構成する要素は、近代政治学が理念的に措定したものとは相当に異なるのである。

おわりに

以上は、宮崎県庁文書という行政史料が示す、明治中期の地域社会のほんの一端に過ぎない。しかし限られた紙数の中でかいま見ただけでも、県庁文書が開示する多様な歴史的世界の豊かさを感じることが出来るのではないか。留意すべきは、自治体において行政史料の体系的保存が当たり前のように行われていれば、宮崎県庁文書が特権的な地位を主張することはできなかっただろうということだ。そうであるが故に、われわれは史料を読む際に、その伝来に思いをはせる必要があるのである。

おわりにあたって一つだけ付け加えておこう。右に見たように、宮崎県における明治二十年代の地域的紛争の中では、しばしば大字が（あるいは大字内の小地域が）即ち「民党」であった。そのことは、柳田國男の次のような指摘を思い起こさせる。(22)

しかしとにかくに大字は対立するものであった。隣同士に並んでいる村で、以前一つであったのを分割したというものは一割もなかった。上とか下とか東とか西とかあっても、実際はたいてい成立の時と事情とを別にしている。つまり飛び飛びにあった旧い村々の間隙へ、後からおいおいにはめ込んで行ったのである。それゆえに隣村は互いに肌合いが違い、また若干の反撥心があった。それを地域によって一団体としたのだから、兵隊のように行かなかったのも無理はない。〔中略〕それが何でもなかったように落ち付いてしまうには、人の家なら二代、年なら明治大正の六十年ほどもかかったのも是非がない。

宮崎県における明治二十年代の地域紛争は、「とにかくに大字は対立するもの」という柳田の観察が、時に政治的表象となって現れうることを示している。そのとき「大字」は、近代日本の基底に存在した、「地方」という社会的実体である。筆者はそのような「地方」をとらえたいと考えるものであるが、それはおそらく、フォークロアと政治社会史の接点において可能になるのではなかろうか。逆の言い方をすれば、宮崎県庁文書という近代行政史料の文字表現の世界は、実のところフォークロアの世界と背中合わせに位置するかもしれないのである。

註

（1）本稿は、二〇〇九年一〇月一七日に、都城市ウエルネス交流プラザで開催された地方史研究協議会第六〇回大会における同題の公開講演の内容に加筆修正したものである。

（2）筆者がかかわった宮崎県の自治体史編さん事業は、宮崎県史（一九八四年～二〇〇〇年）、都城市史（一九九一年～二〇〇五年）、日向市史（一九九八年～）である。県史編さんのために通った当時の県立図書館郷土資料室では、県内のさまざまな町村史の編さん担当者が県庁文書と取り組む姿が見られ、県内自治体史のメッカの如き偉観を呈していた。都城市史、日向市史については、県庁文書中の旧都城県関係簿冊、旧美々津県関係簿冊の全点を、それぞれの近代史料編に収録した。

（3）宮崎県立図書館報『緑陰通信』二三号。ちなみに、日高館長時代に開始された県立図書館を中心とする郷土史料の調査・収集活動は、宮崎県地域史研究の基礎を築いたと言ってよいだろう。

（4）なお現在の所蔵機関である宮崎県文書センター移管時にも、一部の簿冊について再製本や題簽の変更がなされたと聞くが、厳密な史料学的検討が必要であろう。

（5）筆者は近代日本の地域社会にそれなりのイメージをもっているが、その多くは宮崎県庁文書を読むことによって形成されたものであることを告白しておく。

（6）『宮崎県史　史料編　近・現代3』（一九九五年、宮崎県）に収録。その多くは『郡行政』と題される簿冊群に含まれる。『郡行政』こそは明治期の宮崎県庁文書の特徴を最もよく示す文書群であるといえるだろう。

（7）念のため付記すれば、宮崎県は明治九年から十六年まで鹿児島県に合併されており、いわゆる三新法は鹿児島県時代である。なお明治十二年の段階で四一一ヵ町村二二七戸長役場、のち三九三ヵ町村一四八戸長役場に再編された。

（8）児湯郡岡富村出席委員・同黒生野村出席委員「町村制実施諮問答議」（明治二十一年十一月付、『宮崎県史　史料編近・現代3』、一九九五年、宮崎県、六五二頁）。なお、以下に引用する答申書・意見書類の宛先は、特記しないかぎり宮崎県知事岩山敬義である。また引用史料の原簿冊は『郡行政』および『郡町村の廃置分合改称及び郡役所町村役場の廃置』であるが、引用にあたっては原簿冊名は省略して『宮崎県史　史料編　近・現代3』のページ数のみを記す。引用中の〔　〕内は引用者による。

（9）「町村合併之儀御尋ニ付答書」（東臼杵郡櫛津・土々呂村外二村戸長高山志津馬宛、明治二十一年十一月十四日付）、同右、七二二頁。

（10）西諸県郡西川北村町村準備委員・同島内村町村制準備委員「諮問答申」、同、六六四頁。

（11）「意見書」（明治二十一年十一月十二日付）、同、六八七頁。

（12）南那珂郡殿所村町村制実施上諮問委員「町村制実施ニ関スル御諮問ニ付意見書」（明治二十一年十一月十日付）、同、六九一頁。

（13）「書評・小野和道著『浮上する風景』」（『宮崎県史研究』創刊号、一九八七年）。もっとも同構想の成立過程は実際にはそれほど簡単ではない。そもそも「大宮崎町構想」自体が、すべて川越の独創に出たものとも言い難く、後述するようにそれに先行する町村有志の意見書が存在するのだが、他方でそれらは複雑な町村間の利害関係を反映したものでもあり、一義的な位置づけは慎重を要する。
(14) 前掲註（6）『宮崎県史　史料編　近・現代3』、七二三頁。
(15) 同、七二四頁。
(16) 同右。
(17) 小玉文七「答申書」（明治二十二年一月六日付、宮崎・北那珂郡長川越進宛）、同、七三八頁。
(18) 同、七三七頁。
(19) 中村町・大田村・福島町委員連名での川越進宛上申書（明治二十二年一月十二日付、原表題なし）、同、八二六～八二七頁。川越はこれを十四日付で県知事に送付している。
(20) 拙稿「ムラの中の『民党』と『吏党』」（『年報・近代日本研究』一九、一九九七年）。なおこの論文で使用した史料もほとんど宮崎県庁文書である。
(21)「細田村外二村紛議の顛末復命」（明治二十五年九月二十二日付、『宮崎県史　史料編　近・現代5』、一九九七年、三四五頁）。原文の改行は省略した。
(22) 柳田國男『明治大正史世相編』。

「小藩分立」から地域統合へ―幕末維新期における日向諸藩―

大賀　郁夫

はじめに

近世期の日向国は、天正十六年（一五八八）豊臣秀吉による日向国割をもとに、延岡藩（譜代内藤氏七万石）、高鍋藩（外様秋月氏二万七千石）、佐土原藩（外様島津氏二万七千石）、飫肥藩（外様伊東氏五万一千石余）という日向四藩と、薩摩藩領諸県郡（一二万五四七五石余）、都城島津氏領（三万二一八六石余）、それに人吉藩預所椎葉山（五九〇石余）、交替寄合旗本米良氏領（無高）から構成され、これに各藩の分知創出による幕領（臼杵郡富高陣屋支配二万七一九一石余）、旗本領（島之内島津氏三千石、木脇秋月氏三千石）などが入り交じり、交錯した領域構成であったのが特徴である。なお、日向国は延岡藩で五氏（高橋氏・有馬氏・三浦氏・牧野氏・内藤氏）の領主交代がみられたほかは、大きな変動もなく維新を迎える。

さて、幕末維新期の日向国は、大藩がなかったこともあり、周辺の大藩や中・小藩の地域的な動向に左右されざるをえなかった。幕末維新期の日向諸藩の動向をみると、「佐土原藩は宗藩薩摩藩の影響下にあり、延岡藩は譜代藩として佐幕の立場を取り、高鍋藩は世子（秋月種樹）が公議政体派に近く、飫肥藩は模様眺めであった」[1]といわれる。鳥羽・伏見の戦いでは、旧幕府方に立った延岡藩主内藤政挙が新政府から入京差止・謹慎処分を受けたが、高鍋・佐土原両藩と都城島津氏は新政府方にたち償典録を与えられ、飫肥藩は最後まで動かなかった。

維新政府による藩政改革の要請のもと、日向諸藩も職制・軍制および禄制の改革に着手し、明治二年（一八六九）六月の版籍奉還を経て、薩摩藩が私領を廃止して都城を直轄化したように領域の統合も進んだ(2)。同年八月には高千穂と細島で大規模な一揆が起こっている(3)。

図１　延享四年以降の日向諸藩領域図
（『宮崎県史　通史編　近世下』第９章幕府領602頁より転載）

こうしたなかで特筆されることは、日向四藩会議の開催と合同軍事操練が実施されたことである。藩会議は藩政改革へ対処するため四国・総州・豊後など各地でみられたが、日向では明治三年二月、佐土原藩から高鍋藩に合同軍事操練の申し入れがあり、七月には両藩間で日向四藩会議の検討が開始された。同月には四藩による東京への定期通信便の開設が決定している。

そして九月十二日、第一回日向四藩会議が延岡で開催された。十月二十四日には四藩が清武八手浜で兵隊合併操練を行い、翌閏十月二十八日には第二回四藩会議が高鍋で開催されている。四藩は会議開催・合同操練継続を政府に求めたが、私的な連合とみた政府は許可せず、日向四藩会議は二回で終わった。

この日向四藩会議については、西川誠氏が「日向の領域意識の高まりを背景とし、さらにそれを高める効果を持った」と高く評価している。(4)また豊後七藩会議についても、「この会議が豊後諸藩の同質感・連帯意識をある程度呼びおこし、斉一性を強めたとすれば、廃藩置県以後豊後一国が大分県となる前提をかたちづくったものとして注目される」との評価がなされている。(5)このように、分立した諸藩が地域としての連帯意識を強めるのは、藩会議などを契機とする維新以後のことだとされている。

しかし、実際に日向諸藩による「領域意識」、すなわち日向諸藩が「日向地域」という認識を強く持つようになったのは維新以後のことだろうか。それ以前、近世期における日向諸藩の領域意識とはどのようなものであったのだろうか。また、分立していた日向諸藩が、領域意識をもとに、地域統合へと向かうのはいつ頃からで、その契機となったのは何だったのだろうか。本稿ではこの点について考えてみたい。

一　日向諸藩と幕領

1　幕領の警備体制

日向四藩はそれぞれ日向灘に面した海岸線を有しており、特に一八世紀後半からは海防政策も強化されていく。一九世紀に入ると自領の海防とともに、幕府から日向幕領の異国船防禦強化が命じられていた。

時代は下るが、文久三年（一八六三）九月八日付の日田郡代より延岡藩家老宛書状では、

御料所村々ニ於テ非常之儀有之節、近領諸家江出勢申達、取締方取計候儀者兼而之御規則ニ付、支配所日州富高陣屋許ニ而、若異変有之節者、貴藩并秋月長門守・伊東左京太夫・島津淡路守四家江、御出勢之儀可申達心得ニ有之（略）尤御出勢順ハ道路遠近ニ随ひ、貴藩壱番と相定、弐番秋月家、三番島津家、四番伊東家と順々御出勢可有之候(6)

というように、日向幕領村々が非常時には、四藩が取り締まりのため出役をすること、日田郡代出張所である富高陣屋異変時には延岡・高鍋・佐土原・飫肥の順で出役すること、などが取り決められていた。

出役人数については、

貴藩并秋月・伊東・島津四家ニ而非常御手当人数之内、鉄炮方弐拾人程江指揮之衆御差加へ、富高陣屋許江凡三十日位ツ、交代之積ヲ以御差出有之候様申達、其以来追々御出勢相成居候(7)

とあるように、四家に対して富高陣屋警護のために鉄炮方二〇人程に指揮者を加えて三〇日交替で出役するよう指示が出されている。

このように、一九世紀前期には日向国内の幕領と富高陣屋・細島湊へ、日向四藩が順に決められた人数・日数で警備出役する体制が整えられていた。

2 細島湊の警備

元禄五年（一六九二）に延岡藩領から幕領となった臼杵郡富高村以下一町七村のうち、陣屋の置かれた富高村とともに、「日向国一の良港」といわれた細島湊の警備が重視された。文久三年（一八六三）三月、高鍋藩は細島湊の両

岸に砲台場建設を願い出て許可された。七月には延岡藩も加わり、二藩協同で砲台場建築に着工し、十一月末に竣工している。「殊ニ薩州へ異船可乗寄与之風聞も有之、隣地之儀村々人出危懼を抱居候折柄」(8)との風聞もあり、実際に同年七月には錦江湾で薩英戦争が勃発して現実化し、日向四藩も改めて強い危機感を持ったことは想像に難くない。

また、幕領警備に絡んで、元治元年（一八六四）には薩摩藩が日向国内で五万石の預地を幕府に要求している風聞があり、薩摩藩領に隣接する延岡・飫肥・高鍋藩は次のように強い懸念を示している。

豈料、先月嶋津中将（島津久光―筆者註）様、右（細島―同）港ゟ御上陸被成候節（元治元年四月二日―同）ゟ、細嶋を初、日向国中ニおいて、都合五万石御預地被下置候趣風聞承及、已ニ一同ニ奉歎願候高鍋藩江者、願之趣難被聞届段、御達相成候哉に茂承伝、旁以懸念痛心仕、御添地之儀ハ有功之諸侯江被下置候御盛典ニ可被為在、強而奉歎願候筋ニハ無之候得共、日向国中ニおゐて五万石と申儀過量仕候得ハ、御料ハ弐万余ニ不過哉ニ承及居、宮崎郡之内、領分弐万四千余有之候へハ、合而五万石之数ニ上り、殊ニ薩州領相接居上、已ニ赤江川之側領地ニ、薩州より兼而会所を茂差置候事ニ而、旁以恐懼仕居(9)

延岡藩は、薩摩藩領と接する宮崎郡に二万四千石余の飛地を有しているため、日向国幕領二万五千石余とともにこの飛地宮崎郡が薩摩藩預地となるのではないかという危機感を持ったのである。これが単なる風聞でなかったことは、次に示す元治元年五月七日付で富高陣屋手代からもたらされた飫肥藩側の史料からもわかる。

清武ヨリ平島亮平来ル、此ハ一昨七日富高手代鈴木任三ヨリ高橋藤九郎マテ密書ヲ以申シ来レル趣ハ、此度島津家ヨリ細嶋並ニ宮崎・諸縣辺幕領ノ内ニ於テ、預リ地願ヒ立テ有之由相聞候、左候テハ幕領ハ勿論、貴藩并ニ延岡・高鍋三家ノ一大事ト存シ候、已ニ内藤延岡ノ領主内藤備後守秋月高鍋領主秋月長門守両家ニテハ、種々手寄ヲ以テ島津家内願行ハレサルヤウニ周旋有之候、貴藩ニハ此事承知ナルヤ、其事安井（息軒）先生ノ師恩ヲ蒙リ候

故、此事黙視シカタク内内申上候トナリ[10]

実際に、元治元年九月、延岡・高鍋両藩は日田郡代より突如炮台場詰を免じられ、細島湊の防備は同年十月四日付で一切を薩摩藩が請け負うことになる。砲台場建築を進言し、並々ならない意欲をみせていた高鍋藩は、「初彼地（細嶋湊─筆者註）江炮台取立候ニも高鍋藩より掛合有之、同意致義ニ而同所薩州江御預之御沙汰有之候節も、彼（高鍋─同）藩大ニ力を落、右歎願書案相示候、文中士分之者も土石運転致候而、必力を竭候段も相見候[11]」とあるように、その落胆振りは大きかった。このことは、薩摩藩の支藩である佐土原藩を除いて、延岡・高鍋・飫肥藩が仮想敵として薩摩藩を強く意識すると同時に、日向国内での「隣藩御互」関係の構築へと向かわせることになるのである。

二　日向諸藩と薩摩藩

ここでは、日向諸藩のうち薩摩藩と藩領を接する延岡藩と飫肥藩をとりあげ、両藩が薩摩藩をどのように捉えていたのかをみていくことにしたい。

1　延岡藩による薩摩藩探索

近隣諸藩の動向に関する情報を幅広く収集することは藩の運命を左右することにもつながり、特に幕末期には最重要課題となる。まず延岡藩による薩摩藩探索をみてみよう。以下に示す史料①～④は慶応年間と思われる。

史料①（慶應年カ）五月七日

一高岡馬喰馬買として霧島山辺江罷越、同所江ハ所々ゟ馬買集候場所ニ而、都ノ城ゟ茂馬買ニ参候筈之処不参候

ニ付、高岡馬喰都ノ城江相廻候処、都ノ城様急ニ御登り与申事ニ而、中々馬買所無之、鹿児嶋ゟも大勢登りニ相
成候由、都ノ城より者上下弐百人、鹿児嶋ゟ之人数不相訳候得共、両所共朔日二日迄ニ者蒸気船江乗船登りニ相
成候由(12)

高岡の馬喰から聞いた風聞として、薩摩藩私領主都城島津元丸（久寛）とその兵二〇〇人余が、また鹿児島からも大勢の兵が蒸気船で急ぎ上京したことがわかる。

史料②（慶應年カ）十二月廿二日

一佐土原侯、来ル二十八日御供方四百五拾人程ニ而上京与承り候処、正月三日御出立ニ相成候哉ニも風聞仕候(13)

薩摩藩の支藩佐土原藩主島津忠寛が、四五〇人程を率いて上京するなど、あわただしい状況が報告されている。

史料③（慶應年カ）

一薩州霧島山極難所江二三ケ所大造之石垣出来、御殿相立候由、此儀公辺江御届ハ、同所ニ温泉有之、御入湯之
御届ニ而、奥様始御引取相成候事之由風説仕候
一同州昨年ゟ別而鉄炮大張込ニ而、是迄ケ様之儀無之事之由、既ニ当春などは都の城郷士五百人程高岡表江参候
処、高岡ゟも同く四百人内外出会、当打之勝負抔三四日も有之、其後高岡ゟも都の城江参り、右様之事之由
ニ御座候
一（前略）薩州ゟ諸国江隠シ目付六人程御差出ニ相成候義者、慥成ル事之様ニ承(14)

人数の正確さは別にして、都城と薩摩藩領高岡の郷士たちが双方で軍事訓練をしていたことが報告されている。薩摩から諸国へ「隠目付」六人が派遣されたことも不安を増した。

薩摩領と藩領を接する延岡藩としては、特に宮崎郡での動向が気になるところであった。

史料④

一下モ筋風聞者、薩州辺ゟ追々人数大勢登候儀、諸国江聞候ハヽ、全国よりも人数相登り、江戸表へ揃候上、異人打払ニも相成候哉之風聞承候

一当月初、薩州家中弐百人余細島表より乗船之筈ニ而、道筋人馬配馬五拾駄・人足八拾人之先触ニ而、宿々其用意有之候処、俄ニ赤江川より乗船ニ相成候趣、右乗込之船者材木荷積出来候処、積荷物不残為揚、白米等積込候由（略）

一蒸気船ゟ余程登込候由、其外五三人宛不絶登込候噂承申候、凡千人程江戸登与申事ニ御座候得共、何故右大人数登込候哉ひそかに承候処、井伊様御家来薩州屋鋪江切込候噂仕候者も有之候由（略）、赤江川ゟ乗込差急候趣承申候(15)

人数の誇張はあろうが、一〇〇〇人を超える兵と多くの兵粮が、延岡領内の赤江（大淀）川河口から上京する姿を目の当たりにした周辺藩諸は、たいへんな危機感を抱いたに違いない。しかもこれらの兵の上京が、桜田門外の変時の報復として井伊家家来の来襲に備えてのことだという風聞に、先代内藤政義が井伊家（直弼の弟）から養子に入っている延岡藩としては、薩摩藩の矛先がこちらに向かう現実性をより実感したものと考えられるのである。

2　飫肥藩による薩摩藩探索

ここでは飫肥藩による薩摩藩の探索を、同藩家老を勤めた平部嶠南の日記『六鄰荘日誌』からみてみよう。

少々時代は下るが、慶應三年（一八六七）九月二十二日条および二十五日条からは、大勢の薩摩藩兵の上京に不安を募らせていることが伝わる。

史料⑤

○二十二日、江戸大阪ヨリ陸便来ル、（略）島津隅州大阪ニ逗留、且国許ヨリ島津備後精兵五百人ヲ率ヒ、今月六日上阪セリ、総テ大阪ニ屯ス所ノ薩兵千五百人、其内二百人ハ六日ニ上京、又二百人ハ七日ニ上京セリ、何事ナルヤ幕府モ殊ノ外心配アリテ、大阪中ニモ夥ク間諜入込シトナリ

○二十五日、清武ヨリ通使ヲ以テ南村長兵衛カ探索書ヲ差出ス、京都表ニハ何カ変事ノ出来シ由ニテ、去ル二十日ノ夜半麑嶋ヨリノ急飛佐土原ニ来リシカ、同キ二十三日七ツ時分佐土原ノ藩士渋谷左仲・伊集院熊次、兵隊八十人ヲ率ヒ急ニ麑嶋サシテ出立、麑嶋ヨリ総テ三千ノ兵隊ヲ繰リ出シケルトナリ(16)

薩摩兵三〇〇〇余人というのは誇張であろうが、切実さが感じられる。飫肥藩伊東氏と島津氏は、中世以来日向国支配をめぐって抗争を続けてきた仇敵の間柄であったこともあり、大藩薩摩藩の動向には特に神経をとがらせていたようである。

その一方で、小藩の生き残るべく術として、近隣大藩へ保護を依頼している点が注目される。次の史料は、元治元年（一八六四）八月二十五日付熊本藩宛の口演である。

史料⑥

左京太夫家之儀、固ヨリ小身ニテ争乱之世柄ニハ独立モ難出来御坐候ニ付、関カ原御一戦前後ヨリ黒田加藤両家ニ随身仕リ、萬端受其指揮ヲ来リ候、加藤家一変後ハ御家様ニ依頼仕リ候存念ニテ、家中一般今ニ至ル迄御家風ヲ奉リ仰キ、萬一異変有ル之節ハ御麾下ニ附属仕ル心得罷在候、依テ之ニ前代ニハ段々御懇意被成下候訳モ御坐候ヘトモ、近年ハ乍ラ存シ等閑打過キ申訳モ無御坐候、以来何卒前代ニ不相変蒙リ御懇命ヲ、萬事受御指図ヲ度奉存候(17)

飫肥藩が小藩であり軍事的に不安があることを理由に、異変の際には熊本藩麾下として指揮するよう依頼しているのであるが、実は薩摩藩に対しても同文の依頼状を送付しているのである。

史料⑦

（前略）当今不穏之時勢御坐候フニ付テハ、小身之儀彼是心配仕罷在候、然ル処兼々御懇意被仰セ下サ候御儀ニ御坐候ヘハ、先達テも申シ上ケ置キ候フ通リ不相替、猶又御依頼仕リ度存候、依之ニ御見舞旁以使者申上候フニ付、乍軽少目録之通リ進上之仕候[18]

常に近隣諸藩を探索し情報を収集するとともに、熊本・薩摩両藩へ保護を依頼するなど、周辺大藩に翻弄され地域の大勢のままに動いていたことがわかる。

また史料⑧は回想であるが、薩摩藩への危機意識が伝わってくる。

史料⑧

当正月、上方筋ニハ戦争始リシ風評コレアリ、事柄ハ慥ニ相分ラス候ヘトモ、尊藩ニテハ寺柱山ノ口ナトハ俄ニ御鎖シナサレ、弊藩ノ者ヲハ一切御禦キナサレ候ニ付、国中一同騒キ立、尊藩ヨリ急ニ御襲ヒナサレ候ト申ス浮説ヲ唱へ、婦女子輩ハ唯逃ケ支度ヲ致シ候ヘトモ、壮年ノ輩ハムヤミニ奮激イタシ、如何ニ大藩ナレハトテ無名ノ暴挙アルニ於テハ、縦ヒ国ハ微塵ニナルトモ一足モ引ヘキヤト必至ノ勢ニ相成、人心モ一時大ニ動揺イタシ候ニ付、（略）引続キ園田・久保田両使ノ先触参リ候ニ付、是コソ何カ難題ノ筋ヲ仰セ聞ケラルナラント心配致シ居候処、勅諭御布告ノ使節ニテ是ハ固ヨリ国是一定ノ事ユヘ始テ安心致シ候[19]

上方筋で戦争が始まったとする風評のもとで、薩摩藩が寺柱・山之口の番所を封鎖し襲来するという浮説から飫肥藩は騒然となり、婦女子輩は逃げ支度を始め、藩士らは激高し迎え撃つべく準備を始めたというのである。浮説にしても薩摩藩の動向が直ちに飫肥藩を震撼させ、臨戦態勢を想定する程の影響力を持っていたのである。

一方で、延岡藩や飫肥藩が薩摩藩の探索に励んでいたように、薩摩藩も隣藩の情報収集に余念がなかった。

史料⑨

郡司俊平来リ云、一昨日都城ヨリ山ノ内十兵衛今町ニ来リ、（略）其実ハ間諜ナリ、如何トナレハ当二月頼入候コトヲ是マテ延引、此ノ盆ニ差懸リ、殊ニ薩州ハ京都出兵ニテ混雑ノ中ナルニ、態々当地サシテ来レルハ疑フヘシ、且予山内カ人トナリヲ探リ聞クニ、賤劣狡譎ノ鑿空師ニ〆、終始吾カ藩ノ事ヲ探索シ、虚実ハ構ハス之ヲ麑嶋ニ運ヒ、己カ功トナサントス、故ニ吾カ藩モ之カ為ニ冤ヲ蒙リ迷惑ニ及ヘルコト幾クナルヲ知ラス、憎ムヘキノ小人ナリ[20]

都城の山ノ内十兵衛なる者が実は「間諜」であり、常に飫肥藩を探索していたことがわかる。その十兵衛が虚実構わず鹿児島に報告するため、嶠南は「賤劣狡譎ノ鑿空師」「憎ムヘキ小人ナリ」と口汚く罵倒している。些細な情報（虚報）が両藩間に亀裂を生じさせることに繋がるやもしれず、小藩にとっては放置できない重大な問題だったのである。

三　日向幕領預りをめぐる諸藩の動向

最後に、慶應三年（一八六七）を中心に、日向幕領預りをめぐる諸藩の一連の動向についてみてみたい[21]。

慶應三年二月、西国筋郡代窪田治部右衛門は九州幕領一六万四千石余を、久留米・熊本・島原・延岡各藩へ預ける建白を幕府へ提出する[22]。すなわち日向国幕領は延岡藩へ預けられることになった。

これに対して延岡藩は、高鍋藩へも預地半分を与えるよう幕府へ嘆願している。

（前略）然処同所之儀秋月長門守儀も旧来警衛筋被仰付置、先年攘夷被仰出候砌、長門守儀首倡ニ而細嶋港両岸砲台建築仕候程之儀ニ而、要衝之地ニも御座候得者旁以相当ニ御分配、長門守江も御預地被成下候様仕度、左候得者申合候而協力可也ニ防禦筋御奉公相勤度奉存候[23]

細嶋湊の砲台場建築など、日向国において海防や幕領警固などをリードしてきたのは高鍋藩であるため、延岡藩が義理立てする形を取っているが、「日向ハ小諸侯而已有之、力不一候而者御為如何可有之哉半を、高鍋江御預被成候ハ、平等之御処置与奉存候[24]」というように、隣藩との間に隔意が生じることを避けるためであったことは間違いない。延岡藩国家老が江戸家老に宛てた書状からもそれが窺える。

此節御預地是ゟ御手入等有之儀ニ者曽而無之候得共、傍観いたし候所ニ而者一端之疑ひ有之者自然之情態、此事件対高鍋表一統懸念罷在候処、（略）御預地秋月様江御分配御願ニ相成候得者御義理合も相立、且当御時勢御隣交御大切之折柄ニ付、（略）将又御預地高鍋藩江御分配御願之儀者素り御義理合明白仕、殊ニ当形勢を以考候而も御近領江被為対御義理相欠、万一御隔意ニ而も出来候而者決而御為ニ不相成[25]

この時期、できるだけ良好な隣交関係を保持することがなによりも大切であるという認識であった。

ただし、次のような飫肥藩用人阿万豊蔵による藩評定は興味深い。

豊蔵申候者、九州ニ而も薩州者近来表向相親候様相成居候得共、御承知之通之振合、福岡熊本茂旧来相親居、佐賀者親類有之、何茂大国ニ候得共引離居、時宜ニ寄応接間ニ合不申、佐土原者薩州本末之間、然し本末とても不和も有之ものニ候得者、畢竟十分ニ者難信、高鍋者坂田莠拆所謂勤王論主張致居、是又難頼候、独貴藩之御儀御家柄与申、猶又此上茂無御腹臓御交相頼度段申聞候[26]

薩摩藩は「見ての通りの振り合い」で、佐土原藩は薩摩藩と本支藩関係にあるが不和もあるようにみえ、「畢竟十

表1　慶應3(1867) 年日向国幕領村と預り藩

郡	村　名	村　高（石）	預り藩
臼杵郡	富高村	977.38300	延岡藩
	日知屋村	1,419.26980	〃
	細島町	38.01084	〃
	財光寺村	649.91800	〃
	平岩村	897.00100	〃
	塩見村	1,349.17700	〃
	坪屋村	242.92820	〃
	下三ケ村	116.84000	〃
	小　計	5,690.52784	
児湯郡	現王島村	174.35300	高鍋藩
	黒生野村	347.18700	〃
	清水村	428.36600	〃
	岡富村	356.72500	〃
	三宅村	2,324.05800	〃
	右松村	1,080.92400	〃
	調殿村	343.45700	〃
	童子丸村	223.81600	〃
	南方村	1,192.67460	〃
	穂北村	1,149.07000	〃
	小　計	7,620.63060	
諸県郡	本庄村	2,203.04200	延岡藩
	塚原村	161.25400	〃
	森永村	458.03420	〃
	竹田村	259.90100	高鍋藩
	須志田村	940.10463	〃
	小　計	4,022.33583	
宮崎郡	西細江村	839.37238	延岡藩
	船引村	1,693.76142	飫肥藩
	小　計	2,533.13380	
那珂郡	江田村	810.75863	飫肥藩
	新別府村	777.99537	〃
	吉村	2,127.05933	〃
	福島村	108.69210	〃
	下別府村	187.86620	〃
	南方村	2,107.87900	〃
	松永村	1,088.73500	〃
	小　計	7,208.98563	
合　　計		27,075.61370	

（註）『日向国史下巻』（史誌出版社 1930 年）より作成。

分に信じ」難い。高鍋藩の坂田莠は「勤王論を主張しており頼み難く」、延岡藩だけが「御腹臓無く御交わり相頼みたき」藩だというのである。

日向幕領預りは、当初全てを延岡藩が預るよう命じられたものの、それが高鍋藩、飫肥藩へと広がるが、六月に入ると日向四藩の一つである佐土原藩への配分如何をめぐって意見の対立をみる。

（前略）右御文面ニ而者伊東様江茂土地御分配之儀被仰立候姿ニ相響、佐土原様江御対し被成候而者同し御近領ニ而、如何ニも御疎遠之御仕舞ニ相振、佐土原ニ而者定而延岡之事行近境之交親疎隔絶之評論相発可し、譬右行違之儀申解候而も、公辺ゟ之御達之御文面間違者有之間鋪与疑心者必定ニ而、且又非常之節防禦筋行届候様ニ与之御達ニ御座候得者、方今之形勢御近領御親睦之儀者兼々厚心配仕候折柄、御達面拝読仕候而驚愕仕候、御近領御隔意相生候而者防禦被仰合、百方を尽候とも難行届儀ニ而第一公儀御為筋御不都合ニ落行可申、此段歎息痛苦之至極ニ御座候[27]

すなわち日向幕領を延岡・高鍋・飫肥三藩で預ることに対して、延岡藩から佐土原藩だけを除外すると、同じ近領であるのにいかにも「疎遠」となってしまい、もし隣藩同士に隔意が生じることになれば、非常時の防禦に支障が出るとの異議が出されている。薩摩藩の支藩である佐土原藩を除外することで「御隔意」が生じることを危惧すると同時に、最初に日向幕領の一括預りを命じられた延岡藩に非難の矛先が向けられることを回避する目的もあったと考えられる。

（前略）佐土原独何之御沙汰も無之而者隣単心配之儀も有之、且防禦筋行届候様御達之儀も候得者、御預所之多少ニ不限、其模寄国江御預之方警衛も行届可申、就而者佐土原江も御分預相成候様申立候而者如何哉、大坂留守居役坂田莠ゟ於京師原公江御談判ニおよひ候処、（略）此方様御同意之上者御一同飫肥江罷越談判仕候ハヽ、同藩独我意申張候筋も無之、終ニ承服仕候上者三藩ゟ申立、佐土原江も御分預相成、四藩無腹臓申合、其模寄々を以御渡相成候様願立候ハヽ、（後略）[28]

日向幕領を佐土原藩を含めた日向四藩で預ることについて、飫肥藩は消極的であったが、高鍋藩が周旋に乗り出し、結果的に同意を得ることに成功する。日向四藩がともに平等にという考えが強く押し出されたことは重要である。日向諸藩は、「小藩分立」から地域統合へと動き始めたのである。

佐土原藩へも幕領預りをと嘆願する延岡・高鍋・飫肥藩に対して、幕府は十月二十八日付で三藩への預りを命じた。しかし、それより前十月十四日に将軍徳川慶喜は朝廷に大政奉還を願い出、翌十五日に勅許された。幕領預りは立ち消えになってしまう。翌慶應四年（一八六八）正月十五日、薩摩藩は細島湊を占拠し、二月九日に富高陣屋を含めて薩摩藩預りとなった。なお二十七日には薩摩藩兵は撤兵し、延岡藩があとを預ることになる。

結びにかえて

以上、小藩分立で錯綜した支配領域であった日向国において、日向諸藩の領域意識とはどのようなものであり、日向諸藩が領域意識をもとに地域連帯へと向かうのはいつ頃からか、またその契機となったのは何かについて検討してきた。いままで明らかにしてきたことをまとめ、結びにかえたい。

日向四藩が「日向」という領域意識を特別に持つようになるのは二つの要因があった。一つは、日向灘に面する自藩領の海防政策に加えて、日向幕領の中心であった富高陣屋と細島湊の警固を通してである。つまり、日向四藩が輪番で幕領を警固したことが大きな意味を持った。

もう一つは、隣国の大藩薩摩藩の存在である。薩摩藩の支藩である佐土原藩を除いて、延岡・高鍋・飫肥藩は隣国大藩である薩摩藩の動向に直接多大な影響を受け、かつ同藩に対して大変な危機感を持っていたと考えられる。薩摩藩は日向諸藩にとっていわば仮想敵であると同時に、庇護を依頼できる存在でもあった。また、慶應三年の幕領預りを通しての諸藩の駆け引きの中からも、各藩の領域意識が高まったことは否定できないだろう。

このように、日向という領域意識は、明治三年（一八七〇）の日向四藩会議を待つまでもなく、対外危機のもとで、薩摩藩を核とした南九州地域において近世後期以降に漸次形成されていったのである。

註

(1) 西川誠「Ⅲ解説　維新期の諸藩の動向」(『宮崎県史　別編　維新期の日向諸藩』宮崎県、一九九八年) 二一五頁。
(2) 『都城市史　通史編　近現代』(都城市、二〇〇六年) 一五頁。
(3) 『宮崎県史　通史編　近・現代1』(宮崎県、二〇〇〇年) 二〇八～二一四頁。
(4) 前掲註(1)四三頁。
(5) 『大分県史　近代編Ⅰ』(大分県、一九八四年) 八五頁。
(6) 幕末明治初年「延岡藩諸達願届覚書」(内藤家文書『宮崎県史　史料編　近世2』宮崎県、一九九三年) 九八〇～九八一頁。
(7) 前掲註(6)九八一頁。
(8) 亥三月「日州細嶋湊秋月長門守台場取建候儀ニ付別段申上候書付」(内藤家文書　日向市史編さん委員会編『日向市史資料編』日向市、二〇〇九年) 九八二頁。
(9) 文久三亥年「御軍備覚書」(内藤家文書『宮崎県史　史料編　近世2』) 一一五七頁。
(10) 元治元年五月九日『六鄰荘日誌』二六五頁。
(11) 「書状」(内藤家文書『日向市史』資料編) 三六四頁。
(12) 「風聞書」(内藤家文書第三部―二〇維新―一七六)。
(13) 「風聞書」(内藤家文書第三部―二〇維新―二〇八)。
(14) 「風聞書」(内藤家文書第三部―二〇維新―一六〇)。
(15) 文久二年三月「不穏世上隣国所々窺手控」(内藤家文書第三部―二〇維新―一五一)。
(16) 慶應二年九月『六鄰荘日誌』三一三頁。

(17) 元治元年八月二十五日『六鄰荘日誌』二七一頁。
(18) 慶應二年十二月四日『六鄰荘日誌』三二五頁。
(19) 明治元年二月『六鄰荘日誌』三三七〜三三八頁。
(20) 慶應三年七月十四日『六鄰荘日誌』三三二頁。
(21) 拙稿「幕末維新期における日向諸藩の「隣交」関係について―慶應三年の幕領預りをめぐって―」(『宮崎公立大学人文学部紀要』第14巻第1号、二〇〇七年三月)。
(22) 服藤弘司『大名預所の研究』(創文社、一九八一年)三四七頁。
(23) 慶應三年「御預地一件帳」(内藤家文書『日向市史　資料編』)四四七〜四四八頁。
(24) 「書状」(富高預所ニ付窪田治部右衛門ト接衛ノ件)(内藤家文書『右同』)三六九頁。
(25) 「右同」四四八頁。
(26) 「右同」四五三頁。
(27) 「右同」四七九頁。
(28) 「右同」四九三頁。

日露戦後の地方政治における「地域意識」創出の試み
―大正期有吉忠一知事の施策から―

籾木　郁朗

はじめに

帰属意識の問題

近代の地方制度は、廃藩置県による郡県制の採用以後町村制及び府県制・郡制を基軸に展開した。

宮崎県では、日向四藩と鹿児島藩・人吉藩領に分けられるいわゆる小藩分立状態から、明治四年（一八七一）十一月に日向国を二分し大隅国までを含んだ美々津県・都城県の設置、日向国を一県とした宮崎県（初期宮崎県とする）の設置、明治九年（一八七六）の鹿児島県への合併、そして明治十六年（一八八三）の宮崎県再置まで大きな変化を伴ったが、その間常に鹿児島県を意識せざるを得なかった。

南九州という枠組みで考えると、明治九年（一八七六）八月に初期宮崎県が鹿児島県に合併したことは、南九州全体が鹿児島県になったことを意味する。宮崎県は鹿児島県から分離しなければ再置が実現できなかった。

ところで、宮崎県の再置は分県運動を伴っており、戸長・町村惣代人から県会議員までの、いわゆる地方名望家層が関わり、「県」をどの範囲で置くよう請願するか議論が行われた。鹿児島県に残留したいと願う旧鹿児島藩領の諸県郡を中心とする地域と、鹿児島県にあることの不便をより強く感じていた県北部の臼杵郡（旧延岡藩）を中心とする地域とでは意見が異なっていたし、宮崎・那珂・児湯郡（特に旧高鍋藩、旧飫肥藩）の人々は、西南戦争の復興がままならないうえ鹿児島県会での不利な扱いに不満を感じていたからである。佐土原藩を加えた旧日向四藩を中心とする推進勢力は、日向国及び初期宮崎県の設置範囲を新たな県域として復活させる分県を望んだが、志布志・大崎・松山三郷（後の南諸県郡）は鹿児島県へ残った。分県運動において旧藩感情に基づく地域意識が表れながら、宮崎県が再置されたのである。[1]

明治二十二年（一八八九）の町村制施行に伴う町村合併では、三九三町村が一〇〇町村にまとめられるという行政による線引きが行われ、旧町村同士の対立感情が表出した。有馬学氏は「明治二十年代において、町村制によって新たに設定された町村は、未だ区域であって人々の帰属意識を規定する〈地域〉ではない。[2]」と指摘しているが、その後の選挙制度の導入による地域（近世のムラ）対立も加わって、旧町村域＝近世のムラ意識は、明治二十年代においても残ったままであったと言ってよい。このように、明治十〜二十年代の人々の帰属意識の対象は旧藩・旧町村域にあり、帰属意識は地方制度の導入に対抗して表出したものと考えられよう。

この時期以降、明治後期にかけての地域意識の問題については、明治期の地方名望家の動向を描いた高久嶺之介氏の研究があるものの[3]、高久氏は県政に関わる意識については検討の対象にしていない。

明治三十年〜四十年代の地方政治と宮崎県の状況

日露戦争後の社会は、戦時公債の償還や軍備拡大、植民地経営などに伴う財政措置などから増税基調となり、各府県では政府の税源確保政策から地方税が減少したことに伴い、諸事業を控え、予算を縮小せざるを得ない状況にあった。

この頃、全国的に農村部を中心に地方改良運動が展開され、官製諸団体の活動が評価の対象となり、納税の奨励や部落有林野の統一による町村基本財産の造成が図られ、財政力強化策がとられていたことは周知のとおりである[4]。また、県が産業振興を目的とした町村是作成にてこ入れし、七年後の生産目標計画を立てさせるなど、郡を飛び越えて町村への直接指導を行うようにもなっていた。

宮崎県会では大きな争点が存在せず、政友会系議員が圧倒的多数を占め、政友会系知事の場合には県政に協力的であった。宮崎県の財政規模は他府県と比較して小規模であり、しかも大規模事業は少なく、道路建設でも経費不足で計画が変更されることが常態化していた。行政制度は整備されたため、政治的分野の仕事が「限られた予算のなかでいかにそれを公平に配分していくかという問題に移行[5]」していったと指摘されている。第一二代知事高岡直吉は、明治四十三年（一九一〇）十一月の通常県会において、四十四年度予算を提出した。歳出総額は八七万八九〇九円であり、四十三年度歳出額より一五万二二一〇円もの減少である。高岡は「本予算を編製シマスルニ付テハ成ルヘク節約ヲ主ト致シマシタ[6]」と述べ、しかも収入が不足するため商業税、地租割、戸数割、国税営業税付加税などの税率を増加して収支の均衡を図っていた。日露戦後に緊縮財政の方針を採っていた宮崎県の県勢は振るわなかったといえる。

このような状況下で明治四十四年（一九一一）三月に第一三代知事として有吉忠一が赴任する。

問題の所在

有吉忠一は、京都府生まれで東京帝国大学法科大学を卒業後、明治二十九年（一八九六）に内務省へ入省し、同年文官高等試験に合格した内務官僚である。明治四十年（一九〇七）にはドイツ及びヨーロッパ各国を訪問した。帰国後千葉県知事となり、同四十三年（一九一〇）には韓国統監府総務長官として赴任。併合による朝鮮総督府へ改組後も総務部長官であった。

大正四年（一九一五）八月まで四年半宮崎県知事として在任するが、その間、県営による鉄道敷設、開田給水、港湾改修の三大事業をはじめ、米の県営検査による日向産米の改良、慈恵救済恩賜林の造成など、産業振興政策を実施した。さらに奨学金制度の創設、西都原古墳群の発掘、県史や置県三十年記念誌編纂、人物を顕彰する『宮崎県嘉績誌』の刊行など、県政の各分野において総合的な事業を展開した。(7)

有吉は、最初の知事として赴任した千葉県時代に前知事と対照的な積極財政策を行う。千葉県の財政力からすれば県会の要望を実行すべきと考え、日露戦後に減少した教育費を増やし県立学校の設置を進めた。さらに、千葉〜木更津間に県営軽便鉄道敷設計画を提案し、鉄道連隊の演習用として敷設させるなど、県債の発行を出来るだけ抑制する手法を採ったという。(8)この線は鉄道院が敷設することになったが、その後住民が県債を購入することを条件に路線の募集を行い、多古線と野田線が軽便鉄道で特別会計からの支出で敷設されることになった。山村一成氏は有吉の回想録をもとに「政策のモデルは常にドイツに求められており、有吉の政策は当時の山県系官僚の典型的な発想の形をとっている」と述べたうえで、有吉の地方政策は「国家政策を地方において忠実に実現するだけで、もはや地域の要望に答えられなくなってきていた山県系官僚の政策にはない新しさがあった」とし、有吉を藩閥の論理を越えた新たな自立した専門官僚ととらえている。(9)

有吉は宮崎県においても前に述べたような数多くの事業を総合的に展開した。産業振興による県勢浮揚を目的とし、千葉県知事時代の方向性を持ち込むような施策が並ぶ。しかし、宮崎県における教育・文化事業への傾倒は、千葉県政とは一線を画している。

本稿では、宮崎県における有吉忠一の施策について検証し、有吉の政策目的と手法について明らかにする。そして、施策を通じて試みた地域意識の創出について取り上げながら、日露戦後の地方官像を描きたい。

一　県政の手法

1　県民性をどう捉えるか

有吉以前の知事の県民に対する認識は「風俗ハ概ネ素朴ニシテ人情自ラ篤実ノ風アリ、唯近時時勢ノ進歩ニ伴ヒ一般生活状態ノ向上ヲ見ルニ至リシモ、驕奢ニ流ル、ノ悪習ナシ」[10]と、基本的に県治上弊害はないというものであった。しかし、明治四十年代初頭の石灰肥料廃止に反対する暴動事件などが起こっており、政策によっては注意を要するという見方もなされていた。有吉自身は、赴任前に、

凡そ県治に莅むに当つて注意せねばならぬ事は多々あるが最も大切なことは、県民の素質気風を知り、県民を理解することである。宮崎県民は素質極めて質朴真摯なるも他地方の事情に通せず、頭はよきも知識に乏しい、併し操守固く言責を重んずる美風を持つて居るから、之を善導すれば非常に信頼して来るが、其代り一度之を誤らば、反抗が烈しい、之はなかなか考へて居たやうに治め易い地ではないと観察したので、其心得で臨んだ。

と県民性を把握することを県治上の第一課題に設定していた。そして「元来が淳朴質実、操守固く、言責を重んずると云ふ美質を以て居るのだから、之に処するに道を以てし、誠意之を誘掖善導すれば、決して難治に悩む心配はない」[12]と、自らが導くことにより問題は生じないと考えていた、と回想している。

2　政治姿勢

明治四十四年（一九一一）十一月の通常県会において、有吉は次年度の事業について二四の提案議案を用意した。その際、県政の方針を次のように説明する。(13)

先ツ私カ第一ニ此来年度ノ本県ノ予算ヲ編成致シマスルニ付キマシテ採リマスル所ノ方針ハ、本県ノ今日ノ状態カラ致シマシテ本県ハ退イテ守ルト云フコトヨリモ進ンテ開クト云フコトカ急務テアルト信シマシタカ故ニ、総ヘテノ案ニ対シマシテコノ方針ヲ以テ編成ヲ努メタ次第テアリマス、コノ進ンテ開クト云フ事柄ハ今日ノ我国ノ現状ニ照ラシマシテ本県カ国家ニ対スル義務テアルト信スルト同時ニ、本県民一般ノ福祉ヲ増進スル上ニ於テ必要ナル方針テアルト信シ、併セテ亦県民一般ノ希望モ私ハ其処ニアルノテアルト信シタカ故ニ此方針ヲ採ツタ次第テアリマス

採るべき方針は「進ンデ開ク」ことであった。その理由は、二六億円余の国債について海外へ利息支払いがあり、解消を急ぐには全国各地方が足並み揃えて「経済的努力」をする必要があること、地方の開発は「国家ノ急要トスル所」であり県民一般の福祉も同時に向上し、県民の希望もそこにあると考えていたことであった。そして、宮崎県の開発を行うにあたり、全体の経営を他府県と比較すると、平均的レベルに到達するには努力の余地が大きいと説明している。国家の要請に応ずるには地方の開発が不可欠という認識と、開発と同時に県民の福祉向上という要望に応える必要があると考えていた。

3　事業選択の方法

初めて自らが策定した次年度予算を県会で説明する際、有吉は取り組む事業の順位について説明している。それ

は、宮崎県において開発の基となり切実に必要を感じている事柄から手を付けて、漸次他の事業に及ぶようにするというもので、歳入予算枠内で、理由を明確にして順位付けを行ったのである。

実際に県内の視察を行い地元の声を拾い上げた結果、宮崎県において最も開発を促進する基礎となり急を要する事柄は交通機関の整備であるという。交通機関には道路、河川、鉄道、港湾の四つがあるが、道路は前知事の時代に定まった一二ヵ年計画があるので、その通りに進める。河川は物資の集散旅客の便に効果があるものの、調査の時間と多額の工費が予想されるため見送る。鉄道は長年県民が熱望し続けてきたものであるにもかかわらず、国鉄線（吉松―小林―都城―宮崎）の路線の完成年度は明治五十一年予定で、日豊線は予定にない。「一日モ早ク鉄道ノ速成ト云フコトハ県民ノ仰望シテ已マヌ所テアリマスルカ故ニ」[14]県民の希望を満足させる方法を講じたい、と県営による鉄道敷設事業を提案した。それは、港湾の改修と一体化させた交通機関の発達をめざしたものであった。

4　有吉の政治手法～鉄道敷設事業を例に

前項で述べたように、有吉が第一に取り組んだのは交通機関の整備であった。有吉県政を象徴する県営鉄道敷設事業を題材に検討し、有吉の政治手法を明らかにしたい。

宮崎県は明治二十六年（一八九三）以降、西南鉄道や延熊鉄道などの計画が立てられ、明治四十年代は県内の政界及び実業界で組織する鉄道期成同盟会が活動を行っていた[15]。鉄道敷設の機運は高まっており、実際有吉が敷設を提案した後の明治四十五年（一九一二）一月には「日豊線鉄道ニ関スル意見書」、同年の大正元年十二月には「県北部鉄道ノ速成ヲ望ム意見書」が県会から内務大臣宛で出され、知事の施策を後押ししている[16]。

有吉は宮崎県内の地方的中心になっている箇所を現地調査し、細島―土々呂―延岡線、宮崎―福島―高鍋線、宮崎

―佐土原―妻線、油津―一里松―飫肥線を候補として挙げ、工事費の予測を行った。宮崎―妻間では将来的な鉄道院の買い上げに目途が立っていること、飫肥―油津間は高い採算性が評価され、二線を敷設する計画にした。実地調査に基づく明確な選定理由が示されたため県会は承認したが、一方で県会からは細島―延岡間の敷設建議が出された。有吉は、鉄道速成を求める県会の姿勢を評価しつつ、細島―延岡間の敷設建議に対しては懸念に堪えないと述べる。路線距離に比して工事費見込が多額であったためである。有吉の提案した二路線一一八万円の借り入れも確実でない中で、さらに「建議案ノ趣旨ニ依リ鉄道敷設ノ為メニ多額ノ資金ヲ借入マスル事ハ容易テハアリマセン」[17]と、建議案の希望が実行されない可能性について説明している。実際、県北部路線は立案されたものの、低利資金融通の目途が立たず、大正三年（一九一四）に計画が中止された。

しかしながら、二路線総額一一八万円の工事資金を県債に求めることは宮崎県にとって前例がない上に、全額低利資金を借りる見通しが不透明な段階で承認されたことは、県と県会にとって遅滞する県政の改革をめざす動きと評価できよう。

県予算特別会計は大幅に増加した。明治三十八〜四十四年度は二〇〜三〇万円だったのが、主として県債を財源に県営鉄道・港湾・開墾事業に着手した結果、明治四十五年度から五〇〜一〇〇万円に増加。特に明治四十五年度の歳入と大正六年度の歳出入は一五〇万円に達したという。しかし、有吉は資金が著しく欠乏している宮崎県では、産業開発に必要な資金を調達することが不可欠と考えていた。「地方低利資金の「輸入」が可能な事業として、千葉県知事時代に成功した鉄道など県営事業に着手した」[18]と指摘がなされているのはもっともである。日本勧業銀行からの借り入れ年利五・三％という大蔵省預金部地方低利資金を利用できる大規模事業を選んでいた。しかも、千葉県において成功経験のある鉄道事業である。多額の県債発行は、県財政を圧迫することが予想され、実際有吉転任以後は発行を抑制したが、宮崎県は多額の債権発行にかかわらず地方低利資金の優遇により相対的に低利で財源を確保していたと評価されている[19]。

以上のように、鉄道事業を例にとれば、採算性に基づく選択、政府低利資金制度の利用、国有鉄道への買い上げ交渉などを通じて積極的に開発に取り組もうとした。

二　県政の視点

1　県会との関係

明治四十三年（一九一〇）十二月二十三日、前任の高岡知事が臨んだ在任中最後の通常県会の最終日、県会議長若林駒之輔は、異例の長さの答辞を述べた。そこでは「此度ノ県会ハ我々任期中ノ最終ノ県会テアリマスルノテ、四年前ニ於ケル経過ト結果ヲ少シク述ヘマシテ知事ノ注意ヲ喚起シタイト思フノテアリマス[20]」と前置きした上で、明治四十年度から四十四年度までの予算について具体的に説明する。県会としては道路更正など必要と認め、増税案にも賛成してきたが「既往四年間ニ於テハ未タ我々カ予期スル所ノ央ハニモ達セサルノ感アルハ甚タ我々代表機関ノ遺憾トスル所テアリマス[21]」と、知事を批判した。そして、鉄道開通を意識した道路整備、港湾の調査・改修、河川調査、植林指導など、事業の適切かつ速やかな実施を望んでいる。最後に、不穏当な発言であるとしながらも、強い調子で「我々カ県民ノ代表機関トシテ斯クノ如キ感シヲ持ツト云フコトハ、知事ニ於テモ特ニ其意ヲ重ンセラレンコトヲ希望スル[22]」と述べ、県政に苦言を呈した。

当時の県会は政友会の一党支配であり、政友会系の高岡知事を支持していたが、在任最後の県会で適切に速かな事業実施を求めるという異例の要求を行っていたことから、遅滞する県政に対する県会の不満が高まっていたことが読み取れる。

翌四十四年（一九一一）三月に赴任した有吉は、十二月の通常県会で翌年度からの積極政策を表明した。県会議員赤木通茂は、明治四十五年度鉄道港湾歳入歳出予算案審議で「此計画ハ是迄数年攻究サレタ処ノ問題ニアラスシテ、之ハ殆ト我々ニ取ツテハ即題テアリマス」[23]と述べた。その上で、営業収入により工事費及び利息を返済し、経営費用をまかなうという夢のような話だが、本来なら調査機関を設けて充分に議論すべきところ、これまで交通機関の一日も早い整備を望んできたことから、有吉知事の千葉県での経験と手腕を信頼して提案に賛成したと言う。県会は興奮した様子で議事を進め、読会を省略して採決に移り、満場一致で可決した。

有吉の積極政策は県会により承認された。これは、政府から低利資金を借り入れ、県民に負担の少ない形で特別会計により事業を実施するという手法が県会議員に認知されたことを示している。前任高岡知事の県政との違いは明らかで、有吉は県会の要望を背景に積極政策の意志を表明した。そして、前年に生じていた県会の不満を解消し、良好な関係を保ったのである。

2　町村との関係

有吉は、大正三年（一九一四）十一月の通常県会で町村治要綱調査の開始について言及した。明治三十九年以降に県主導で作成された町村是について完成七年を経て検証を行い、さらに新たな町村の目標を設定しようとしたのである。「町村役場ニハ毎日、郡カラ、県カラ、或ハ中央政府カラ通牒ガ来ル度ニ、其日其日ノ仕事ヲヤツテ行クト云フヨリモ、町村トシテハ何カ是ダケノ一定ノ事ヲ極メテ進ンテ行クト云フ目的ヲ以テ、町村ノ活動ヲ促シテ行キタイト云フノガ、此事業ノ主眼デアリマス」[24]と述べ、町村の日常業務の考え方を変え、目的を持たせて活動を促すことを計画したという。各町村が開発に力を注いでいったならば必ず進歩発展すると主張し、町村と力を合わせ県全体の開発に結びつけていこうと考えていた。また、「日向人は前にも云つた様に淳朴であるけれども、民度が低く、一般国内情勢に就て知る所が少ない、併し之を導くに道を以てすれば、立派に仕事も出来るし、業績を挙げて行くことも出来る、則ち町村指導と云ふことが県治上必要の問題となつて来る、町村を指導して行く為には、何とか指導方法をたてる必要がある」[25]と考え、町村官吏を指導し仕事をさせるための手段と位置づけた。

さらに、回想録には「譬へば村治上の事を村長に口頭で述べれば、別に文書で通達しなくとも決して間違ひがない、その位口約を重んずる」[26]と町村長を信頼し、好んで町村長に会ったことが記されている。しかし、「之は伝統的の遣り方ではない、多くの知事は高く止って郡長を通じて地方有力階級に接するといふ時代に、自分の態度は型破りで、差支なき限り誰にでも面接し、つとめて民情を察し、相互の理解を深からしむる様にした」[27]と述べており、あえて旧慣と行政システムを無視して町村長を直接指導し、民情を知る手段としていたという。

このように、町村長を中心に直接指導する方法を実践していたことは、知事の考えを伝え理解させるとともに、新しい知事（行政官）という印象を与えるのに十分な方法であっただろう。

三　教育・文化事業への取組み

1　奨学金制度の創設

有吉県政において、千葉県知事時代と大きく異なる点が、教育・文化事業であることは最初に述べた。まず、教育・文化事業にみられる特徴を洗い出してみよう。

大正三年（一九一四）十一月の通常県会において、有吉は翌年度予算に奨学費として一五〇〇円を計上した。中等程度の学校を卒業し学術優等で将来の見込みがある者を選抜して、高等学校へ進ませようとする団体が起これば、その団体に経費を補助する、という制度であった。この制度導入にあたり、県内の状況を次のように説明する(28)。

都城延岡ト云フヤウニ、局部的ニ学生養成ノ目的ヲ以テ、寄宿舎ニ収容スルト云フヤウナ計画モ無イノデハアリマセヌガ、県下ヲ通ジテ一団トシテ、優良ナル学生ヲ保護監督シ、併セテ学資ヲモ補助スルト云フヤウナ団体ガ無イノデアリマス、斯ウ云フ状況デアリマシテ、何時迄モ延岡都城飫肥トカ云フ観念ガ尚存ジテ居ルヤウデアリマスルガ、相成ルベクハ今日サウ云フ区別ヲ立テルコトヲ避ケシメタイ、均シク宮崎県ト云フ法人ノ中ニ住ンデ居ル一家族デアリマスカラ宮崎県ト云フ団結ヲ致ス必要ガアルト信ズルノデアリマス、ソレデ将来サウ云フ団体ガ組織サルレバ、其団体ニ向ツテ補助ヲ与ヘテ、其資ニ給スルト云フ目的デアリマス

県内には学生養成のための寄宿舎の設置計画が局地的にみられるが、県全体を対象とした学資補助を行う、いわゆる育英組織がないと述べている。その原因として、延岡・都城・飫肥といった旧藩意識が大正期まで残っていると指摘し、教育に悪影響があると認識していた。そして、「宮崎県」という法人の中に住む「家族」として県民が団結する必要があるという。

有吉は県内に旧藩意識が残っていると判断し、諸事業の遂行に「宮崎県」でまとまる必要性を認識していたことがわかる。

このような、旧藩意識の残存性を認識しつつ、その払拭を意図したのが西都原古墳発掘調査事業である。以下、同調査事業について考えてみよう。

2　西都原古墳群発掘調査の実施

（一）発掘の動機

宮崎県へ赴任する前に皇后宮大夫の香川敬三から高千穂峰について質問され「成程今自分は我建国発祥の地に職を奉ずるのだと思はず任地に就ての認識を新たにした」[29]有吉は、赴任した翌年十二月から西都原古墳群の発掘調査に着手する。宮内省、帝室博物館、東京・京都両帝国大学から、黒板勝美や濱田耕作ら専門研究者を招いて学術調査を実施した。この調査は参加した濱田が「後日、此の調査は日本考古学の一時期を画するものであると、其著書中に書いて居る」[30]ほどの意義ある有益の調査であったと有吉は回想している。

地元の日州新聞は「遠く関西地方の大新聞記者が来る、高等学校の教授、各県立学校の教師が集まる、発掘に従事した人夫は青年会員中学力品行並び秀でたものばかり…（中略）…古国日向が更に広く紹介せられ顕彰せられた」[31]と事業に関わった人々について紹介し、「古国日向」を発信したと成果を強調した。

千葉県で歴史研究会を開催して『千葉県誌』を刊行し、後任地神奈川県でも黒板勝美とともに史跡保存を行っているから[32]、有吉自身に歴史や史跡に対する強い興味・関心があったことは間違いない。しかし、なぜこの時期に、なぜ西都原古墳群発掘調査を実施したかは、有吉の個人的な関心だけでは説明できないだろう。

（二）古墳発掘事業の背景と実際

明治二十一年（一八八八）以来、臨時全国宝物取調局を中心に全国的に行われた社寺宝物調査を踏まえて、明治三十年（一八九七）に古社寺保存法が制定される。この法律では学術上の価値とともに「皇国の歴史」の事蹟かどうかが基準となって格付けされた。古社寺保存法には史跡に対する明確規定がなく、史蹟・天然記念物保存について国が取り組むべきとする建議案「史蹟及天然紀念物保存ニ関スル件」が貴族院と衆議院に提出され可決したが、中心メンバーであった東京帝国大学助教授黒板勝美は、欧米視察後の明治四十五年（一九一二）に改めて「史蹟遺物保存ニ関スル意見書」を提出している[33]。

黒板が中心となって起草した「史蹟及天然紀念物保存ニ関スル件」草案をみてみよう[34]。

我が国民道徳の方面より考ふるに、建国以来上に連綿として天壌無窮の皇室を戴き、以て世界無比の国体を形成したり。我が国民がこの誇るべき歴史を有するは益々其の美を済す所以にして、古聖王の偉徳と古英雄の事蹟とがますます国民を激励して我が国民道徳を涵養すべきは今ここに縷述するに及ばざるべしといへども、その偉徳の跡を存し、その事蹟の面影を留めたる遺跡遺物を目撃せしむるによってその効果を大にすること最も肝要なるべし。

意見書案をみると、皇室を強く意識し、遺跡・遺物の保存が国民道徳養成につながる効果を強調していることがわかる。さらに西都原古墳の発掘に訪れる直前の大正元年（一九一二）九月には「古墳発掘に就て考古学会々員諸君の教を乞ふ」を著し、古墳発掘法の制定、学術的発掘の実施、官憲による監督強化を求めている。そこでは、古墳の発掘は「政府事業若しくは学会の事業として、厳重なる監督の下に行わる」べきで、学術上の発掘は「必ずしもその埋蔵物を獲んとするものにあらず、その実古墳そのものを保存[35]」するために行うべきだと主張している。

黒板を招いた有吉は、黒板の考えを理解し、西都原古墳群の地で実現する覚悟で臨んでいたはずである。それが、発掘調査報告書における、有吉の序文「我日向国ハ皇祖発祥ノ霊地ニシテ神代鴻業ノ遺跡到ル処ニ儼存シ、其風物悠遠蒼鬱人ヲシテ坐ロニ太古ヲ偲ハシムルモノアリ、蓋シ万邦ニ卓越セル我国史ノ源泉ハ、実ニ此地ニ発スルヲ以テナリ、此等ノ史実ヲ探求闡明シ併セテ之ヲ虔敬保護スルノ方法ヲ講スルハ、独リ我国民ヲシテ報本反始ノ誠意ヲ起サシムル所以ノ道タルノミナラス、亦タ以テ学界ニ貢献スル所決シテ鮮少ナラサルヲ信ス[36]」という表現につながった。

多数の学者を招き報告書も作成した学術的な成果と、御陵墓に接する古蹟に対して奉告祭などを実施し宗教（神道）的な側面を持たせた皇室に対する崇敬の行為を考え合わせると、国家官僚である有吉は「皇国の歴史」を強調する目的を持ちながら、任地である宮崎県を皇祖発祥の霊地として位置づけ県政の推進に利用しようとしていたといえよう。

以上のように、西都原古墳群の学術的な発掘事業は、史蹟保存の機運が高まる中で計画・実施された。宮崎県が皇祖発祥の霊地であることをアピールする手段として利用され、そのイメージは新聞等を通じて県内外に伝えられた。さらに、有吉は県史の編纂[37]、再置三十年記念事業と記念誌作成、地域の人物や団体を顕彰する『宮崎県嘉績誌』の刊行などを行った。これらの事業を通じて、県民に対して旧藩意識からの脱却と県レベルへの意識拡大を求めたのであろう。

四　「地域意識」創出の試み―まとめにかえて―

最後に、日露戦後に赴任した有吉忠一の県政を通じて、明らかになったことを確認しよう。

有吉は、独立採算制の県営事業を展開し、政府の低利資金制度を利用した資金調達方法を採用した。その中で、千葉県知事時代の経験を活かした交通機関の整備に重点を置いた積極県政を展開した。県会と協調し、歴代知事が実現できなかった諸事業を、在任中に短期間で実行した。導くという視点から、意識変化を目的に町村を直接指導し、事業活動の活性化を図った。そして、県政を円滑に進めるには、県民の中に残る旧藩意識を払拭することが必要であることを認識し、黒板勝美の言う国民道徳の涵養と古蹟保存の重要性をふまえ、西都原古墳群の発掘を学術調査として実施した。国体を意識しつつ、「皇祖発祥之地」＝宮崎県を県内外にアピールし、県政推進を目的として宮崎県という地域意識を高める意図を持って臨んだのである。

これらのことから、日露戦後の地方官僚であった有吉忠一の県政には、以下のような特徴を指摘できよう。第一に、千葉県知事時代と同様の積極財政方針を示したが、財政力が劣る宮崎県では、資金調達などにおいて新たな手法を取り入れる必要があり、有力政治家を通じて大蔵省低利資金を確保し、資金の調達を図ったことである。財政的に脆弱な県において、資金調達の道筋を開いた。第二に、事業展開において、県民性の認識にもとづき、県会・町村長らと協調しながらも、長官として強い指導力を発揮する必要性を感じていたことである。県及び町村の指導者層に新しい方向性を示し、導くことが求められ、それを認識して実践した。第三に、短期間で事業を展開していくためには人々の意識を変える必要があると考え、赴任後早い段階で西都原古墳発掘を実施し、意識変革に取り組んだ。その意識とは、大正期にも依然として残っていた旧藩領域に対する帰属意識であったが、それを変革するため国体につながる「皇祖発祥之霊地」宮崎県を強調し、意図的に取組んだのである。

以上のような、県政推進のため県レベルの地域意識を創り出そうとした手法は、日露戦後の地方官が、財政基盤の脆弱な県においてとり得る一つの姿を示したのではないだろうか。

註

（1）拙稿「明治十年代地方制度改革における名望家層の動向―宮崎県の分県運動を事例として―」（『宮崎県地域史研究第二十四号』宮崎県地域史研究会、二〇〇九年）。

（2）有馬学「ムラの中の「民党」と「吏党」―近代日本の地域・選挙・政党―」（『年報近代日本研究19　地域史の可能

性　地域・日本・世界』近代日本研究会、一九九七年）。有馬氏は宮崎県史編纂事業において宮崎県庁文書を調査・整理する過程で、明治二十年代の町村制導入がもたらした地域的紛争を見出し、地方制度が地域に何をもたらしたのかを具体的に描いている。

（3）高久嶺之介『近代日本の地域社会と地方名望家』（柏書房、一九九七年）。高久氏は、「明治前期の区長、戸長役場の構成員とそれをささえた村の役職、町村制成立後の名誉職村長」らを分析の対象とし、「地域」概念は「大区小区制期の区および町村、それ以降の町村」を想定している。

（4）宮地正人『日露戦後政治史の研究』（東京大学出版会、一九七三年）が、地方改良運動における青年団体の官製化、部落有林野統一問題などについて取り上げている。

（5）『宮崎県史　通史編近・現代1』（宮崎県、二〇〇〇年）史料解題、季武嘉也氏執筆部分。

（6）『宮崎県会史　第二輯』宮崎県、一九一六年。

（7）拙稿「有吉忠一の事業展開―県会での発言にみる有吉の構想―」（『宮崎県地方史研究紀要　第二十五輯』宮崎県立図書館、一九九八年）、『宮崎県史　通史編近・現代1』（宮崎県、二〇〇〇年）ほかを参照。

（8）山村一成「日露戦後山県系官僚の積極政策―有吉忠一知事の千葉県における施策を例に―」（櫻井良樹編『地域政治と近代日本　関東各府県における歴史的展開』一九八八年）。

（9）前掲註（8）。

（10）宮崎県庁文書「県務引継書」高岡直吉知事　明治四十四年。

（11）「宮崎県の回顧」横浜開港資料館寄託有吉忠一関係文書「有吉忠一経歴抄」所収。本史料は、拙稿「史料紹介　有吉忠一経歴抄「宮崎県の回顧」」（『宮崎県総合博物館研究紀要　第二十七輯』二〇〇六年）にて翻刻紹介。

（12）「宮崎県の回顧」（横浜開港資料館寄託有吉忠一関係文書「有吉忠一経歴抄」所収）。

（13）『宮崎県会史　第二輯』宮崎県、一九一六年。

（14）『宮崎県会史　第二輯』宮崎県、一九一六年。

（15）『宮崎県史　通史編近・現代1』宮崎県、二〇〇〇年、筆者執筆部分。

(16)『宮崎県会史　第二輯』宮崎県、一九一六年。
(17)『宮崎県会史　第二輯』宮崎県、一九一六年。
(18)『宮崎県史　通史編近・現代2』宮崎県、二〇〇〇年、神山恒雄氏執筆部分。
(19)『宮崎県史　通史編近・現代2』宮崎県、二〇〇〇年、神山恒雄氏執筆部分。桂内閣の施策であった低利資金融通の優遇措置を得られたのは、内務省の井上友一や中川望が有吉の後ろ盾となっていたためである（松本洋幸「牧民官・有吉忠一と宮崎県」〈『地方史研究　341』二〇〇九年〉）。松本氏は、「日露戦後の中央政界で対立と妥協を繰り返していた政友会と桂内閣」の双方に軸足を置いていた有吉の姿勢を、日露戦後の地方官の在り方を考える重要な論点と指摘している。
(20)『宮崎県会史　第二輯』宮崎県、一九一六年。
(21)『宮崎県会史　第二輯』宮崎県、一九一六年。
(22)『宮崎県会史　第二輯』宮崎県、一九一六年。
(23)『宮崎県会史　第二輯』宮崎県、一九一六年。
(24)『宮崎県会史　第三輯』宮崎県、一九二二年。
(25)「宮崎県の回顧」（横浜開港資料館寄託有吉忠一関係文書「有吉忠一経歴抄」所収）。
(26)「宮崎県の回顧」（横浜開港資料館寄託有吉忠一関係文書「有吉忠一経歴抄」所収）。
(27)「宮崎県の回顧」（横浜開港資料館寄託有吉忠一関係文書「有吉忠一経歴抄」所収）。
(28)『宮崎県会史　第三輯』宮崎県、一九二二年。
(29)「宮崎県の回顧」（横浜開港資料館寄託有吉忠一関係文書「有吉忠一経歴抄」所収）。
(30)「宮崎県の回顧」（横浜開港資料館寄託有吉忠一関係文書「有吉忠一経歴抄」所収）。
(31)「日州新聞」大正二年一月九日付。
(32)岩崎春江「史跡保存のキーマン―黒板勝美・有吉忠一・中山毎吉―」（『えびなの歴史　8』一九九六年）、松本洋幸「牧民官・有吉忠一と宮崎県」（『地方史研究　341』二〇〇九年）において言及がある。有吉と黒板の関係は、東京帝国大学の同期であることにはじまり、神奈川県での相模国国分寺史跡調査、朝鮮総督府時代の『朝鮮史』編纂にも及んでいる。

(33) 鈴木良・高木博志『文化財と近代日本』(山川出版社、二〇〇二年)、拙稿「明治期～昭和戦前期の文化財保護政策を考える(二)—法令適用事例及び宮崎県の史跡指定傾向にみる保護政策の検討—」(『宮崎県立西都原考古博物館研究紀要　第4号』二〇〇八年)を参照。

(34)『考古学雑誌　第二巻第五号』考古学会、一九一二年一月。

(35)『考古学雑誌　第三巻第一号』考古学会、一九一二年九月。

(36)『西都原古墳群発掘調査報告書』(宮崎県、大正四年)。本報告書は一～三輯をまとめて、西都市教育委員会が昭和五十八年(一九八三)に第一書房より復刻発行をおこなっている。本稿では復刻版を使用した。

(37) 県史は、有吉が喜田貞吉に委嘱して編さんが試みられ、喜田は日高重孝とともに調査・執筆を行った。宮崎県初の本格的な県史編さんは、西都原古墳発掘事業に並行して、地域意識変革の一環として実施された事業であると考えられる。

しかし、「皇国の歴史」を最も強調すべき太古・上古史の皇室に関する叙述をめぐって、県と喜田らは対立した。喜田によれば、県は皇室の記述について宮内省の承認を得ることを第一義とし、「私見」を避けるよう書き換えを命じたという。なお、喜田は最終的に大正十年(一九二一)に原稿を提出したが宮崎県は公刊しなかった。県内務部長として赴任した有吉実(有吉忠一の弟)は、埋もれた原稿を見出し刊行準備を進めたが実らず、最終的には昭和四年(一九二九)に喜田が個人名で『日向国史』(上・下巻)を刊行した。

南九州における民俗地図の可能性について

渡邉　一弘

はじめに

「南九州の地域形成と境界性」というテーマを前に、民俗学の視点から歴史学へその成果を生かせるものがないかを考えたときに、先ず思いついたのが民俗地図であった。南九州という地域は、民俗学における民俗地図という手法の重要性と可能性を示すことのできる格好のフィールドであり、地方史という視点で、民俗学と歴史学の接点を持ちうるテーマ性がある。

本稿では、民俗学における民俗地図についての整理と、南九州における民俗地図に関する研究を整理し、その可能性について論じていきたい。

一　民俗学における民俗地図について

柳田国男が『蝸牛考』(1)によって見出したのは、周圏説・周圏論という民俗学のための方法論であった。ナメクジ・カマキリ・スズメ・セキレイ・ホトトギス・イタドリ・ヨモギ・レンゲソウ・スミレ・タンポポなどといった様々な方言を調べたが、その中の「蝸牛」という言葉の方言が周圏分布を見せ、それによって周圏論・周圏説を発想した。(2)その後倉田一郎や牧田茂らによって、「民俗周圏論」「文化周圏論」として積極的に取り上げられたが、あまりにその手法の該当しない事例が多すぎるという理由から積極的に論じる研究者は極わずかとなった。それは、一つの同心円からの波紋の広がりのみを強調しすぎたため、例外の事例が多く、基本的な手法としては認められなかったわけで、これをあくまでも一つの例、あるいは複合的に考える方法論を提示できていれば、民俗地図の活用ももう少し、活性化されたのではないかと考える。その一つの可能性が南九州という地域で実践されてきたことは後述するとおりである。

民俗周圏論が実際の民俗文化において一部の事例でしか証明できないということを結果的に可視的に証明してしまったのが、次に挙げる全国的な民俗地図であった。

昭和三十七年（一九六二）～三十九年にかけて行われた全国一三六六カ所の調査を元に、文化庁編の『日本民俗地図』（国土地理院）が昭和四十四年から逐次刊行され、昭和四十八年（一九七三）～五十八年にかけて行われた全国七一一四カ所の緊急民俗文化財分布調査を元に各都道府県で報告書として刊行され、後に全国的にまとめた『都道府県別日本の民俗分布地図集成』全13巻（東洋書林）が平成十一年から刊行された。

宮崎県を例に取ると、『宮崎県民俗地図（宮崎県文化財調査報告書）』（昭和五十三年刊行）は、昭和五十一年度（一九七六）の一〇〇カ所、翌年の五〇カ所で行われた聞き取り調査（「宮崎県緊急民俗文化財分布調査」）を元に作成された民俗地図である。この原資料は刊行されてはいないが、詳細な調査であるため、『宮崎県史　資料編　民俗1・2』（宮崎県、平成六年）では「民俗事象調査」として利用されている。原資料は、現在、宮崎県総合博物館が所蔵している。この調査には県下の民俗研究者・市町村文化財調査委員・小中学校教諭が当たり、話者には七〇歳以上の老人を二名以上選んで行われた。地図は沢武人（宮崎県総合博物館学芸課長）・泉房子（同学芸員）・立元久夫（文化課主事）が作成した。地図の内容は信仰・衣食住・農業・運搬・市・若者組・講・人生儀礼・年中行事など六一項目が取り上げられている。

これらの民俗地図は、地図だけでは利用が難しく、研究者によって利用される機会は少なく、前述の「民俗事象調査」のように、むしろその基礎資料の方の利用価値が高かった。しかし、民俗地図は、おもに郷土史誌の民俗編で利用されることとなる。県史などで積極的に民俗地図を活用した倉石忠彦は、民俗地図の重要性について、『日本民俗大辞典』（吉川弘文館、平成十二年）の「民俗地図」の項目で次のように記している。

地図は地域差は時間差であるとする民俗文化の変遷に対する認識を、実際に視覚化して示すことができるものでもあった。さらに、地図を研究手段として用いると、地域的特性と関連させることができ、民俗事象を歴史的側面からだけではなく、地理的、自然的側面からも明らかにすることができ、よりその民俗事象の性格を理解することができる。つまり、基礎作業としての分布図から、地域・領域を示すもの、伝播経路を示すもの、時間的変遷を示すものなどの地図を作ることができ、それは研究成果を地図を用いて示したものということができる。かつて、関敬吾は「空間的・地域的形態の把握と、それぞれの民俗の発生・成長・死滅の頻度を叙述し、さらにそうした成果にもとづいてある場所と結合した理由を説明しうる可能性もある」といい民俗地図のもつ可能性に期待した。しかし民俗地図の活用についての検討は必ずしも十分に行われてきたわけではなく、今後に課題を残している。

倉石忠彦とともに日本民俗学における民俗地図の再考を実践している安室知は、『長野県史』での民俗地図の利用について、民俗事象が特定地域を形成する理由として、次の二点を挙げている。(3)

◯地理的条件：自然条件が民俗を規制。積雪・雨量・気温・標高・植生・生態・河川・山岳などが影響。
◯歴史的条件：政治・文化・経済などの影響を受け、交通・交易等による他地域の影響。
そして、よりよい民俗地図の条件として次の四点を挙げている。
・同一の視点から分析でき、同等に扱える資料が対象地域を全体的にカバーできるほどあるか。
・地域的偏りが少ない。
・名称呼称のみでは不十分。
・民俗地図は作成者の問題意識とつねに対応。
これらの条件は、南九州における民俗研究の蓄積からも可能であるといえよう。
宮田登は、民俗地図の活用を積極的に唱えた研究者の一人であり、民俗地図の可能性について次のように言及している[4]。

いくつかの文化要素をモザイク型に積み重ねながら、その歴史的な背景をみていかなければいけないということになる。民俗学の場合こうした民俗地図をたくさん数をつくって重ね合わせていき、少なくとも一〇以上の要素を重ねたときにはじめて何かをいえるのではないかという感じがするわけです。

編年という意味では、歴史学や考古学との連携によって、民俗地図の活用も図られるのが理想的であるが、民俗地図のみならず、民俗学の研究自体が歴史学や考古学の領域に利用されていないのが現状であろう。民俗学は主に文献に記されなかった人々の生活を追求しようとしてきたが、歴史学への資料活用としては問題が多い。原田信男は、民俗学の提示する資料の可能性について、「なによりも民俗資料の内実自体が、時代と社会によって変化する、という史料上の性格を熟知しておかなければならない。ところが一方で、より本質的な問題として、民俗学では時間軸の設定が難しく、時代的な変化を追求しにくい、という難点がある。」としながらも、「民俗学における時間の扱いは、きわめて厄介ではあるが、今後は文献史料や考古資料と組み合わせ、民俗学としての編年作業を地道に積み重ねていくことが必要である」と、民俗学の編年作業という点にその可能性を見出している(5)。

二　南九州における民俗地図研究について

南九州の民俗研究においては、下野敏見と小野重朗によって、積極的に民俗地図が利用されてきており、この二人の研究者の成果を中心に、南九州には、民俗地図についての研究成果が豊富である。

1　下野敏見の民俗地図

下野は、南九州から南西諸島にかけての民俗の差異を時間軸に置き換えられるという視点から、ヤマト文化圏と琉球文化圏の重なり具合で歴史的な時間をマクロ的に割り出そうとした(6)。

境界線の地域別変化は、その境界線の成立年代が非常に参考になるのであるが、この研究法は何も離島だけに限定されるものではなく、本土の藩境や県境などの場合にも、その入りまじった状況を慎重に比較するならば、相応の成果をあげるにちがいない。たとえば、薩摩に例をとると、石像タノカンサアや若者たちによる棒踊は、宮崎県南部の旧薩摩藩領にはあるが、熊本県の肥後領域にはもともとなかったけれども、明治以後薩摩から伝わり、しかも芸態は熊本風にガラッと変わった、という状況から、この二つの民俗は近世の薩摩藩成立後に薩摩でできたものであることが明らかになる。

と、南九州の地域差を時間差に当てはめる試みを提示した。また、南九州・屋久島・種子島・トカラ列島・奄美諸島・沖縄本島という階段状の地域的変化を民俗伝播の時代設定が可能とし、「南九州の民俗文化」を「近世（中・後期）のものが主流」などの基準を提示している。南九州を中央の視点からのみ見るのではなく、南の視点から見ることにより、南九州という地域の特色が違って見えることを証明しているといえよう。

また、下野の視点で、南九州を見ると、ヤマト文化圏と琉球文化圏という二つの文化圏を想定した場合、南九州という地域は、二重の意味で文化圏の周縁部となる。この周縁部こそ、その地域の文化の特色を残していると言え、そのような意味でも南九州の民俗文化の研究の重要性が分かる。

前述の原田信男は、「ヤマト中心史観」を打破する必要性を説いている。(7)

残念ながら、われわれは無意識のうちに「日本」と「ヤマト」を混同しているが、律令国家を創り上げたヤマト政権の歴史と、列島社会の歴史とは別物であることを、明確に認識しておく必要がある。長い政治史の過程で、国家に絡め取られた人々や地域を含み、それらの立場を見据えた後者こそが、真の意味での日本の歴史なのである。それゆえ、われわれの内なるヤマト中心史観を自覚的に払拭し、列島の歴史に対する正確な認識を高めていかなければならない。

この視点からすれば、下野が提起したヤマト文化圏と琉球文化圏という二つの文化圏の視点で日本を見るということの重要性が見えてくる。

また、南九州の研究の重要性については大林太良も指摘している。(8)

古代との関連において一つの興味深い問題は、古代におけるさまざまな種族群の分布が、それら特徴的な文化要素の残存を通じて、今日においてもとらえることはできないか、という問題である。この分野において研究が進んでいるのは、九州のなかでも一つの下位地域をなしている南九州である。ことに小野重朗や下野敏見の努力により、おそらく古代の隼人に遡ると思われる習俗や民具、そしてそれらの分布地域も明らかにされている。ここに紹介されているように下野と同様に南九州という地域に新たな視点を与えたのが小野重朗である。

2　小野重朗の民俗地図

下野敏見がマクロ的視点で南九州・南西諸島を見ようとしたのに対して、一方、小野重朗は、南九州を中心にミクロ的に見ようとした。鹿児島県内を中心に、カードによる綿密な民俗調査を行い、様々なテーマに関して、民俗地図を作成した。その地図は、鹿児島県にとどまらず、熊本県、宮崎県に及び、薩摩・大隅・日向にわたる文化の多様性を示しており、民俗地図についての論考も積極的に民俗学会に提示し続けた(9)。

宮崎県に関する主な業績としては、様々な論文・報告書等があり、民俗地図が効果的に利用されている。『常民文化叢書8　十五夜綱引の研究』（慶友社、昭和四十七年）、「神楽の竜と綱引きの竜―竜神信仰の歩み」『隼人文化』第一七号（昭和六十一年）、「田の神舞の成立」『鹿児島民俗』九八号（平成二年）などで証明したことは、十五夜綱引や神楽を例にとり、南九州という地域区分を民俗地図により、文化の区分として提示したことであった。宮崎県日向市を流れる耳川以南、これが南九州の文化と南九州の領域を区分する地域であるとする。

その後、『宮崎県史』を通しての研究により、「九州民俗分岐線」と言うものを想定していたと、山口保明は記している(10)。これらの成果は、「稲作と稲作儀礼」「畑作と畑作儀礼」『宮崎県史　資料編　民俗鼓』、「年中行事」『宮崎県史　資料編　民俗2』（宮崎県、平成六年）と『宮崎県史叢書　宮崎県年中行事集』（宮崎県、平成八年）にまとめている。

小野は、晩年、宮崎県史の参与として、宮崎調査に専念し、年中行事、農耕儀礼に関する多くの業績を積み重ねていたが、その研究も道半ば平成七年に逝去した。小野が残した民俗地図は、南九州の民俗文化の地域性、境界性を見事に表すものであるが、一部のテーマをのぞいては鹿児島県の地図と宮崎県の地図を複合させることはなかった。南九州の民俗地図作成は残された課題といえよう。また小野は、民俗事象の新旧については論じるが、その歴史性には意識的に言及してこなかったが、晩年、小野は宮崎県内の若手の歴史研究者にその必要性を説いていたという。

三　宮崎県における民俗地図の利用

こうした小野重朗の民俗地図を発展させ、宮崎県内の神楽に応用したのが山口保明である。神楽を生業・地形・信仰などの様々な要素に分け、複数の地図を作製した。その境界は、鹿児島・宮崎・熊本の県域を越え、歴史性を説明しうる地図となっている。その成果は、『宮崎県史　資料編　民俗2』（宮崎県、平成六年）にまとめられ、後に『宮崎の神楽』（鉱脈社、平成十二年）として刊行された。

山口は、神楽を、舞われる時間（昼／夜）、生業形態、信仰圏などから分類し、それぞれが複合的に組み合わさることを民俗地図を作成し見事に可視化したのである。

まず、神楽を「夜神楽」「半夜神楽」「昼神楽」という一日の時間単位で分け、また「冬神楽」と「春神楽」に分ける。

県中央部の田園地帯から県南部日南地方にかけましては、いわゆる〈春神楽〉の分布地帯であり、同時に県中央部から県北部のやや東部寄りには〈半夜神楽〉が行われ、沿岸部には豊漁祈願の〈漁神楽〉が分布しています。このような分布状況からみましても、それぞれの色分けができるし、自然環境（自然条件）との関わりにおいて神楽の性格・機能を規定することが可能です[11]。

生業形態からみた神楽圏図としては、焼畑・稲作・畑作・漁業というものが神楽という民俗芸能に如実に反映されることを示し、南九州の霧島を中心に据えると、神楽にも霧島信仰の影響を読み取ることができることを示した。また一方では、霧島信仰の広がりの内側に霧島神舞の圏があり、その北部には、さらに祖母山信仰・阿蘇山信仰の圏が交わってくると、神楽の分布図から神楽の成立過程を読み解いたのである。

四　南九州における民俗地図の可能性

ここまで民俗地図の可能性と、南九州における民俗地図の研究史を整理してきたが、最後に南九州における民俗地図の可能性について整理しておく。

民俗地図には、次の三つの可能性がある。

①旧藩領域図などとの比較により、その文化の成立時期が想定できる。

②地理的条件との比較により、その文化の成立背景が想定できる。

③歴史的事象との関連付けにより、その文化の成立背景が想定できる。

近年、日本民俗学会において民俗地図の再評価が行われつつあるが、これまで民俗地図の蓄積が残された地域は限られている。今後、小野重朗らが残した成果は、追跡調査できない歴史資料として利用される時代となり、南九州の民俗文化を理解する上で、これらの民俗資料を民俗学・歴史学・考古学間の連携によって、いかに共有していくかが大きな課題であろう。

鹿児島県の周縁部分に当たる宮崎県内の諸県地方は旧鹿児島藩領であり、その更に外縁部分は宮崎市を含む宮崎平野部へとつながっている。この宮崎平野部から日向市内を流れる耳川までに、広がる様々な文化がより古いかたちの文化の存在を示しているが、その一方、関西方面からの新しい文化の流入を示す地域でもある。こうした要素を地図上から腑分けし、古い文化を抽出する感覚が民俗地図作成には求められる。大変難しい作業ではあるが、その前段階として、南九州という文化圏を示す鹿児島県と宮崎県あるいは熊本県をつなぐ民俗地図の作成から始めるべきであろう。

南九州という地域の歴史性を歴史学・考古学・民俗学の領域で共有できる、可視化できる一つの方法として、民俗地図が利用できるのではないか。はたして耳川を境に存在する民俗文化の違いを時代の物差しとして使用することが可能かは、今後の大きな課題であるといえよう。

註

（1）「蝸牛考」は、昭和二年（一九二七）に『人類学雑誌』第四二巻四号から七号にかけて分載され、昭和五年に刀江書院から単行本となり、昭和十八年に創元選書として刊行された。
（2）柴田武「方言周圏論」（大藤時彦編『講座　日本の民俗1　総論』有精堂、昭和五十三年）。
（3）『長野県史　民俗編　第五巻　総説Ⅱ　さまざま暮らし』長野県、平成三年。
（4）宮田登「民俗文化と地域差」（網野善彦・石井進・鈴木稔編『帝京大学山梨文化財研究所シンポジウム報告集　中世日本列島の地域性―考古学と中世研究六―』名著出版、平成九年）。
（5）原田信男「ヤマト中心史観を超えて」『あらたな歴史へ　いくつもの日本Ⅱ』岩波書店、平成十四年。

(6) 下野敏見『ヤマト・琉球民俗の比較研究』法政大学出版局、平成元年。
(7) 前掲註（5）。
(8)『日本民俗文化大系　第一巻　風土と文化―日本列島の位相―』小学館、昭和六十一年。
(9) 民俗地図についての論文には、主に以下のようなものがある。
「民俗調査の方法―民俗地図作成法をめぐって」『日本民俗学大系』十三、平凡社、昭和三十五年。

「民俗分布の同心圏構造について」『日本民俗学会報』三七号、昭和四十年。

「民俗地図の構造」『農耕儀礼の研究』弘文堂、昭和四十五年。

「民俗地図による地域研究」『日本民俗学』一二一号、昭和五十四年。
(10)「しおり」『宮崎県史叢書　宮崎県年中行事集』宮崎県、平成八年。
(11)『宮崎の神楽』鉱脈社、平成十二年。

第六〇回（都城）大会の記録

大会成果刊行特別委員会

はじめに

地方史研究協議会第六〇回（都城）大会は、二〇〇九年一〇月一七日（土）から一九日（月）までの三日間、「南九州の地域形成と境界性—都城からの歴史像—」の共通論題を掲げ、宮崎県都城市のウエルネス交流プラザムジカホールを会場に開催された。第一日目となる一七日は、四本の自由論題研究発表および公開講演、総会が、第二日目の一八日は八本の共通論題研究発表と共通論題討論が行われた。最終日となる二〇日には、宮崎県内を都城市から宮崎市へ向かうコースの巡見が行われた。

本書は、この大会の成果について公開講演および研究発表を編集したものである。書名を大会共通論題である『南九州の地域形成と境界性—都城からの歴史像—』とした。また、構成を共通論題討論の議論の内容に鑑み、「Ⅰ　地域形成にみる境界性」「Ⅱ　島津氏の動向と歴史意識」「Ⅲ　地域統合と境界性の変容」とした。

一　大会準備状況

第六〇回大会が開催された宮崎県への大会開催希望は、二〇〇四年一〇月の地方史研究協議会第五五回（高崎）大会で申し出がなされた。この時、香川県高松市からも大会開催の申し出があり、以後、両地域の方々と随時相談し、常任委員会でも検討を重ねた結果、第五八回大会は香川県高松市で開催することとし、第六〇回大会を宮崎県で開催することを前向きに検討することで合意した。二〇〇六年一〇月の第五七回（静岡）大会で宮崎県に加え、もう一地域から大会開催の申し出があった。会誌『地方史研究』第三二五号（二〇〇七年二月刊）で、すでに二地域から大会開催希望の申し出があることを提示した上で、他地域での開催希望の有無を問い合わせたが、両地域以外開催の申し出は無かった。そこで、両地域から大会開催プランを提出していただき、二〇〇七年三月八日および四月一一日の常任委員会で慎重に審議した結果、第六〇回大会を宮崎県で開催することを決定した。その後、二〇〇七年九月七日の常任委員会で開催地を宮崎県都城市と決定し、大会名称を第六〇回（都城）大会と定めた。

大会準備にあたり、二〇〇七年五月一五日の常任委員会で大会準備委員会を発足させ、準備を始めた。当初のメンバーは、吉田政博（委員長）・石山秀和・伊藤暢直・斉藤進・西海賢二・渡辺嘉之の六名であった。二〇〇八年一一月一〇日の常任委員会で大会準備委員会は大会運営委員会に改組され、メンバーを補充・変更し、石山秀和・伊藤暢直・太田尚宏・桑原功一・斉藤進・西海賢二・藤野敦・渡辺嘉之（委員長）の八名で準備を担当することになった。この間の常任委員長は二〇〇八年一〇月までは太田尚宏、それ以降は小高昭一であり、運営委員とともに準備を行った。

一方、大会開催の正式決定を受けて、地元では宮崎県地域史研究会のメンバーを中心に準備が進められ、二〇〇七年九月一日（土）に宮崎公立大学地域研究センター凌雲会館（宮崎市内）で第一回実行委員会が開催され、実行委員と常任委員長・常任委員（大会準備委員）の間で打ち合わせを行い、本格的に活動がスタートした。以降、都城市内と宮崎市内の会場で実行委員会を開催し、大会に向けた準備が行われた。実行委員会は、宮崎県・鹿児島県の研究会・研究者で組織された。最終的な実行委員会の構成は次の通りある。

【実行委員会】

実行委員長　若山　浩章

事務局長　山下　真一

委　員

今塩屋毅行、大賀　郁夫、小山　博、加覧　淳一、

栗山　葉子、桒畑　光博、柴田　博子、武田　信也、

竹村　茂紀、近沢　恒典、中竹　俊博、永山　修一、

林　　匡、堀田　孝博、増田　豪、松林　豊樹、

籾木　郁朗、矢部喜多夫、山下　大輔、山田　渉、

米澤　英昭

実行委員会は合計一三回実施した。各回の内容については、すでに『地方史研究』第三三六号から第三四一号に、第六〇回（都城）大会運営委員会報告として、二〇〇九年八月三日までの状況を記しているので、ここではそれ以降の動向を追記しておく。

九月一三日には宮崎公立大学地域研究センター凌雲会館（宮崎市内）で共通論題研究報告者によるプレ大会を実施した。翌一四日には第一二回実行委員会を宮崎県立図書館会議室（宮崎市内）で開催し、大会の時程・役割分担の調整を行った。一〇月三日には宮崎産業経営大学（宮崎市内）で、共

通論題討論に関する打ち合わせを議長団で行った。

大会前日の一〇月一六日に、大会会場設営等の準備の後、大会会場であるウエルネス交流プラザ（都城市内）で第一三回実行委員会を開催した。常任委員会と合同で開催され、翌日から始まる大会の最終確認が行われた。

なお、実行委員会および準備委員会・運営委員会の開催状況は以下の通りである。

【実行委員会】

第1回 二〇〇七年 九月 一日（宮崎公立大学）
第2回 一二月 八日（都城市立図書館）
第3回 二〇〇八年 三月 八日（宮崎公立大学）
第4回 六月一四日（ウエルネス交流プラザ）
第5回 八月三〇日（宮崎公立大学）
第6回 一〇月二六日（都城市コミュニティーセンター）
第7回 一二月一三日（都城市立図書館）
第8回 二〇〇九年 二月 七日（宮崎公立大学）
第9回 五月一六日（都城市総合文化ホール）
第10回 六月二〇日（宮崎公立大学）
第11回 七月二五日（都城市総合文化ホール）
第12回 九月一三日（宮崎県立図書館）
第13回 一〇月一六日（ウエルネス交流プラザ）

【準備委員会】

第1回 二〇〇七年 六月 四日
第2回 七月 九日
第3回 八月 七日
第4回 九月一八日
第5回 一一月一四日
第6回 二〇〇八年 六月 五日
第7回 八月一四日

【運営委員会】

第1回 二〇〇八年一二月 一日
第2回 二〇〇九年 一月一四日
第3回 三月 九日
第4回 七月一〇日

また、本研究小委員会では、第六〇回大会（都城）大会関連月例会を次の通り行った。報告の内容については、『地方史研究』第三四二号の例会報告要旨を参照されたい。

二〇〇九年六月二五日　丸島和洋「豊臣政権と相良氏」

二　大会共通論題の設定経緯

第六〇回（都城）大会を開催するにあたり、大会実行委員会および大会準備（運営）委員会では、大会共通論題の設定に向けて議論を重ねた。

共通論題の設定にあたり、まず対象となる地域の範囲について話し合いが行われ、都城、宮崎県、南九州のいずれを対象にするのかが検討された。この点については、対象地域を宮崎県とするのでは都城で大会を開催する意味が薄れるという意見が出された。また、宮崎県という県域を越えた地域特性が都城にはあるのではないかという意見も提起された。他方、日向からみた都城、薩摩・大隅からみた都城、都城からみた日向、都城からみた薩摩・大隅といういくつかの視点を持てる共通論題の設定が模索された。すなわち、単に都城だけを対象地域とするのではなく、都城という地域を通じて南九州三ヶ国（日向・薩摩・大隅）の歴史性を明らかにするという方向で検討が進められた。

こうした議論の前提には、南九州三ヶ国が相互に関連した地域であり、しかも都城が日向と薩摩・大隅を結ぶ中間域、境界域に位置してきたという事実である。議論を進める中で都城のこのような地域特性を「境界性」と表現し、「境界性」をキーワードに南九州の地域形成やそこで展開した歴史的世界の様相に注目するという方向で共通論題を設定することになった。

こうして共通論題を「南九州の地域形成と境界性―都城からの歴史像―」と決定した。副題を「都城からの歴史像―」としたのは、都城の地域特性である境界性というキーワードを通じて南九州の地域形成を検討することを強く意識してのものであった。細部にわたる検討を踏まえた上で、最終的には以下の通りの趣意書が『地方史研究』第三三八号および第三四〇号・第三四一号に掲載された。

【第六〇回大会を迎えるにあたって】

南九州の地域形成と境界性―都城からの歴史像―

常　任　委　員　会

第六〇回（都城）大会実行委員会

地方史研究協議会は、第六〇回大会を、平成二一年（二〇〇九）一〇月一七日（土）から一九日（月）までの三日間、宮崎県都城市で開催する。本会常任委員会および開催地の研究者を中心に組織された大会実行委員会では、大会の共通論題を「南九州の地域形成と境界性—都城からの歴史像—」と決定した。

本会では、第五四回（八戸）大会以来、風土に根ざした特質による地域形成のあり方や、県域を越えた地域が持つ特性、他地域を含めた相互的な連関から主体的に形成される地域像について議論を重ねてきた。本大会では、これらの成果をふまえつつ、南九州三ヶ国（日向・薩摩・大隅）を相互に連関した一地域としてとらえ、そこで展開した歴史的世界の様相に注目していくこととする。

当該地域は、九州の南東側に位置し、古墳時代以来、近畿地方をはじめとする中央の政治勢力と色濃い結びつきのみられる日向と、南西諸島と諸関係を持つ薩摩・大隅地域に大きく区分することができる。その中で、都城盆地をはじめとする日向南部は、こうした二つの地域を結ぶ、中間地帯、境界域であり、中央や在地の諸勢力が南九州全域に影響力を及ぼす上での政治的な拠点となっていた。また、日向や薩摩・大隅の諸地域からもたらされる文化や物資がここで交錯し、集積されるなど、地域形成に独自の位相を示す特性を有していた。

本大会では、このような地域特性を「境界性」と表現し、その歴史的様相を検討していくこととする。また、その視点から、南九州の地域形成との相関関係や地域の全体構造の特色、さらにその中で生まれた地域意識の動向を捉えていくこととしたい。

さて、南九州三ヶ国の歴史を振り返ると、古墳時代には列島最南端の前方後円墳築造域として、ヤマト王権と連合する首長の存在が想定される。その一方で、南九州の特徴的な墓制といわれる地下式板石積石室墓や地下式横穴墓が数多く造営されていた。南九州全体は「日向」であったが、七世紀後期に天皇への朝貢と服属儀礼を行う集団である隼人が設定され、のちに八世紀初頭にその居住地が薩摩・大隅として分出された。

万寿年間（一〇二四～二八）に、大宰大監平季基が都城盆地を開発し、これを藤原頼通に寄進したことで成立した「島津荘」は、のちに三ヶ国にわたる日本最大の荘園となった。鎌倉期を通じて、日向・大隅の島津荘地頭職および守護職は、ほぼ北条氏の手中にあったが、幕府草創期に島津氏の祖となる惟宗忠久が、南九州三ヶ国の守護職に任じられたことは、南北朝期以降、南九州の覇権を指向していく島津氏にとって、自己を主張する上での由緒として強く意識されることとなった。

　戦国末期になると、島津氏は三ヶ国を統合し、さらに九州全体に勢力を拡張する。その後、豊臣政権による国割りが実施され、薩摩・大隅と日向国諸県郡《もろかたぐん》は同氏に安堵されたものの、日向には伊東氏などの諸大名が配置され、当該地域における新たな枠組みが形成された。このことは、徳川政権下の日向での、島津氏領（鹿児島藩）と高鍋・飫肥・佐土原・延岡といった諸藩の成立へとつながった。藩領の設定は、これまでの歴史的経緯と絡み合いながら、藩ごとに異なる社会や地域性・藩意識を形成していくこととなる。例えば大名島津氏は「外城制《とじょうせい》」を採用し、武士身分の者が村の運営を行う特有な支配制度によって権力秩序を保持した。なかでも「私領」領主の都城島津氏は、自領の地誌『庄内地理志』を独自に編纂したことに象徴されるように、地域固有の歴史性を強調する指向があったといえよう。

　維新期の日向では、日向を一地域とする領域意識の萌芽を背景として、日向四藩会議が設けられた。廃藩置県後には、薩摩と南西諸島からなる鹿児島県とならんで、日向北部に美々津県、日向南部と大隅の大半に都城県が置かれ、さらに両者を再編して明治六年（一八七三）に宮崎県が誕生した。その後、いったんは全体が鹿児島県に編入されるが、同一三年に宮崎県分離運動が起きた。これら一連の出来事は、地域社会のあり方と地域意識の変容を示すものとして注目される。しかし、旧鹿児島藩領である諸県郡の分県に対する姿勢は、都城周辺が消極的であるなど地域内で異なっていた。また、宮崎県再置に際しては、地域的多様性が依然として県内に保持されていたことから、大正期の県知事・有吉忠一が西都原古墳群の発掘による祖国顕彰を行い、『日向国史』の編纂に着手するなど、「日向意識」がたびたび政策的に提唱された。その後、昭和八年（一九三三）の祖国日向産業大博覧会を通じて、「祖国日向」意識の発揚が試みられたこともその一例といえよう。

　なお、南九州三ヶ国の地域特性は、史料的な特質に連関している点にも注意が必要である。当該地域に残る文書史料は、質量の偏在性が高いと評されており、その克服のための研究方法の確立と史料保存の重要性が、正確な地域像を把握するうえでも急務となっている。そのような中で、「都城島津家史料」が都城市へと一括寄贈されたということは、地方史・地域史研究の発展にとって大きな一歩となったといえよう。

以上のように、南九州三ヶ国には、固有の歴史性を持った多様な地域社会が存在していた。このような地域社会を「境界性」というキーワードによって注視しながら、当該地域の歴史性を検討し、新たな研究の進展を期したい。活発な議論を期待する。

三　問題提起・大会関連論文

例年の通り本大会でも共通論題に関する問題提起を募集し、『地方史研究』第三四〇号・三四一号に大会特集Ⅰ・Ⅱとして掲載した。同第三四一号には大会関連論文も掲載した。

問題提起

1　南九州縄文時代早期の貝殻文円筒形土器と押型文土器の関係について　山下大輔
2　東・南九州における弥生土器の様式構造からみた都城盆地の位相　加覧淳一
3　古代都城盆地の地域性と境界性　栗山葉子
4　出土文字資料からみた古代の諸県郡　柴田博子
5　対外貿易と都城　小山　博
6　九州の「奥三ヶ国」と「山東」　若山浩章
7　天正～慶長期における島津氏の港津支配　米澤英昭
8　豊臣政権と日向国―日向の大名配置をめぐって―　増田　豪
9　庄内地域の境界性と一向宗禁教　西　光三
10　鹿児島藩・天保度の一向宗取締り―自訴不罰・宗旨替えを中心とした取締り―　所崎　平
11　日向四藩と薩摩藩における六十六部対応の相違について　前田博仁
12　「都城ヲ鹿児島県ニ復セン事ヲ」―明治一八年の管轄替運動―　武田信也
13　「田の神講」文書取り扱いの視座について　森田清美
14　古墳時代竪穴住居内「火処」からみた都城盆地の位相　今塩屋毅行
15　島津荘の成立をめぐる諸問題　桒畑光博
16　四国遍路・修験者の文化・情報・技術交流試論―四国と南九州との関連を中心にして―　西海賢二
17　牧民官・有吉忠一と宮崎県　松本洋幸

大会関連論文

中世後期南九州の村と町
—『庄内地理志』を中心に—　福島金治

四　自由論題研究発表

大会初日の一〇月一七日に行われた自由論題発表は、以下の通りである。

1　閉塞方法からみた地下式横穴墓の類型化と地域色　近沢　恒典
2　南北朝期島津奥州家の日向国進出　新名　一仁
3　南九州における座頭のあり方について
—永青文庫史料「座頭帳」から見る肥後の座頭支配—　緒方　晶子
4　宮崎県のおける青年訓練所について　竹村　茂紀

緒方報告は、盲目の芸能者集団である座頭の全国的な組織である当道座の肥後藩における展開を分析したものである。行政の下部組織としての一面を持つ肥後の当道座は、自己の権益を守る必要からも、違反する無礼の芸能者の告発を進んで行っており、風俗取り締まりなど治安維持の一端も担っていたと論じた。

竹村報告は、宮崎県の事例を通して、農村部の比重が強い地域における青年訓練所の設置と展開を考察したものである。入営者に在村青年が多い宮崎県では青年訓練所は入営前の軍教育の場として重要であるとし、青年訓練所をめぐる在郷軍人会の動向を分析した。

近沢・新名報告については、本書掲載論文を参照されたい。

五　公開講演

大会初日の午後には、次の公開講演が行われた。

1　明治期の行政史料と地域社会
—宮崎県庁文書を中心に—　有馬　学
2　境界の政治学—庄内の乱から都城県へ—　原口　泉

有馬氏からは明治期の宮崎県庁文書からみた地域社会について、原口氏からは都城の歴史の独自性についてお話を賜った。両氏の講演内容は、本書Ⅱ、Ⅲの冒頭に掲載されているので、詳しくはそちらをご覧いただきたい。

六　共通論題研究発表

大会二日目の一〇月一八日は、共通論題研究発表が行われた。報告は以下の八本である。

1　古代の日向・大隅・薩摩三国の位相　永山修一
　―隼人とその支配をめぐって―
2　物の動きから見た都城盆地の境界性　堀田孝博
3　石清水八幡宮寺による南九州の荘園支配　栗林文夫
　―古代後半期の陶磁器類を中心として―
4　薩摩藩の家格・役格整備と藩政文書の書式統一　林　匡
　―島津吉貴藩政期を中心に―
5　都城島津家の領域意識と『庄内地理志』　山下真一
6　「小藩分立」から地域統合へ　大賀郁夫
　―幕末維新期における日向諸藩―
7　県政による「県民意識」の創出　籾木郁朗
　―大正期有吉忠一知事の施策から―
8　南九州における民俗地図の可能性　渡邉一弘

各報告の内容は、本書掲載論文を参照されたい。

七　共通論題討論

共通論題研究発表後、共通論題討論が行われた。議長は、大会実行委員の柴田博子氏・山田渉氏（ともに宮崎）、大会運営委員長の渡辺嘉之（東京）が務めた。討論に先立ち、議長団（渡辺）から共通論題の趣旨が説明されるとともに、次に掲げる三つの論点が提示された。

一つ目は、地域内の共通性や異質性、相関関係に注目しながら南九州三ヶ国の地域形成を時代ごとに捉える、二つ目は、南九州三ヶ国のおける島津氏の動向とその歴史意識への影響を検討する、三つ目は趣意書に「境界性」と表現している都城の地域特性を明らかにする、という三点である。

まず柴田氏を議長として、永山報告・堀田報告について討論が行われた。

永山報告については地域形成の問題を中心に討論が行われた。永田一氏（東京）から、延暦四年に日向から大隅・薩摩へ浮浪が見られたのは三ヶ国がかつて「日向」であり、地域として一体性が残っていたためなのか、原口耕一郎氏（宮崎）からは支配体制が異なっていく三ヶ国に共通性が残っていたのか、質問があった。永山氏はこれらに対し、日向から大隅・薩摩への逃亡は税負担が軽くなるためであるが、肥後から大隅・薩摩への同理由での浮浪は見られないことから、古代においては三ヶ国の地域としての一体性が残っていたと考えられると返答した。これを受けて、議長の柴田氏は大隅・薩摩の成立時期が異なる点を指摘し、大隅・薩摩の差異について質した。永山氏は、薩摩では一郡あたりの平均郷数が少ないのに対して、大隅ではそれが多く他の西海道諸国に似ていること、前方後円墳が日向と同様に大隅に存在するが、薩摩にないことから、大隅は薩摩に比べて律令国家の原則が貫徹していたと返答した。

堀田報告については、都城盆地への物資の流入の問題を中心に討議が行われた。上床真氏（鹿児島）が、都城盆地へ陶磁器が流入するルートである川内川ルートや青井岳ルートは官道のルートと一部分重なるというが、官道は物資を流入する道であったか質した。堀田氏は、物資を流入するのに利用される道はたまたま官道と重なることはあるが、基本的には両者は異なると思う、しかし詳しいことはわからないので官道の発掘調査が進む中で考えていきたいと返答した。藤木聡氏（宮崎）は、人吉盆地での陶磁器の分布状況について質した。堀田氏は、八世紀末から一〇世紀中頃は大宰府から流入する陶磁器は人吉盆地からほとんど出土しておらず、この時期の都城盆地への陶磁器の流入ルートは主として川内川ルートで、人吉盆地経由の流入は少ないと考えられると返答した。

議長は山田渉氏に交代し、栗林報告について会場から発言を求めた。福島金治氏（愛知）は報告を評価して、大隅国正八幡宮社家である桑幡氏の館跡から楠葉型瓦器、和泉型瓦器、京都産の鍋が出土した事例は南九州と畿内の交流を考える上で興味深いと述べた。さらに福島氏は栗林氏・堀田氏に、南九州では他にどこから楠葉型瓦器、和泉型瓦器が出土しているか質した。栗林氏は大隅国正八幡宮社家と薩摩国益山荘から出土した事例しか把握していないが、石清水八幡宮寺が正八幡宮領荘園と益山荘の本家であることを考えると、正八幡宮・益山荘と京都は何らかの交流があったといえると返答した。堀田氏は、関西の研究者による研究成果では楠葉型瓦器は国府や地域の拠点となる遺跡から出土し、和泉型瓦器はもう少し広範に分布するとのことであるが、宮崎県では楠葉型瓦器は今のところ出土例がなく、和泉型瓦器は国府周辺、串間、えびの、都城に数点ずつ出土している程度であると返答した。

ここで議長の山田氏は、第一の論点に即して、永山報告が七・八世紀、堀田報告が八世紀末から一一世紀末、栗林報告が一一世紀から一三世紀の各時期における南九州の地域形成の問題を扱っているが、各時期の地域的特色に連続性と相違性が見られるか、永山氏・堀田氏・栗林氏に意見を求めた。

永山氏は、八世紀までは、隼人がいたということで大隅・薩摩は日向との異質性が強調される傾向にあったが、九世紀になると大隅・薩摩にも日向と同様に、律令制が適用されたり、田堵といわれる有力農民が登場したりすると述べた。

堀田氏は、八世紀以前は都城盆地に前方後円墳が築造され、住居内の火処にカマドが造りつけられるなど宮崎平野に共通する傾向が見られ、東側の文化が都城盆地まで入りこんでいた、一二世紀以降は都城盆地では全域に中国産の磁器を伴う遺跡が増え、大隅国正八幡宮社家跡からの出土状況と同じ様相を示すのに対して、宮崎平野ではこのような傾向になく、青井岳を境に山西・山東という地域が形成されていったのではないかと述べた。

栗林氏は、一〇世紀後半から一一世紀中頃、九州内に弥勒寺領の荘園が広がり、荘園は湊の周辺に配置されており、これは南島世界との交易を意識してのものとも思われる、堀田氏のいう都城盆地への中国産磁器の流入と関連があるのではないかと述べた。

次に林報告・山下報告の討論に移った。議長の山田氏は、第二の論点に即して鹿児島藩内の一体性と私領の独自性について会場から意見を求めた。

佐々木綱洋氏（宮崎）は、山下報告を補足して、都城島津家の領主館周辺を領民は城下町と考える意識があること、『庄内地理志』に鹿児島の島津本家の居住地を遠所と記されていることなどを紹介し、都城島津家の私領の独自性を強調した。

大野瑞男氏（神奈川）は、文書の面からいうと幕府と大名の関係は寛文期に確立されたが、鹿児島藩の藩政文書の書式が統一されるのはいつ頃か林氏に質した。林氏は、報告の通り鹿児島藩の藩政文書の書式統一は一八世紀の島津吉貴の藩政期であると返答した。議長の山田氏は、鹿児島藩の藩政文書を用いて報告された林氏に対して鹿児島藩領における私領の独自性という問題をどのように考えるか意見を求めた。林氏は、私領主・垂水島津家の場合、江戸初期に本家から当主が養子に入っているにもかかわらずその家の論理で動いている、また私領主・種子島家の場合、家譜を二六巻まではどちらかというと中世文書の写しで構成して中世以来の領地支配の正当性を主張しており、二七巻以降は文化八年以降の種子島家の役所文書の写しを中心に編纂し島民の生活を記録しており私領主が現状の問題に立ち向かわざるを得ない状況の中で記録されている例を紹介し、鹿児島藩の私領主は、江戸初期から一貫して独自性を保持していたという見解を述べた。

次に議長は渡辺に交代し、大賀報告・籾木報告の討論に移った。議長は、諸藩分立の状態から県という枠組みへの地域統合が見られた点にふれ、第一の論点に即して会場から意見を求めた。

荻慎一郎氏（高知）は、第一に幕府は寛政期頃から漂着・海防に近隣の藩が協力して対処することを奨励するが、文久期の日向諸藩の海防の場合には諸藩の間で打ち合わせなどがあったか、第二に明治三年に日向四藩が合同で行った軍事操練の意図は何であったか、大賀氏に質した。大賀氏は、第一点目について、文久期に諸藩の間で海防に関する話し合いがもたれたかどうかは不明であるが、幕領については延岡藩と高鍋藩は細島を、飫肥藩は現宮崎市の沿岸を、佐土原藩はどこでも海防できるようにするという取り決めはあったと述べた。第二点目について、技術的な共有が目指され、小藩の脆弱な財政を補う意味合いもあったと返答した。

山本直希氏（沖縄）は、大賀氏に日向諸藩と鹿児島藩の海防政策をめぐる情報収集の質的差異はあったか質した。大賀氏は情報収集の質的差異は明らかではない、鹿児島藩の情報収集は厖大であったが、日向諸藩もそれなりに情報収集を行っていたと述べた。

山本氏は、籾木氏に、第一に有吉知事の教育・文化事業は、成果としてどのような動きに反映されているのか、第二に江戸時代の日向の小藩分立状態は、宮崎県の県民意識の創出という視点からどうしてもマイナス評価で語られる傾向があるが、肯定的な評価はできないか質した。籾木氏は、第一点目について『宮崎県大観』における宮崎県が皇祖発祥の地であるという主張や『宮崎県再置三十周年記念誌』への寄稿には、ジャーナリストが県民意識を広めるという動きが強く見られると返答した。第二点目については、宮崎県の分県運動を進める人々は旧藩を帰属する地域として活動しており、分県運動をまとめていく集合体として日向四藩の枠組みを意識するようになった点を紹介した。

大野瑞男氏（神奈川）は、有吉忠一は、宮崎県知事時代の成功をその後赴任する神奈川県、兵庫県、朝鮮総督府、横浜市の地方行政に生かしたか質した。籾木氏は、宮崎県において有吉が開田給水事業を行った高木原の農民とは転任後も交流があった事例を紹介し、有吉県政の成果が宮崎県民に長く記憶されたと述べた。また、その後の任地である神奈川県や兵庫県でも有吉は宮崎県知事時代と同様の経済発展事業を行い、有吉の名前に因んだ地名が任地に残されて事例があるなど、有吉の政策は別の任地でも受けられていたと思われると述べ、朝鮮総督府では朝鮮半島の史跡発掘保存運動を行っておりこれは宮崎県知事時代の史跡保存の施策の成果を生かしたものであると返答した。

ここで議長の渡辺は、第一の論点に即して、小藩分立から統合が進み、「県民」意識が創出されていく中で地域の多様性はどのように変容していったのか、大賀氏と籾木氏に意見を求めた。大賀氏は、日向諸藩は海防と鹿児島藩への対峙という面から四藩会議というまとまりを見せたが、まだこの段階では藩に帰属するという意識が強く、宮崎県という意識を持つにはもう少し時間がかかるという見解を述べた。籾木氏は、生活感情に根ざした部分については地域の異質性・多様性はなくならず、歴代の県知事が地域統合を県政の課題としていくという意見を述べた。

次に渡邉報告に対する討論に移った。議長の渡辺は第三の論点の見地から、屋敷神の名称を示す民俗地図から読み取れる都城周辺の特徴について渡邉氏に説明を求めた。渡邉氏は、屋敷神の名称は、鹿児島県内の旧鹿児島藩領では、「ウッガン」であるのに対して、宮崎県内の旧鹿児島藩領の都城・えびの周辺では「ウッガン」とともに「内神（ウチガミ）」も多く使用され、宮崎平野へと続いている。また荒神も多く祀るなど差異があると述べ、えびのを事例に同じ鹿児島藩領でも境界に位置する宮崎県側では屋敷神の祀り方に独自性が見られると返答した。

宮崎俊弥氏（群馬）は、地域特性の違いは政治的要因よりも風土や産業に規定されると思うが、宮崎県はいくつくらいの地域に分けることが可能か渡邉氏に質し、さらに有吉県知事による県民意識の創出は政治的利害の面ばかりでなく風土・産業に根ざした地域意識の統合も意図したかどうか籾木氏に質した。渡邉氏は、鹿児島弁に近い言葉を使う旧鹿児島藩領、「よだきい」という言葉を連発する宮崎平野、意識的には大分県に近い延岡周辺、熊本弁に近い言葉を使う高千穂町などの九州山地の四つの地域に一般的には分類できると返答した。籾木氏は、有吉は宮崎県内の町村の視察を行っており、政策を進める上で採算性や産業振興を重視したと思われるが、地域の意識の統合という側面も念頭にあったのかもしれないと返答した。

神田嘉延氏（鹿児島）は、地域特性に注目すると鹿児島県は集権的、宮崎県は多様性といえると述べた。また、南九州の地域形成をたとえば都城島津家の私領支配というような統合論ばかりでなく、庶民の暮らしの面に注目するともう少し異なる視点が出てくると思われるが、霧島信仰や隠れ念仏など庶民の暮らしの面からみた地域形成の問題をどのように考えれるか、渡邉氏に質した。渡邉氏は、霧島信仰は旧鹿児島藩領を超え、霧島が見える範囲あるいはそれ以上に広がっており、生活を基盤としたものは旧藩領にとどまらない分布が見られると返答した。また、鹿児島藩が一向宗を弾圧すると隠れ念仏が霧島信仰に結びつき、カヤカベ教やノノサン信仰になり、形を変えて残っていくというのがこの地域の特徴といえると述べた。

板橋春夫氏（群馬）は、第一に民俗の面では耳川が境界となっているという報告であったが、耳川はどのような隔たりになっているのか、第二に下野敏見の民俗地図にはどのような問題があるのか、渡邉氏に質した。渡邉氏は、第一点目について耳川の上流部の地形が急峻で人の移動を少なくしたと考えられると答えた。第二点目について下野は民具・言葉（方言）などの分布から民俗地図を作成したが、その方法はマクロ的で、宮崎県内の事例については、内容までは踏み込んで作成したわけではないと述べ、たとえば内神という言葉が同じだからといって祀り方などが同じわけではなく言葉が同じだからといって内容が異なるものを一括りにしている点が問題であると返答した。

ここで議長は山田氏に交代した。山田氏は、南九州の地域内で共通する面もあれば地域ごとに多様な側面もあり、物流・開発などにより地域の関係が形成され、政治的抗争や統一が行われ、歴史意識を生み出していったと述べ、第三の論点に即し、南九州の地域社会の統一性と多様性という点を踏まえると都城盆地の地域特性はどのようなものと考えられるか、報告者の山下氏に意見を求めた。

山下氏は、『庄内地理志』が鹿児島藩編纂の『薩藩名勝図会』や『三国名勝図会』の影響を受けて編纂されていること、都城領主の直接参詣の祭礼を復興させた諏訪神社が鹿児島の諏訪神社から分祀したという由緒を受け入れていることに注目すると、都城私領は鹿児島藩と一体という意識もあったと述べた。この点を認めつつも、南北朝期から廃藩置県まで一貫して都城島津氏（北郷氏）が都城周辺を支配した事実は大きいと指摘し、都城私領で本藩が新田開発をしようとすると領主権が脅かされた都城島津家はそれに抵抗したり、島津本家から都城島津家に養子に入った当主が北郷家の由緒を掲げ北郷家の代表ととらえ直されていったり、廃藩置県時に三島通庸を地頭とすることに反対し旧領主の島津久寛を地頭にするように旧家臣が求めたりしている事実を挙げ、鹿児島藩における都城私領の独自性を強調した。さらに、私領の独自性と藩内の一体性が、都城の地域特性を見る切り口になると述べた。

山田氏は引き続き、都城盆地の地域特性について報告者および会場から意見を求めた。東和幸氏（鹿児島）が考古学の立場から発言し、土器に中に含まれる鉱物に注目すると都城盆地は、シラスを含む地域＝鹿児島方面から流れる川である横市川沿い、小さい礫を含む地域＝四万十累層群から形成される山地から流れる川である沖水川沿い、黒い鉱物を含む地域＝霧島方面から流れる川である高崎川沿いの三つの地域に分けられると述べた。

原口泉氏（鹿児島）は、『庄内地理志』は政治的動きが記されるばかりでなく、庄内の産業・民俗の集大成であると説明し、その対象とする範囲は江戸時代の都城島津家の私領域にとどまらず庄内全域に及んでいることを指摘し、そのことに注目して歴史・文化を共有する地域を考えたいと述べた。

報告者の永山氏は、「日向国」から日向・大隅・薩摩が分かれ、都城は日向と大隅の国境に位置するようになり、日向・大隅の双方にも接点を持ちやすい場所ということで、宮崎平野、錦江湾、志布志湊、水俣方面に繋がる交通路が都城から諸方面へ形成されるようになったのではないかと述べた。

最後に、山田氏は、南九州の地域形成や都城の地域特性について大会実行委員長の若山浩章氏（宮崎）に発言を求めた。若山氏は、鹿児島藩内に二一の私領があり、強い権力で一枚岩という島津家のイメージでは考えられない私領の独自性の強さがあると述べ、都城の歴史を研究することは、島津家の権力の特質や私領の在り方を研究することになると指摘した。また、独自性の強い私領を抱える鹿児島藩がどのようにして幕府を倒す権力に変わっていったかを考える上でも、都城の歴史を研究する意義は大きいと指摘した。さらに、南九州三ヶ国の歴史は「島津氏の歴史」という意識が強いことを考えると、江戸時代の編纂物がどのような史料を収録して成立したかを考えることは重要であると述べ、島津氏の修史事業で成立した『旧記雑録』が自記・覚書・家譜などを網羅するのに対して、『庄内地理志』は棟札・金石文の銘を大量に写し取っており、両書の性格は異なっていることを指摘した上で、編纂の仕方がその後の歴史意識に大きな影響を与えていることを認識する必要があると発言した。

以上をもって二時間に及んだ共通論題討論は終了した。

八　巡見

大会最終日の一〇月一九日は、巡見が行われた。本大会は一コースで実施し、見学先は以下の通りである。

神柱公園（集合）―都城島津家墓地―都城市立図書館（都城島津家文書特別閲覧）―山之口麓文弥節人形浄瑠璃資料館―霧島酒造（昼食）―宮崎県庁・宮崎県文書センター―生目古墳群―平和台公園―宮崎駅・宮崎空港（解散）

午前は都城市内での見学、午後は宮崎市内へ移動しての見学であった。都城島津家墓地や都城島津家文書は特別公開であり、山之口麓文弥節人形浄瑠璃資料館では国重要無形民俗文化財に指定されている山之口麓文弥節人形浄瑠璃の保存会の方からお話をいただいた。宮崎県文書センターでは、保存庫を特別にご案内いただき、行政文書の保存状況を見学することができた。

以上が巡見の概要であるが、普段は見学・閲覧できない貴重な史料を見ることができた。また、見学先や車中での実行委員や関係者による詳細な説明によって大会開催地の地域特性を理解する機会となった。

おわりに

第六〇回（都城）大会は、二二九名の参加者を得て無事終了した。本会会員だけでなく、地元の宮崎県や隣県の鹿児島県から多くの参加者を得ることができた。

本大会では、共通論題テーマ「南九州の地域形成と境界性―都城からの歴史像―」の通り、南九州全体を漠然と扱うのでも、都城だけを対象とするのでもなく、都城の地域特性である「境界性」をキーワードに南九州の地域形成を相互の関連で明らかにしようとした。

その前段階の作業として、第一には南九州という地域設定をした場合、一体となる地域をどの範囲にしたらよいか検討することであった。その結果、南九州三ヶ国（日向・薩摩・大隅）を一体となる地域ととらえることにした。この作業は、県域を越えて主体的に形成される地域はどこかを意識することにつながったといえよう。また、第二には都城の地域特性とは何かを検討することであった。その結果、都城の地域特性は南九州の相互の地域を結ぶ境界域であると位置づけることができた。地元の研究者によると、都城は残る史料の質量の偏在から「辺境」という歴史像が固定される傾向にあったという。しかし、本大会は都城の地域特性に新たな位置づけを与える契機になったといえよう。

共通論題へのアプローチが政治的な領域形成や地域統合の問題が中心になり、人・物の動きや生活・文化の側面からの分析が少なかった点は今後の課題である（なお、二〇一〇年二月六日に宮崎公立大学陵雲会館で本研究小委員会によって大会総括例会が開催された。報告者は増田豪氏と石山秀和氏で、報告要旨については『地方史研究』第三四六号を参照されたい）。しかし、宮崎県、鹿児島県には、本大会を共催していただいた宮崎県地域史研究会を始めとする多くの研究会が活発に活動している。また、都城島津家史料が都城市に一括寄贈され、公開施設として都城島津邸が平成二二年三月に開館した。本大会で残された課題も含めたさまざまな地域研究がさらに活発化することを期待したい。

最後になったが、本大会の開催にあたり次の諸機関と共催するとともに後援・協賛・協力をいただいた。記して感謝する次第である。

【共催】都城市　都城市教育委員会　宮崎県地域史研究会

【後援】宮崎県教育委員会　宮崎市教育委員会　宮崎公立大学　南九州大学　山之口麓文弥節人形浄瑠璃保存会　NHK宮崎放送局　MRT宮崎放送　UMKテレビ宮崎　BTVケーブルテレビ　朝日新聞社　西日本新聞社　毎日新聞社　南日本新聞社　宮崎日日新聞社　読売新聞西部本社

【協賛】鹿児島地域史研究会　三州文化研究会　隼人文化研究会　南九州城郭談話会　南九州縄文研究会　南九州文化研究会　都城史談会　都城　歴史と文化のまちづくり会議　宮崎県民俗学会　宮崎県高等学校教育研究会地理歴史科公民科研究会　宮崎考古学会

【協力】（財）みやざき観光コンベンション協会　都城市観光協会　都城市ホテル協会

本書の刊行は、地方史研究協議会第六〇回（都城）大会成果刊行特別委員会が担当した。委員は、石山秀和・伊藤暢直・太田尚宏・桑原功一・斉藤進・西海賢二・藤野敦および渡辺嘉之（委員長）の八名で構成した。刊行に際しては、株式会社雄山閣の羽佐田真一氏に大変お世話になった。記して感謝申し上げる。

（文責・渡辺嘉之）

執筆者紹介（五十音順）

有馬　学（ありま　まなぶ）
一九四五年七月一九日生まれ。九州大学名誉教授。
［現住所］〒151-0072　東京都渋谷区幡ヶ谷二―三八―一―二一七

大賀郁夫（おおが　いくお）
一九六〇年四月二日生まれ。宮崎公立大学人文学部教授。
［現住所］〒880-0943　宮崎県宮崎市生目台西四―一七―五

栗林文夫（くりばやし　ふみお）
一九六四年五月一五日生まれ。鹿児島県歴史資料センター黎明館主任学芸専門員兼学芸課学芸調査係長。
［現住所］〒892-0853　鹿児島県鹿児島市城山町七―二　鹿児島県歴史資料センター黎明館気付

近沢恒典（ちかざわ　こうすけ）
一九七五年一〇月二日生まれ。都城市教育委員会文化財課主査。
［現住所］〒885-0034　宮崎県都城市菖蒲原町一九―一　都城市役所菖蒲原町別館　都城市教育委員会文化財課気付

永山修一（ながやま　しゅういち）
一九五七年三月一五日生まれ。ラ・サール学園教諭。
［現住所］〒891-0150　鹿児島県鹿児島市坂之上四―二六―三二

新名一仁（にいな　かずひと）
一九七一年四月一六日生まれ。みやざき歴史文化館学芸員。
［現住所］〒880-0056　宮崎県宮崎市神宮東一―八―一四

林　匡（はやし　ただす）
一九六二年二月二一日生まれ。鹿児島県立武岡台高等学校教諭。
［現住所］〒891-0103　鹿児島県鹿児島市皇徳寺台三―七五―五

原口　泉（はらぐち　いずみ）
一九四七年二月四日生まれ。鹿児島大学法文学部教授。
［現住所］〒891-1204　鹿児島県鹿児島市花野光ヶ丘一―一四―一〇

堀田孝博（ほりた　たかひろ）
一九七三年一月一一日生まれ。宮崎県教育庁文化財課。
［現住所］〒880-1101　宮崎県東諸県郡国富町大字本庄二四九一―一三

籾木郁朗（もみき　いくろう）
一九六一年一〇月一七日生まれ。宮崎県立図書館郷土情報担当。
［現住所］〒880-0878　宮崎県宮崎市大和町一七一―一

山下真一（やました　しんいち）
一九六四年三月四日生まれ。都城市教育委員会都城島津邸学芸員。
［現住所］〒885-0081　宮崎県都城市鷹尾一―二一―一六

渡邊一弘（わたなべ　かずひろ）
一九六六年五月六日生まれ。昭和館学芸員。
［現住所］〒132-0033　東京都江戸川区東小松川四―一二―四アネックス船堀二〇五

平成 22 年 10 月 30 日 初版発行　《検印省略》

地方史研究協議会 第60回（都城）大会成果論集

南九州の地域形成と境界性―都城からの歴史像―

（みなみきゅうしゅうのちいきけいせいときょうかいせい―みやこのじょうからのれきしぞう―）

編　者　ⓒ地方史研究協議会

発行者　宮田哲男

発行所　（株）雄山閣

〒 102-0071　東京都千代田区富士見２－６－９

電話 03-3262-3231（代）　FAX 03-3262-6938

振替 : 00130-5-1685

http://www.yuzankaku.co.jp

印　刷　亜細亜印刷

製　本　協栄製本

Printed in Japan 2010

ISBN978-4-639-02154-4　C3021